El poder transformador de los grupos pequeños

T0049017

El poder transformador de los grupos pequeños

Lo que cada líder de un grupo pequeño necesita saber

Dr. Henry Cloud
Dr. John Townsend

La misión de Editorial Vida es ser la compañía líder en satisfacer las necesidades de las personas con recursos cuyo contenido glorifique al Señor Jesucristo y promueva principios bíblicos.

EL PODER TRANSFORMADOR DE LOS GRUPOS PEQUEÑOS
Edición en español publicada por
Editorial Vida – 2005
Miami, Florida

©2005 por Henry Cloud y John Townsend

Originally published in the USA under the title:
    Making Small Groups Work
    Copyright ©2003 by Henry Cloud & John Townsend
Published by permission of Zondervan, Grand Rapids, Michigan 49530, U.S.A.

Traducción: *Wendy Bello*
Edición: *Elizabeth Fraguela M.*
Diseño interior: *artserv*

ISBN 978-0-8297-3981-7

Categoría: *Estudios bíblicos / Guías de estudio bíblico*

IMPRESO EN ESTADOS UNIDOS DE AMÉRICA
PRINTED IN THE UNITED STATES OF AMERICA

HB 06.07.2023

*Dedicamos este libro a los líderes
de grupos pequeños de todas partes.
Que Dios bendiga ricamente sus
esfuerzos para ayudar a su grupo a
descubrir más acerca de él, la vida,
ellos mismos y uno del otro.*

Contenido

PARTE 3

COMENZAR UN GRUPO PEQUEÑO

PARTE 4

RESPONSABILIDADES DE LOS LÍDERES DE GRUPO

PARTE 5

RESPONSABILIDADES DE LOS MIEMBROS DEL GRUPO

PARTE 6

CÓMO LIDIAR CON LOS PROBLEMAS EN LOS GRUPOS

Reconocimientos

Sealy Yates, nuestro agente, por ayudarnos a guiar a nuestras vidas de escritores a través de los años. Tu sabiduría y discernimiento han sido una ayuda mu iglesia ha ayudado a muchos durante los años.

Sandra Vander Zicht, nuestra editora, por las muchas horas de trabajo en este libro, y bienvenida para nosotros, y le agradecemos a Dios que tú estés en nuestras vidas.

Scott Bolinder, nuestro publicador, por tu compromiso para tener una casa editorial de calidad. Tu preocupación por el valor de la palabra escrita para lay por tu amistad. Apreciamos tu cuidadosa atención a nuestros libros para que las ideas estén tan accesibles como sea posible para los lectores. También gracias a los editores Joan Huyser-Honig y Jim Ruark por ayudarnos a decir con más nitidez y más sucintamente lo que queremos comunicar con tanta pasión.

Al personal de Cloud-Townsend Resources por sus esfuerzos sacrificiales e incansables a través de los años para multiplicar y enriquecer los grupos pequeños por todo el mundo. Su trabajo realmente ha ayudado a comenzar muchos grupos por primera vez y ha mejorado las vidas de muchos otros. Maureen, Kevin, Jody, Raúl, Kris, Belinda, gracias.

La iglesia de Mariner y Jim Gaffney por su ayuda a través de los años para tener un gran «laboratorio» para nuestros materiales y la visión del grupo pequeño durante los años. Que Dios continúe bendiciendo los frutos de todo lo que ustedes están haciendo allí.

Dr. Phil Sutherland, por su preparación en el poder del grupo pequeño para cambiar y sanar. Su aportación nos ayudó a entender el poder y la complejidad del proceso del grupo pequeño y pedimos la bendición de Dios sobre cómo influenciar a los demás.

Por la competencia y cuidado en el uso de grupo pequeño del personal del ex programa para hospitales de la clínica occidental Minirth-Meier Clinic West. Hace años su asociación con nosotros ayudó a muchas personas en grupos pequeños de maneras profundas y variadas.

Gracias y nuestro aprecio de Henry a los empleados de *Answers for Life* (Respuestas para la vida) también por su visión y trabajo para crear y mejorar la misión evangelística y de crecimiento de los grupos pequeños a través del país. Su sacrificio es un modelo para todos los que tienen una pasión por este tipo de trabajo. Gracias, Denis y Marianne, Scott y Claire, Robbie y Terri, Lillie, Steve y Colleen y Becky.

A Henry le gustaría darle las gracias a Willow Creek Community Church y a Willow Creek Association por dejarme ser parte de sus esfuerzos del equipo de líderes de grupos pequeños alrededor del mundo. Trabajar con ustedes durante los años ha sido una inspiración y yo aprecio todo lo que hacen para ayudar a la iglesia a reconocer que los grupos pequeños son más que una «añadidura» o un entusiasmo del momento para la iglesia. Ustedes han ayudado a muchos a ver que lo que ocurre en los grupos pequeños no es solo algo «en la iglesia». Es la iglesia. Gracias a Rex, Bill, Russ, Kristen, Katherine y Stephanie.

A Henry le gustaría darle las gracias a su compañero en CCN por la ayuda que le prestó para transmitir por radio un entrenamiento para los grupos pequeños de las iglesias de toda la América. Ha sido muy divertido, y espero tener muchas más transmisiones de los conceptos de este libro. Es maravilloso trabajar con ustedes: Bill, Ryan, Deb, Jay, Peter y todos los demás.

A Henry y a John les gustaría agradecer a sus grupos pequeños a través de los años por ayudarlo a desarrollarse. Gracias a ustedes somos diferentes.

Aproveche el poder
de los grupos pequeños

Un fuerte viento está soplando a través de la iglesia, y esto es bueno. Más y más iglesias están comenzando ministerios de grupos pequeños. Algunos grupos pequeños se reúnen para disfrutar del compañerismo y apoyo. Otros se reúnen para dirigir tópicos específicos de la vida como es el matrimonio, ser padres, tener citas, adicciones, o recuperación del divorcio. Hay otros que se reúnen para estudiar la Biblia o para crecer espiritualmente o hasta para comprometerse en la formación espiritual.

Una verdad que ha surgido del movimiento del grupo pequeño es que *no hay una manera correcta de hacer grupos pequeños*. Igual que hay muchas mansiones en la casa de Dios, también hay muchas necesidades diferentes en el cuerpo de Dios, la iglesia, y hoy somos mucho más capaces de encontrar un grupo en alguna parte que esté diseñado para satisfacer esas necesidades.

Dios ha colocado muchos dones diferentes en su pueblo para satisfacer esas necesidades. A propósito, nosotros somos un Cuerpo. En su gran diseño ejercitamos esos dones con los demás y nos ayudamos unos a otros a desarrollarnos. El grupo pequeño es una de las mejores formas para que esto suceda. Así que no es una sorpresa que las iglesias se estén apurando con el movimiento del grupo pequeño.

Además, la iglesia local tiene grados variados de compromiso para un programa de grupo pequeño. Para algunos, esto es un programa añadido, una opción, o una parte de lo que ellos ofrecen. Para otros, los grupos están integrados con la misión de la iglesia y diseñados para profundizar la vida más allá de lo que sucede en un culto semanal. Para otros más, el grupo pequeño no es una *parte* de lo que ellos hacen, sino que es lo que ellos hacen.

Pero no importa cuál es el estilo, tópico o énfasis, la mayoría de las iglesias o ministerios que tienen grupos pequeños encuentran dos desafíos comunes: *cómo conseguir líderes, y una vez que los tenemos, ¿cómo prepararlos?* En un sentido, estos dos son casi lo mismo, la mayor barrera para alguien que se ofrezca de voluntario para dirigir un grupo pequeño es a menudo su creencia de «no saber cómo».

Esto nos trae al tópico de este libro. Durante los pasados veinte años hemos estado involucrados con grupos pequeños de varias clases, algunos en ambientes de clínicas profesionales, ministerios paraiglesia e iglesias, y otros en un ambiente menos formal tales como son las casas, lugares de trabajo y otros ambientes. Luego de participar en grupos pequeños, guiarlo, preparar a sus líderes, hacer consultas e investigaciones para ellos, hemos llegado a creer que el grupo pequeño es sin duda alguna uno de las herramientas más poderosas para cambiar vidas y obtener un desarrollo espiritual.

Pero *no todos lo grupos pequeños experimentan ese poder que da vida*. A muchos grupos les falta el cambio de vida espiritual y un desarrollo relacional en los miembros que lo ansían. Como resultado, los miembros pierden interés y el ministerio del grupo pequeño no crece ni tampoco logra la visión con la cual comenzó. *Esto no tiene que suceder.* Los líderes pueden aprender habilidades y el proceso bíblico que hace que los grupos pequeños sean más eficientes. Es por eso que escribimos este libro.

Mientras escribíamos este libro, teníamos en nuestra mente y corazones cuatro grupos de personas:

1. El pastor o supervisor de grupos pequeños que necesita una simple herramienta para entrenar a sus líderes de grupo pequeño
2. La persona que desea guiar a un grupo pequeño pero necesita saber cómo hacerlo
3. Los miembros de esos grupos que desean un profundo cambio en sus vidas
4. La persona en la vida de los miembros del grupo que se puede

alcanzar como resultado de los miembros que han tenido una buena experiencia

Los grupos pequeños son tan poderosos, y las habilidades que se requieren para guiar a un grupo pequeño son tan fáciles de aprender, que la falta de «saber-cómo» no necesita ser un obstáculo.

A medida que hablamos a iglesias y a otros líderes del ministerio, encontramos que ellos estaban bien preparados en los aspectos estructurales del ministerio de grupo pequeño, como por ejemplo cómo iniciar, proyectar una visión y crear un ministerio de grupo pequeño, pero necesitan más guías prácticas para los líderes. Una y otra vez ellos harán las siguientes preguntas: ¿Qué puedo hacer para tener a mis líderes listos para dirigir? ¿Cómo los puedo preparar?

Si usted se colocara en los zapatos de esos líderes de grupo pequeño, pronto vería que aunque tengan un buen currículo que guía el contenido y la estructura para la senda de la experiencia del grupo, ellos necesitan una capacitación en *el proceso mismo*: «Una vez que me siento con ocho personas en mi sala el jueves por la noche»…

«¿Cómo puedo ser creativo con seguridad?»

«¿Qué hago si alguien habla mucho o domina al grupo?»

«¿Qué hago si nadie habla?»

«¿Cómo decido si alguien tiene "demasiada necesidad" para el grupo?»

«¿Cómo confrontar a alguien? ¿Debo hacerlo?»

«¿Debe el grupo darse retroalimentación mutua?»

«¿Qué hacer con las emociones fuertes?»

«¿Cómo sé si estoy logrando éxito?»

«¿Cómo saber si Dios está satisfecho?»

«¿Cuáles son mis verdaderas responsabilidades y funciones como un líder?»

«¿Dónde termina mi papel y comienza el de los miembros? ¿Qué diferencia hay entre los dos?»

La lista de las realidades que los líderes de grupos pequeños encaran casi no tiene final. Las buenas noticias son que ellos pueden aprender respuestas a sus preguntas y descubrir principios para aquietar sus temores. Así es que como diseñamos este libro. No hacemos énfasis en el gran cuadro del ministerio del grupo pequeño, aunque comenzamos con una visión teológica para grupos pequeños y una larga visión de lo que creemos que hacen los grupos pequeños. En su lugar, nos enfocamos en lo que los pastores y supervisores necesitan para los líderes de sus grupos pequeños y en lo que esos líderes nos dicen que necesitan más: «Enséñame cómo hacerlo. Dime cómo crear un proceso para grupo pequeño que funcione». Diseñamos este libro con un final en mente: *¿cómo usted hace grupos pequeños que cambien vidas?*

Somos testigos del poder que el cuerpo de Cristo ejerce en un escenario de grupo pequeño: *«Por su acción todo el cuerpo crece y se edifica en amor, sostenido y ajustado por todos los ligamentos, según la actividad propia de cada miembro»* (Efesios 4:16).

Hemos visto el desarrollo de miembros del cuerpo de Cristo de manera verdaderamente asombrosas, que van más allá de lo que pensábamos que fuera posible, cuando «todas las partes» estaban haciendo su «trabajo». Creemos de todo corazón en el poder de los grupos pequeños, y todos los días recibimos cartas y testimonios de personas que entraron en el proceso con temor y temblor, pero salieron con nueva vida.

Es emocionante ser el instrumento que Dios usa para relacionar personas a él y a su vida. Y no saber cómo guiar a un grupo pequeño no necesita ser un obstáculo como tampoco lo fue cuando los líderes originales tuvieron que alimentar a una gran multitud de personas con solo unos cuantos pescaditos y unas pocas rebanadas de pan.

Es normal tener temor si la tarea parece ser demasiado grande. Todos hemos tenido esa experiencia. Pero es alcanzable y es probable que alguien ya haya pensado que usted lo puede lograr o de lo contrario no estaría leyendo este libro. Todo lo que necesita son algunas herramientas. Así que únase a nosotros a medida que repasamos los «cómo hacerlo» que usted necesitará para hacer que su grupo pequeño funcione, y esperamos ver los resultados.

Dios los bendiga.
Henry Cloud, Ph. D.
John Townsend, Ph. D.
Newport Beach, CA

PARTE 1

Cómo los grupos pequeños ayudan a las personas a desarrollarse

Capítulo 1

El plan sorpresivo de Dios para desarrollarse

Nunca olvidaré la escena. Yo (Henry) estaba dando una sesión de capacitación con setenta y cinco líderes de ministerio sobre cómo formar grupos pequeños que cambien vidas, y ellos se estaban entusiasmando con las posibilidades. En esa tarde en particular, hablé acerca de la sanidad sicológica y relacional que la gente experimenta a medida que se franquean con otros en un grupo pequeño. Les hablé de los milagros que he visto y procuré proyectar una visión de cómo podría ser el cambio de vida en sus ministerios si aprendían unos cuantos conceptos sencillos.

Entonces sucedió. Un tipo en el medio del salón no pudo aguantar más y me interrumpió diciendo:

—¡No puedo permitir que esto siga así durante más tiempo!

—¿Permitir qué? —le pregunté, luego que me sorprendiera con su interrupción.

—Esta distorsión de la Biblia —dijo él—. No la puedo permitir.

Le pregunté qué quería él decir con «distorsión de la Biblia». Dios sabe que eso sería lo último que yo haría, así que quería oírlo.

—La gente se desarrolla de una forma, a través de la enseñanza bíblica, predicando la Palabra de Dios —dijo él—. Nada de eso acerca de la vulnerabilidad y franquearse unos a otros en grupos está en la

Biblia. Usted está distorsionando la manera en que la gente se desarrolla. Debemos enseñar la Palabra y dejar que la Biblia haga su trabajo.

—Bueno —dije yo—. Vamos a ver lo que dice la Biblia. Vamos a ver, por ejemplo lo que Pablo pensó acerca de franquearse unos a otros.

Se podía sentir la tensión en el salón.

Abrí mi Biblia y leí: «Hermanos corintios, les hemos hablado con toda franqueza; le hemos abierto de par en par nuestro corazón. Nunca les hemos negado nuestro afecto, pero ustedes sí nos niegan el suyo. Para corresponder del mismo modo —les hablo como si fueran mis hijos—, ¡abran también su corazón de par en par!» (2 Corintios 6:11-13).

Seguí leyendo otros pasajes que afirman el poder básico de la comunidad y las relaciones y los mandamientos del Nuevo Testamento para que nosotros nos conduzcamos en la comunidad. Le di una apologética respecto a cómo el cuerpo de Cristo ayuda a desarrollarse. Pero el hombre no lo aceptaba con mucha rapidez. Por el contrario, me dio una lección de su propia experiencia.

«Yo me desarrollé aprendiendo de la Biblia y caminando en el Espíritu», dijo él. «Mi vida cambió luego de aprender esa verdad única. Luego, cuando aprendí más acerca de la Biblia, mi vida continuó cambiando. La verdad me transformó radicalmente. Antes de eso, yo era un desordenado. Estaba fuera de control y muchas cosas andaban mal. Dios cambió mi vida con esa verdad única».

Yo conozco el ministerio en el cual este hombre estaba involucrado cuando esto sucedió. También sé lo suficiente acerca de la vida para describir lo que creo que sucedió.

«Estoy seguro de que aprender de la Biblia y caminar en el Espíritu fue algo *tremendo* para usted, como también lo es para todos nosotros en la vida espiritual», le dije. «No puedo imaginarme el procurar crecer o cambiar sin esas dos cosas. Pero también sé lo suficiente acerca del ministerio en que usted estaba para saber las demás cosas que sucedieron.

»Usted era un estudiante universitario, indeciso y perdido. Usted estaba, como bien dijo, fuera de control. Entonces un líder del ministerio lo alcanzó y de maneras muy reales hizo amistad con usted. Él le habló acerca de Dios. Le enseñó algunas de las verdades de las cuales está hablando.

»Luego hizo algo más que fue la clave. Lo invitó a participar en un grupo pequeño de estudiantes que él dirigía. Juntos, usted estudió la Biblia y aprendió de las verdades transformadoras de Dios. Pero usted hizo mucho más.

»En ese pequeño grupo, usted también *vivió y experimentó esas verdades*. Se franqueó con los demás acerca de sus luchas. Se confesaron mutuamente sus pecados. Ellos le ofrecieron el perdón de Dios y se lo ayudaron a sentir. Eran responsables el uno ante el otro. Cuando pasaba tiempos difíciles con la escuela o cuando su novia se peleó con usted, el grupo lo apoyó, lloró con usted y lo ayudó a pasar esta experiencia. Ellos oraron con usted, y juntos buscaron a Dios.

»Lo próximo que hicieron fue reconocer sus talentos y habilidades y motivarlo para usarlos. Ellos lo desafiaron para tomar riesgos, para desarrollarse y extender sus límites. De hecho, es probable que usted hoy esté aquí porque ellos lo sacaron de su zona de comodidad más de una vez.

»Cuando desmayaba, ellos lo consolaron, pero no lo dejaron escapar. Usted se desarrolló porque ellos lo motivaron como nunca lo hizo su familia.

»También, ellos modelaron cómo vivir la vida. Le mostraron cómo relacionar y lograr cosas en el ministerio. Le permitieron observar cómo ellos lo hicieron y luego usted intentó hacerlo. En este proceso, usted llegó a ser mucho de lo que es hoy.

»A medida que esa comunidad estudió sus relaciones, usted confesó cómo falló en su vida social con las muchachas y comenzó a tratar a otros de manera diferente, comenzando con ellos. Aprendió cómo brindar aceptación y ser honesto con los demás, a confrontarlos si era necesario, hacerlos responsables y ser más real de lo que nunca fue.

Yo podría seguir y seguir hablando acerca de su participación con esa comunidad y el grupo pequeño, pero creo que ya tenemos el cuadro. Tiene razón al decir que su vida se transformó radicalmente. Y tiene razón cuando dice que la verdad de Dios y aprender a caminar en el espíritu cambió su vida. Pero está equivocado cuando dice que todo desarrollo, incluso el suyo, solo vine de «la enseñanza y la predicación» o el aprendizaje de la Biblia. Eso no es lo que dice la Biblia.

»Su desarrollo también viene de la función que el cuerpo de Cristo, su pequeño grupo y su líder, jugaron en su vida. Ellos trajeron las "bondades" que aprendió en la Biblia. Ellos obedecieron lo que dice que se haga, y usted fue el beneficiado.

»Ahora, la pregunta es esta, ¿por qué hace una cosa y dice otra? ¿Por qué recibe estos dones de Dios y sin embargo, le dice a los demás que ellos deben desarrollarse de otra manera? ¿Por qué le roba lo que usted mismo experimentó y lo que Pablo le mandó a los corintios que hicieran?», le pregunté.

El salón estaba en silencio. Todos estaban reflexionando en su propia experiencia de cambiar mediante las relaciones espirituales y la comunidad de los grupos pequeños. El hombre a quien me dirigía me miró y siguió con una clase de «sí, pero…» acerca del *valor real* que proviene de la enseñanza y predicación. Pero estaba atrapado y los demás también lo sabían.

La brecha entre «decir y hacer»

Realmente yo no culpé al hombre por su posición. Él la había heredado de muchos maestros antes que él. De hecho, él y yo nos encontramos más adelante y tuvimos muy buenas conversaciones. Al fin y al cabo, él llegó a pensar que estábamos «diciendo lo mismo», según lo expresó. Por lo menos, comenzó a decir que los grupos pequeños y la comunidad son una parte válida del proceso. Llegar a decir que eran *tan válidos* como la enseñanza, era un poco difícil para él.

Pero yo entendía de dónde él procedía. Era la brecha entre «decir y hacer». A menudo, lo que decimos o lo que creemos no es realmente lo que hacemos o lo que sucede en la vida real, incluso cuando las cosas van bien. Decimos que *una* cosa motiva el desarrollo, cuando en realidad hacemos *muchas cosas* para lograr el desarrollo. La brecha entre decir y hacer es común en la iglesia.

Nosotros sostenemos, y debidamente, el estudio de la Biblia, la disciplina espiritual y la relación directa con Dios como la senda para la formación espiritual. Hablamos acerca de esta, la enseñamos, la practicamos y leemos libros de esta y ellos lentamente se convierten un en paradigma en y de ellos mismos de cómo crecemos. Y ellos son vitales.

De cualquier manera, también estamos haciendo otras cosas al mismo tiempo. Nos estamos comunicando entre sí, apoyándonos mutuamente, animándonos mutuamente, confesándonos entre sí y haciendo un millón de otras cosas que la Biblia nos manda a hacer en comunidad. Todo esto produce desarrollo, sanidad y cambio. Sin embargo, con frecuencia no tenemos una teología para estas acciones. Lo hacemos por casualidad o porque nuestra iglesia ha decidido «ponerse al día» y tener algunos grupos pequeños. Pero no oímos mucha enseñanza bíblica sobre cómo crecemos por medio de las relaciones con otros creyentes en un grupo pequeño, por lo menos, no lo escuchamos como parte de la doctrina.

Dicho brevemente, mientras tenemos un movimiento cultural de grupos pequeños en la iglesia, a menudo nos falta una visión teológica de sus funciones. Tampoco tenemos maneras prácticas de cómo realizar esa visión. No le hemos dado al proceso de grupo pequeño el peso que le da el Nuevo Testamento. Como resultado, a menudo experimentamos una versión estancada y limitada de nuestra relación con Dios. Si por casualidad experimentamos crecimiento a través de los grupos, no reconocemos el papel de Dios en esto. Sin una visión teológica para el crecimiento mediante los grupos pequeños, la perdemos.

Me da pena el hombre y su limitada visión de todo lo que hace Dios que viene por medio de la Biblia o la intervención directa. También me da pena la gente que recibe su enseñanza. Pero yo no lo estaba juzgando, porque antes yo tenía su punto de vista. Tuve que aprender de la manera difícil cómo Dios usa los grupos pequeños y la comunidad.

Plan A y plan B

Fui a la universidad con grandes sueños y expectativas. Cuando era un estudiante de la secundaria, el entrenador de golf de la Universidad Metodista del sur me invitó ir a Dallas para ver la escuela y reclutarme para jugar golf allí durante el otoño. Recuerdo en ese viaje el entusiasmo de jugar golf en un campo donde compiten los profesionales de los EE.UU. y soñar jugar el golf a escala universitario. Una semana antes de irme para la universidad, se me hinchó un tendón en la mano izquierda. El dolor severo me disminuyó con tratamientos de cortisona, pero volvía tan pronto como dejaba de medicarme. Cuando llegué a la escuela, el entrenador que me había reclutado, se había ido, y el dolor nunca me dejó lo suficiente como para mejorar mis habilidades. Por último, después de dos años de esfuerzo, de jugar bien durante un tiempo y entonces muy mal, dejé el juego al que había dedicado mi juventud.

Me sentí deprimido y aburrido de mis estudios, así que procuré alejar mis sentimientos perdiéndome en las fiestas y citas con muchachas.

Un día yo estaba en mi dormitorio obsesionado con mi vida vacía. No había forma de que el dolor me dejara.

Entonces sucedió algo que cambió mi vida para siempre. Observé mi librero y vi mi Biblia, la que no había leído desde que llegué a la universidad. Recuerdo que pensé: «Quizás allí encuentre algo que me ayude». Así que la abrí a la suerte y un versículo saltó a mi vista: «Busquen primeramente el reino de Dios y su justicia, y todas estas cosas les serán añadidas» (Mateo 6:33).

Lo leí otra vez. «¿Qué cosas?», me pregunté. Entonces leí todo el pasaje. Me estaba diciendo que buscara primeramente a Dios y luego todas las cosas que me obsesionaban caerían en su lugar.

¿Sería eso cierto? ¿Había realmente un Dios que podía hacer eso? Y si realmente estaba allí, ¿lo haría? Mis pensamientos corrieron mientras consideraba a Dios de una manera en la que yo nunca antes lo había considerado. Yo no estaba solo «pensando acerca de Dios». Me estaban presentando una elección definida.

Decidí alcanzarla. Reconocí la seriedad del asunto y atravesé el terreno de la universidad buscando una iglesia. Solo en la oscuridad, en la capilla vacía, miré hacia arriba y le dije a Dios que si realmente él estaba allí, yo haría cualquier cosa que me dijera que hiciera. Si él se mostraba, yo lo seguiría y haría lo que me dijera. Me quedé esperando «un toque» sobrenatural. Esperé una visión. Nada pasó.

Recuerdo haber sentido un gran alivio como un vacío. Alivio porque después de años jugando con Dios, ahora estaba limpio y dije que lo daría todo. Pero vacío porque no lo sentí allí y sabía que si él no se mostraba, yo estaba solo en el universo sin tener a dónde ir ni tener la manera de encontrar mi camino. Hacer esto por mi cuenta no me había llevado muy lejos. Me quedé mirando fijamente el techo, en espera de su toque. Por fin, regresé caminando, frío y aburrido a mi habitación.

Un poco más tarde sonó el teléfono. Era un hermano de la fraternidad. Hacía un tiempo que no habíamos hablado, pero me estaba llamando para invitarme a un estudio bíblico. Recuerdo que me dijo que hasta era extraño que él pensara llamarme, aunque yo no le daba mucha cabida a las cosas espirituales. Pero él sintió que debía hacerlo, y yo sentí que era como si Dios tal vez estuviera mostrándose como yo se lo había pedido.

Quizás iría a este estudio bíblico y encontraría a Dios. Pensé que tal vez alguien oraría por mí, o yo oraría, y entonces Dios bajaría para por fin darme ese toque sobrenatural. Me sanaría. De nuevo me sentiría bien. Encontraría respuestas a todo lo que se esperaba que hiciera. Una princesa podría bajar del cielo. Después de todo, ahora iba en la «dirección de Dios» y esperaba un milagro.

Bueno, no tuve mi toque sobrenatural. Pero conocí a algunas personas nuevas para mí. Bill, un estudiante de seminario, guió el estudio bíblico. Él y Julie, su esposa, me abrieron las puertas de su hogar. Decidí dejar la escuela durante un semestre para considerarlo. Me mudé con ellos, y con otro grupo pequeño, ellos se convirtieron en mi nueva comunidad espiritual.

Todavía deprimido y perdido, le pregunté a Bill por qué Dios no me dio el toque sobrenatural para hacerme sentir mejor. Su respuesta, una que varias personas habían dado a medida que yo dejaba ver cómo me sentía, era una respuesta que yo comenzaba a odiar. Él dijo: «Bueno, a veces Dios hace eso, y sana a la gente. *Pero Dios también utiliza a las personas»*. Esa era la frase que yo odiaba: *«Dios también utiliza a las personas»*.

Bill quería decir que yo tenía mucho que aprender, y quería que yo me convirtiera en un discípulo y aprendiera acerca de la fe. También quería que yo me sometiera a consejería para mi depresión, otra manera en la que Dios utiliza a la gente. Y pensó que yo debía involu-crarme en una comunidad más espiritual para relacionarme con perso-nas más espirituales. Recuerdo que pensé que «Dios también utiliza personas» era un «Plan B».

Para mí, si uno iba a obtener algo de Dios, uno debe obtenerlo «de él», no de la gente. Ese era mi Plan A, la verdadera sanidad espiri-tual, la curación milagrosa. Pensé que cuando oramos y le pedimos a Dios que sane o cambie nuestras vidas, él debe tocarnos con algo so-brenatural. Rayos, temblores de tierra, visiones o algo así. Noquéame y arréglame.

Esto de «Dios utiliza personas» parecía una evasiva espiritual. Si Dios no hacía algo, entonces la gente tenía que hacerlo. Así que, ¿có-mo podía ser esto algo de Dios? Aunque fuera Dios, era algo menos que algo real, el toque. Pero, ya que no tenía ese toque, tampoco tenía muchas alternativas. Me involucré en todas las experiencias de grupo pequeño que Bill sugirió.

Durante los próximos meses las personas de mis grupos ya me amaban, me corrigieron, me confrontaron, me desafiaron, me enseña-ron, me apoyaron y ayudaron a sanar profundos dolores y pérdidas. Ellos me perdonaron, aceptaron y me alentaron. Yo aprendí que esta-ba emocionalmente desconectado y me faltaba la clave de la habilidad para relacionarme, aunque tenía muchos amistades. Yo no era tan «real» como pensaba que era. Mis amigos del grupo pequeño me ense-ñaron que mi desempeño y mis logros me daba un fundamento débil para medir mi vida y mi aceptación.

El grupo pequeño iba cambiando mi vida como la salida del sol al amanecer. Usted no sabe exactamente cuándo se produce la luz del día. Pero sí sabe cuando sale y eso sucede a través de un proceso.

Una mañana me desperté y pensé: *Ya no tengo la depresión.* Acosta-do en la cama, medité en cómo mi vida se había convertido en una vida plena. Tenía propósito, significado, y un nuevo juego de talentos y habilidades que el grupo me motivó a seguir. Tenía nuevos amigos y muchas experiencias con Dios. La Biblia se convirtió en mi amor. La estudiaba todo el tiempo, y las citas ahora me divertían mucho más que antes de tener a Dios. ¡Imagínese esto! Por todas partes, pensé, la vida vuelve a ser buena. No, no de nuevo. De muchas maneras, era por primera vez. Sentía la plenitud de una manera que nunca antes sentí. Y sabía que tenía que agradecérselo a Dios por darme esta nueva vida y toda esta gente que me había ayudado. También tuve otra idea, la cual ahora parecía tonta, pero para llegar al corazón de lo que sucedió ese día yo estaba capacitándome en estos ministerios: *Me sentía bien, aunque todavía deseaba que Dios me sanara. Él nunca lo hizo.*

Aún pensaba que había logrado el Plan B. En mi manera de pensar, el toque sobrenatural era el Plan A, y «Dios también utiliza a la gente» era el Plan B. Yo estaba curado, pero Dios no lo hizo, por lo menos no directamente. Lo hizo a través de las personas. Era como asistir al último juego de balompié y sentarse en los asientos baratos. Vi el juego, pero no desde la primera fila. Obtuve la sanidad, pero no directamente de él. Tenía la segunda opción que mejor se podía lograr. Sin embargo, estaba agradecido y seguí adelante.

Entonces un día sucedió algo que luego cambió mi vida y mi comprensión de cómo la gente se desarrolla. Estaba leyendo en Efesios acerca de cómo desarrollamos la madurez: «Por su acción todo el cuerpo crece y se edifica en amor, sostenido y ajustado por todos los ligamentos, según la actividad propia de cada miembro» (Efesios 4:16).

Volví a leer este versículo. Algunas ideas me impactaron. *Por su acción,* queriendo decir Dios, *el cuerpo,* que significa nosotros, *crece,* esto significa cambios, *según la actividad propia de cada miembro,* que significa que las personas se ayudan entre sí. Esto era *exactamente* lo que yo había experimentado en mi propia vida y lo que había visto mientras trabajaba con otros. Y este pasaje decía que era *por su acción* que *el cuerpo* hace estas cosas. Esto me impactó de una nueva manera. Lo que yo había llamado Plan B, Dios utilizando a las personas, no era una evasiva espiritual. Realmente era el Plan A de Dios. Él lo escribió allí mismo en la Biblia que planeó para que su pueblo creciera mediante personas ayudando a otras personas. El cuerpo podría «edificarse en amor». Después de todo ¡Dios me sanó! No lo hizo de una manera secundaria sino en la manera en que lo intentó desde el principio. ¡No eran en los asientos baratos! ¡Esto era en la línea de cincuenta yardas!

Entonces comencé a ver la verdad en todas las páginas del Nuevo Testamento. Dios estaba diciendo lo mismo en muchos lugares diferentes: «Cada uno ponga al servicio de los demás el don que haya recibido, administrando fielmente la gracia de Dios en sus diversas formas. El que habla, hágalo como quien expresa las palabras mismas de Dios; el que presta algún servicio, hágalo como quien tiene el poder de Dios. Así Dios sera en todo alabado por medio de Jesucristo, a quien sea la gloria y el poder por los siglos de los siglos. Amén» (1 Pedro 4:10-11).

Yo estaba esperando que Dios me diera un toque sobrenatural mientras que él ya lo había estado haciendo. Él me estaba tocando con el amor que puso con los que me rodeaban. Me estaba tocando con confrontaciones verdaderas de aquellos en mi grupo. Me estaba tocando con la sanidad a medida que ellos soportaban las heridas y dolores. Dios venía trabajando en la manera que él diseñó su cuerpo para obrar, y *esto funcionó*. Y a esto precisamente es que se refería el Plan A.

Una nueva visión

Entonces, ¿por qué comenzamos un libro sobre grupos pequeños con esta lección? Por la misma razón ese día yo necesitaba tener esos comentarios en el salón de capacitación de los ministros. Y por esa misma razón yo mismo estuve perdido durante mucho tiempo, pensando en que si Dios no me estaba «tocando de una manera sobrenatural» con rayos, entonces no me estaba tocando de manera alguna. (A propósito, él también me tocó sobrenaturalmente, lo digo solo para dejarle saber que yo creo en eso.) Comenzamos con esta lección porque muchos de nosotros lo necesitamos y también lo necesitan muchas de las iglesias en las cuales usted estará guiando grupos pequeños.

Como ya hemos dicho, Pablo dijo que el cuerpo tiene trabajo que hacer si queremos crecer. Es la obra que solo sucede parcialmente en un gran salón como una catedral el domingo por la mañana. Mucho de esa obra no puede suceder de una sola vez en un gran salón con muchas personas. Mucho de esto tiene que suceder en un ambiente pequeño, más íntimo y seguro. Uno de los mejores lugares para que esta obra suceda es en un grupo pequeño.

Lo que dije anteriormente es muy importante. Necesitamos *elevar* el proceso del grupo pequeño mucho más que solo para «mantenernos a la moda» en lo que hace la iglesia. Muchas iglesias comienzan ministerios de grupo pequeño porque ven que las iglesias que están creciendo lo tienen, están siguiendo a los líderes. Muchas otras lo hacen porque alguien en la iglesia lleva la antorcha. Otros lo hacen por «preocupaciones especiales» como la recuperación o el divorcio u otras áreas de enfoque donde la gente necesita ayuda.

Pero no importa por qué alguien forme grupos pequeños, una cosa debe estar clara. *Los grupos pequeños no son algo que debe agregarse, de atención secundaria, o de moda. Lo que sucede en un buen grupo pequeño es parte del mismo trabajo de la misma iglesia. Es primario, y debe verse de esa manera.* Usted está por embarcarse, ya sea que los líderes de la iglesia sientan o no lo mismo, así que mantenga su cabeza en alto y sepa que Dios está muy involucrado en el proceso de que su pueblo se reúna para ayudarse unos a otros a crecer. Este es parte del Plan A.

Así que queremos comenzar con una nueva visión para los grupos pequeños. Esto no es solo culturalmente importante para el mundo postmoderno de la realidad y la verdad experimentada. No es solo una manera para ser como las iglesias que están «en la onda». No es solo para las personas «heridas». Ni tampoco es solo para agregarlas al programa. Es una expresión válida de lo que se espera que el cuerpo de Cristo haga en la tierra. Es una expresión estructurada de la doctrina de la iglesia. Es una gran parte de lo que dicta el Nuevo Testamento como la predicación y la enseñanza.

Así que comencemos con el conocimiento de que toda la teología del Nuevo Testamento está de su parte. Dios está de su parte si usted está haciendo las cosas en su grupo pequeño que él nos dice que hagamos. Y si se hace bien, su iglesia y comunidad también van a estar de su parte, porque las vidas cambiarán. Esta es la visión que esperamos que usted obtenga para su iglesia, para sus líderes, para las personas que asisten a sus grupos. Es una visión para reconocer todo el mensaje del Nuevo Testamento, una persona a la vez, un grupo a la vez.

Una nueva visión con muchas aplicaciones

¿Ha conocido a cristianos de mucho tiempo que tienen áreas importantes que no están cambiando? ¿O que se relacionan con otros de manera tal que resultan ser verdaderos problemas? ¿Se preguntó alguna vez cómo alguien así puede ir a la iglesia durante tanto tiempo y no cambiar? ¿Qué de la persona que lee la Biblia y la conoce mejor que la mayoría, pero es insoportable estar a su lado? ¿Qué sucede allí?

Todos nosotros hemos visto que esto sucede. La mayoría de nosotros también ha visto a ese tipo de persona en alguna ocasión. Pero lo que sucede a menudo no es un misterio y se puede resolver. Una y otra vez vemos el milagro de los cambios. Una vez que usted lo entienda, las cosas se aclaran.

Lo que sucede con frecuencia es que alguien ha estado por fe, cumpliendo las disciplinas, o asistiendo a la iglesia, *pero todavía no se ha incluido en algún proceso de cambiar vidas como manda el Nuevo Testamento que hagamos.* Como resultado, algunos cambios no vendrán, incluso entre personas sinceras. Pero hemos visto algo más.

Muchas veces estas personas no han pasado por estos procesos que el Nuevo Testamento les ofrece. Nunca lo han visto en la práctica y nunca se les ha enseñado. Pero la Biblia es muy clara en cuanto a lo mucho que las necesitamos. *Y, entonces, cuando los que han estado estancados se ven involucrados en un grupo pequeño que realmente está haciendo lo que la Biblia dice que se haga en este contexto, ocurren cambios de vida que nunca antes ocurrieron.* Esto es lo que queremos que usted vea a medida que se embarca para cumplir el papel de guiar a un grupo pequeño de personas más allá de las realidades del cambio de vida que Dios diseñó.

Tal vez usted tenga un grupo sobre doctrina básica o ser padres o el matrimonio o recuperación de la adicción. Hay muchos tipos diferentes de grupos. Tal vez esté haciendo un grupo para orientar a los que buscan la verdad, es decir, un grupo que está diseñado para presentar a las personas, por primera vez, las cosas de Dios. O un grupo de recuperación del divorcio o las responsabilidades o un grupo de oración. Hay muchas aplicaciones diferentes al proceso del grupo pequeño. Nuestra visión es que no importa qué clase de grupo usted esté formando, ciertos procesos son transformadores de vidas, y cuando usted los implementa en grados variados, verá sanidad y cambios que nunca pensó que fueran posibles.

Con ese fin es que hemos creado este currículo. No importa qué clase de grupo esté guiando, creemos que puede ser un instrumento transformador de vida para la gente que es parte de esta. Y no creemos que para hacer esto sea necesario obtener un doctorado. Creemos que se necesitan algunas habilidades básicas y procesos que se encuentran en la Biblia, además de una pequeña dosis de amor, una semilla de mostaza de fe, algún compromiso y un espíritu algo aventurero. Si usted tiene esas cualidades, es posible que tenga lo que es necesario para orientar a un grupo que pueda hacer lo que Pablo dijo. El grupo puede ser un instrumento que Dios usa para ayudar a otros a crecer en él (véase Efesios 4:15). Ellos pueden aprender acerca de Dios, convertirse en mejores padres, tener citas de maneras más saludables, salir de las adicciones y otros temas de recuperación, mejorar matrimonios, etc. Todo esto gracias a que usted tuvo una nueva visión, que el Plan A de Dios es usarlo a usted y a los demás para que unos a otros se ayuden a crecer.

Capítulo 2

¿Qué estamos procurando hacer como líderes de un grupo pequeño?

Cuando a usted le pidieron que fuera un líder de un grupo pequeño, ¿qué pensó? ¿Estuvo de acuerdo en hacerlo y después se quedó temblando? ¿O se sintió cómodo, sabiendo exactamente lo que quería lograr a medida que guiaba a otros por la senda del crecimiento?

Lo más probable es que usted esté en algún lugar en el medio. Los líderes de grupo pequeño a menudo desean servir, especialmente después de experimentar un buen grupo pequeño, aunque es posible que se sientan perdidos en cuanto a qué hacer. Algunos se consuelan a sí mismos: «Oh, no es la gran cosa. Yo solo tengo que encontrar el tiempo y el lugar, traer las meriendas y los materiales harán el resto». O tal vez digan: «Mi trabajo no es enseñar, ese es el trabajo del pastor. Yo solo facilito las condiciones». Otros sienten una presión enorme para asegurarse de que cada persona en el grupo experimente los beneficios que promete el título del grupo. Por ejemplo, quizás usted crea que es su tarea hacer que los miembros de su grupo se recuperen del divorcio, crezcan espiritualmente o desarrollen un matrimonio fuerte. ¿Se siente capaz de hacer eso? ¿Se ha preparado con lo necesario para tomar el peso de esta responsabilidad?

Realmente, cualquiera podría sentir temblores en las piernas si, con poca preparación, acepta la responsabilidad de «hacer» que suce-dan todas estas cosas. En la realidad, hasta las personas que tiene esta profesión tienen un control limitado para cambiar las vidas de otras personas. Pero ahora es un líder, y se espera que usted haga que suce-dan algunas de estas cosas. Pero, no se asuste. Lo ayudaremos a enten-der bien su papel. Dirigir un grupo pequeño puede tener grandes re-compensas y simplificar su papel lo ayudará a guiar con confianza.

Una causa común

Cada grupo tiene su propia agenda y metas. La agenda puede ir desde el crecimiento espiritual general hasta tópicos específicos como son el matrimonio, la recuperación, el divorcio, tener citas, ser padres, o el discipulado. O tal vez usted sea parte de un estudio bíblico de grupo en su vecindario para estudiar las Escrituras, tener oraciones impor-tantes y apoyarse mutuamente.

Si usted es un laico que guía a un grupo que tiene metas y conteni-do específicos, es muy probable que le hayan provisto o que usted haya conseguido los materiales apropiados. Si su capacitador o líder hizo su tarea, él ha encontrado una estructura que diseñó alguien que ya alcanzó la meta antes que usted, y su trabajo es facilitar esa senda. El programa o currículo debe guiarlo *en términos de contenido*. Si no, vea el apéndice de este libro para encontrar ayuda al seleccionar los materiales para su grupo.

Pero, ¿qué de las metas *que se relacionan al proceso y no al conteni-do*? ¿Cuáles metas transcendentales y tareas se aplican a todos y cada grupo, no importa cuáles sean su propósito o tópico? ¿Existen algunas metas fundamentales para ayudarlo a saber que usted es útil?

Aquí hay una analogía. Si es un padre procurando ayudar a su hijo en las matemáticas, ¿cómo va a reconocer y medir el éxito, aparte del contenido? Uno tal vez diría: «Bueno, yo traté de ayudar a mi hijo con las matemáticas, y no sé si lo logré, pero por lo menos él sabe que yo lo quiero y estoy aquí para apoyarlo». En otras palabras, estamos di-ciendo que a pesar de la tarea específica del grupo, *hay propósitos trans-cendentales a los cuales usted se puede anclar para así lograr algo bueno en cualquier grupo.* Usted debe *saber,* no importa qué más suceda, que ha logrado algunas cosas buenas.

Vida en un mundo caído

Cada miembro en cualquier grupo experimenta el problema común de vivir en un mundo caído. Como personas caídas, queremos y tratamos con otras personas caídas. Ya que Adán y Eva nos pasaron el arte de ir por nuestra cuenta, todos encontramos dinámicas caídas espirituales, relacionales, sicológicas, emocionales y funcionales. *Si usted dirige y facilita crecimiento dentro de estas dinámicas, ayudará a la gente, no importa qué clase de grupo guíe.*

Estas dinámicas comenzaron en el Jardín del Edén. Adán y Eva tenían una buena relación, eran saludables y amaban su trabajo, hasta que algo sucedió. Ellos trataron de tomar el lugar de Dios. Como resultado, dejó de existir la vida tal y como se creó para vivir. *En su intención de convertirse en dioses, ellos perdieron su habilidad de ser completamente humanos.* ¿Qué significó esto para Adán y Eva, y qué significa para su grupo?

Desconectados de la Fuente de vida.   Dios les dio todo lo que necesitaban para vivir: en el aspecto material, relacional y espiritual y en todas las demás maneras. Cuando ellos decidieron desempeñar su papel, la humanidad cayó tratando de proveer para sí misma la independencia de Dios. Elegimos la senda de intentar la autosuficiencia.

Pérdida doble de las relaciones. Adán y Eva perdieron su relación con Dios y se ofendieron el uno al otro. Su intimidad con el Señor y entre ellos se vio reemplazada con el temor, el ocultarse, la desconfianza y otras cosas que los miembros de su grupo conocen muy bien.

Vergüenza.   Adán y Eva se sintieron avergonzados, juzgados y condenados. Para arreglárselas con la culpa, comenzaron a actuar y, peor aún, a esconder lo que realmente eran. Cubrieron su vulnerabilidad con hojas de higo, de la misma forma que nosotros nos hacemos falsos para parecer mejor de lo que somos.

Desobediencia.   La humanidad perdió la autoridad de Dios en nuestras vidas y dejó de obedecerlo naturalmente. Nos convertimos en nuestros jefes, vamos por nuestros caminos y desobedecemos sus caminos para nuestra pérdida. Es el escenario de *Solo en la casa* con un resultado desastroso de dolor y daño.

Pérdida del conocimiento de los caminos de Dios. Con poco conocimiento de los caminos de Dios, hacemos caso omiso de lo que él dice. Dios creó la vida para funcionar de maneras muy específicas. Él nos ha dicho cómo relacionarnos unos con otros, establecer y alcanzar metas de valor y pasar las dificultades. Pero tratamos de descubrirlo por nuestra cuenta sin consultar al diseñador ni al manual.

Pérdida de control. Originalmente Dios estaba en control de todo, excepto de nosotros. Él nos dejó libres para controlarnos a nosotros mismos aunque su intención era que cediéramos el resto del universo para que él lo controlara. Debíamos confiar y ceder. Cuando caímos, revertimos el curso. Perdimos control de nosotros mismos (autocontrol) y comenzamos a procurar jugar a Dios y controlar todo lo demás que nos rodeaba, especialmente a otras personas. Así que dejamos de sentirnos en control de nuestras propias vidas y tratamos de controlar a todos los demás y a todo lo que nos rodea.

Su ministerio de reconciliación

Aquí es donde su grupo entra. En lugar de dar respuestas religiosas vacías a estos problemas, usted tiene otro llamado. Dios no lo llamó para ser un policía moral que pone orden a la gente. *Él lo llamó para ayudar a restaurar la vida con relación a él tal y como la creó.* La palabra en la Biblia para esto es *reconciliación*. El propósito de Dios es reconciliar las cosas de nuevo para sí y *utilizarlo a usted en ese proceso.* Como dijo Pablo:

> Todo esto proviene de Dios, quien por medio de Cristo nos reconcilió consigo mismo y nos dio el ministerio de la reconciliación: esto es, que en Cristo, Dios estaba reconciliando al mundo consigo mismo, no tomándole en cuenta sus pecados y encargándonos a nosotros el mensaje de la reconciliación. Así que somos embajadores de Cristo, como si Dios los exhortara a ustedes por medio de nosotros: «En nombre de Cristo les rogamos que se reconcilien con Dios» (2 Corintios 5:18-20).

No importa si el propósito de su grupo es el apoyo, estudio bíblico o recuperación, la meta transcendental es el *ministerio de la reconciliación*. Usted está devolviendo personas a Dios y la vida que él creó para que ellos vivieran. Ahora usted tiene el llamado increíble y *muy realizable* de ayudar a los miembros de su grupo:

- *Volverse a conectar a la Fuente* de vida y ver que Dios sea la fuente de cualquier cosa que ellos estén tratando de lograr en la vida y en el grupo.
- *Volverse a conectar a través de una verdadera relación* a Dios y a través de la experiencia de la conexión con otros en el grupo.
- *Experimentar la gracia total,* aceptación y perdón en el grupo, y la ausencia de la vergüenza, culpa, juicio y condenación.
- *Aprender y experimentar el valor de la obediencia a Dios* como la autoridad de la vida.
- *Aprender los caminos de Dios* y cómo aplicarlos a las situaciones de la vida.
- *Dar a Dios el control* por el resto de la vida (y relajarse al hacerlo) pero tomar el control y la responsabilidad de ellos mismos.

Celebre esto: Usted ayudará a su grupo a lograr estos seis aspectos universales de la reconciliación *mientras se esfuerza para lograr las metas específicas de su grupo.* Usted invertirá los efectos de la caída en sus vidas y traerá cambios perdurables a medida que implementa los fundamentos del evangelio en su experiencia diaria.

A qué se asemeja la reconciliación

Convertirse en un líder parece complicado. Es por eso que comenzamos por destacar los simples pero profundos elementos de la posible redención en cada grupo. Por medio de la creatividad, búsqueda y oración usted encontrará innumerables maneras de vivir estos seis puntos del crecimiento espiritual. Los siguientes ejemplos bosquejan solo un modelo parcial de cómo un grupo con un tema específico, como por ejemplo un grupo sobre la paternidad, puede ayudar a los miembros a ir más allá del tópico y reconciliarse a la vida de Dios. En otras palabras, no importa cuál sea el tópico, usted puede ayudar recordando los seis puntos que se establecieron antes.

Volver a la Fuente. Se les enseña a los miembros del grupo o descubren que ellos pueden volver a Dios día a día para ayudar en la enseñanza de las situaciones de la paternidad. Aprenderán que Dios provee respuestas, fuerzas, comunidad, oportunidades y todo lo que ellos necesitan para ser padres. Ellos experimentarán la provisión de Dios al:

- Orar
- Orientar a los padres para que se vuelvan a Dios y obtengan respuestas
- Apoyarse en Dios para obtener fuerzas
- Contar testimonios mutuos acerca de cómo ellos relacionan a Dios con la crianza de sus hijos
- Convertirse en compañeros de oración a través de la semana para la crianza de los hijos

Reconectarse. Los miembros del grupo aprenden a reconectarse en una verdadera relación con Dios y con otros padres. Aprenden a contarle a Dios acerca de sus esfuerzos, compartir sus victorias, sacar fuerzas de su relación diaria con él y reconocer, tal vez por vez primera, que ellos no están solos en su experiencia de la paternidad. También, aprenden a ser sinceros y apoyarse mutuamente. Descubrirán que Dios usa a los miembros del grupo para dar apoyo, respuestas, sabiduría, ánimo, corrección, ejemplo, fuerza y consuelo. Esta reconexión sucede a medida que la experiencia del grupo:

- Enseña a caminar con Dios a través de los días de crianza de los hijos
- Enseña a ser sinceros y contarse unos a otros su vida de paternidad
- Ayuda a contarle al grupo las necesidades de los padres
- Facilita el apoyo y el ánimo mutuo
- Ayuda a conectarse mediante la vulnerabilidad
- Fomenta dar y recibir evaluaciones personales

Experimentar la gracia. Mientras aprenden a contarse sus fracasos, temores, dolor y problemas y solo verse como los padres que

realmente son, los miembros del grupo descubren que son más pareci-
dos que diferentes. Se sienten menos juzgados. Esto los libera para qui-
tarse las hojas de higo y mostrar sus verdaderas personalidades. Según
el líder y el grupo ofrezcan la gracia, disminuye su vergüenza, culpa y
condenación. A medida que pasa el tiempo, ellos interiorizan la aceptación del grupo y aprenden a aceptarse a sí mismo. Tratan sus errores
como oportunidades para aprender en lugar de que sean oportunidades tóxicas para sentir culpa, vergüenza o «menos que eso». Experimentan gracia al mismo tiempo que:

- Confiesan al grupo sus faltas como padres
- Confiesan a Dios sus faltas como padres
- Confiesan al grupo sus temores y dolores de padres
- Se brindan gracia y perdón mutuo
- Modelan una aceptación total en el grupo por las faltas e in-
  competencia en la crianza de sus hijos

Renovar la obediencia. Los miembros del grupo se animan a obedecer a Dios, seguirlo durante la vida como la autoridad, y desarrollar
la obediencia estructurada, fructífera. Algunos por primera vez ven
que otros buscan hacer lo que Dios pide y encuentran una nueva manera de vivir. Ellos encuentran en el contexto de la comunidad el beneficio de vivir la vida de la manera que él dice. La experiencia del
grupo:

- Facilita una orientación, como padres, para seguir y obedecer
  a Dios
- Facilita contarse cómo ellos obedecen y cómo es esto
- Facilita el contar abiertamente sus esfuerzos para obedecer
- Sostiene la obediencia como un valor de la vida, no como un
  dogma religioso
- Modela la gracia a pesar de la lucha y los fracasos

Aprenda nuevas maneras. Los miembros del grupo aprenden
nuevos principios y maneras de vivir que ellos no hubieran podido
descubrir por su cuenta. Descubren que la Biblia es la fuente de la verdad de Dios para vivir la vida y aprender a celebrar el tener una «lám-
para a [sus] pies» (Salmo 119:105). Al descubrir la verdad, se liberan

de la incertidumbre que viene al tratar de idear esa verdad por su cuenta. Descubrirán que los caminos de Dios obran en el área de la crianza de los hijos. Este aprendizaje toma lugar a medida que los líderes de grupo:

- Seleccionan materiales buenos y prácticos que muestran el diseño de Dios para la crianza
- Muestran que sean o no cristianos abiertamente, los materiales reflejan las verdades de la crianza que Dios diseñó
- Escogen materiales de calidad que sean efectivos en sus vidas, los que confirman que Dios diseñó los caminos para vivir y ser padres
- Muestran apropiadamente las conexiones entre la Biblia y la verdad que están aprendiendo

Comprender el control. Aprenden a ceder el control de lo que no pueden controlar, aprenden a tomar la responsabilidad y controlarse ellos mismos. Por ejemplo, descubren que ellos no pueden hacer que sus hijos tomen las decisiones correctas o que siempre puedan tenerlos a salvo y sin problemas. Pero los padres pueden controlar la manera de reaccionar, cómo los disciplinan, lo que les proveen y cómo permiten que sus hijos sean una influencia en sus sentimientos. Los padres reconcilian sus métodos para el control apropiado a través de grupos que:

- Tiene una cultura de «oración de serenidad» en cuanto a la crianza para aceptar lo que no pueden cambiar, cambiar lo que pueden y buscar sabiduría para saber la diferencia.
- Motivar la confianza en Dios para lo que no pueden controlar o cambiar
- Orar por los aspectos de su situación de la crianza que no pueden cambiar ni controlar
- Concentrarse en lo que ellos pueden hacer y ayudar al grupo a descubrir el uno del otro y de los materiales lo que pueden controlar y cambiar como padres
- Impartir también estos aspectos de reconciliación a sus hijos,

enseñarlos a desarrollar el autocontrol y la responsabilidad como asuntos trascendentales del crecimiento espiritual

• Hacerse responsables unos a otros para ser responsables y tomar control de ellos mismos en su vida de padres, sentimientos, actitudes y conductas.

Estos conceptos sencillos se componen de mucha de la esencia del crecimiento y el discipulado cristiano. Y se aplican a todos los grupos, no solo para los padres.

Prepárese para un peregrinaje emocionante

Nos alegra mucho saber que usted sea un líder de grupo pequeño. Usted ha comenzado uno de los peregrinajes más increíbles que nosotros, como cristianos, tenemos a la disposición. Usted está en la posición de ayudar a las personas no solo a estudiar el tópico particular del grupo sino también a ver el gran cuadro de restituir la vida para lo cual se creó. Es sencillo, pero profundo, y creemos que usted puede lograrlo.

Nosotros hemos descubierto que no hay mejor retribución que la de ayudar a la gente a desarrollarse a través de los grupos pequeños que guiamos en nuestro trabajo, y queremos esto mismo para usted. Una vez que comprenda algunos conceptos básicos y desarrolle algunas habilidades básicas, los resultados serán increíbles. Todos los días recibimos reacciones de diferentes partes del mundo que nos cuentan que a medida que se implementan estos principios, las vidas cambian. Personas sanadas, familias reconciliadas, sueños realizados.

Comenzamos este capítulo reconociendo que los líderes de grupos pequeños a veces sienten miedo al saber que son pastores responsables de las ovejas de sus grupos. Respecto a los maestros, Santiago dijo: «Seremos juzgados con más severidad» (3:1). Aunque un líder de grupo pequeño no es necesariamente un «maestro» en ese aspecto, el principio aplica hasta cierto grado.

¡No permita que esto lo asuste! Es probable que usted solo firmó para ser un orientador, no un juez, maestro, anciano o pastor. Tal vez piense: «¡Espere un momento! Yo nunca dije que tenía los conocimientos suficientes para hacer esto». No renuncie todavía.

Ni nosotros, la Biblia, ni (esperamos) que cualquiera que le hable para guiar a un grupo esperará que usted obtenga normas imposibles de perfección.

No hay nada que tenga que tener por completo. Pero aquí hay un principio importante acerca de lograr metas trascendentes mediante la dinámica de un grupo pequeño: *Mientras más posea algo, más lo puede dar.*

Vale la pena examinarse diariamente para ver cómo le va en estas seis áreas de crecimiento espiritual. Ninguno de nosotros es perfecto, y como dice Santiago en el próximo versículo: «Todos fallamos mucho» (3:2). Jesús nos recuerda que debemos buscar y quitar los obstáculos para nuestro desarrollo espiritual:

> ¿Por qué te fijas en la astilla que tiene tu hermano en el ojo y no le das importancia a la viga que tienes en el tuyo? ¿Cómo puedes decirle a tu hermano: "Hermano, déjame sacarte la astilla del ojo", cuando tú mismo no te das cuenta de la viga en el tuyo? ¡Hipócrita! Saca primero la viga de tu propio ojo, y entonces verás con claridad para sacar la astilla del ojo de tu hermano (Lucas 6:41-42).

Mientras más practiquemos los seis aspectos de la reconciliación en nuestras vidas, mejor las entenderemos y seremos capaces de impartirlas, creativa y naturalmente, a otros. Incluso un cristiano muy joven podría estar en la senda de estos seis. Son asuntos del corazón, no del conocimiento. Veámosla una vez más:

- Vea a Dios como la fuente de vida y todo lo que necesitamos.
- Vea las relaciones como nuestra necesidad primaria en la vida, con él y otras personas.
- Busque y practique la gracia y el perdón.
- Sométase a Dios como al jefe.
- Busque sus caminos para vivir.
- Permita que Dios controle el mundo y a otros; desarrolle control de uno mismo.

Ninguna de estas tareas presume que si usted está dirigiendo a un grupo sobre cualquier tópico, tiene que saberlo todo respecto a dicho tópico. Como hemos dicho, los materiales buenos proveen mucho del contenido y los conocimientos. Estos seis conceptos constituyen una orientación básica hacia Dios, la gente y el crecimiento que todos pueden obtener a medida que se vuelven a él. Es por eso que estamos tan contentos en cuanto a estos principios. Usted los puede aceptar y cuando lo haga, otros lo aceptarán. Así es como este «ministerio de la reconciliación» (2 Corintios 5:18-20) ha estado pasando desde hace dos mil años. Una persona lo tiene y se convierte en un embajador de Dios para otra persona. Creemos que usted también puede hacer esto.

Primero tenemos que humillarnos en nuestro propio proceso de crecimiento y seguir practicando. No perfectos pero fieles. Recuerde, la Biblia nos enseña que Dios usa personas fieles, no perfectas. Si fielmente usted practica estas áreas, Dios lo hará fructífero. Usted se convertirá en una fuente de crecimiento espiritual para otros sin siquiera saber cómo «brota y crece la semilla» (Marcos 4:27).

Capítulo 3

Los ingredientes de la gracia, la verdad y el tiempo

E l propósito máximo de su grupo es tener un ministerio de reconciliación. Lograr este propósito requiere tres ingredientes: gracia, verdad y tiempo. Su primer reto quizás sea ayudar a su grupo a entender que la gracia y la verdad son conceptos mucho más ricos de lo que reconocen los cristianos. Describiremos cómo la Biblia los enseña para que usted los convierta en aspectos fundamentales de su grupo. Su segundo reto tal vez sea ayudar al grupo a ver las cosas a largo plazo. Los ingredientes de la gracia y la verdad no producen un desarrollo inmediato. Necesitan tiempo para lograrse.

Ya sea que su grupo comience o no por saber que necesitan gracia, verdad y tiempo, es probable que sientan el deseo de «más de algo» de lo que ahora tienen. Algunos de nosotros sabemos cómo sería «mejorar» pero sabemos que todavía no lo hemos logrado. Otros ni tan siquiera están seguros de las normas. Pero la mayoría de los grupos comenzarán teniendo estas experiencias en común:

- Sabemos que hay algo «mejor» que en donde estamos.
- Sabemos que estamos fallando en varios niveles.
- Nuestros fracasos causan sentimientos de culpabilidad, vergüenza, condenación e inferioridad.
- Deseamos mejorar.
- Nos sentimos incapaces de llegar allí por nuestra cuenta.

Pablo lo dice así:

Sabemos, en efecto, que la ley es espiritual. Pero yo soy meramente humano, y estoy vendido como esclavo al pecado. No entiendo lo que me pasa, pues no hago lo que quiero, sino lo que aborrezco. Ahora bien, si hago lo que no quiero, estoy de acuerdo en que la ley es buena; pero, en ese caso, ya no soy yo quien lo lleva a cabo sino el pecado que habita en mí. Yo sé que en mí, es decir, en mi naturaleza pecaminosa, nada bueno habita. Aunque deseo hacer lo bueno, no soy capaz de hacerlo. De hecho, no hago el bien que quiero, sino el mal que no quiero. Y si hago lo que no quiero, ya no soy yo quien lo hace sino el pecado que habita en mí.

Así que descubro esta ley: que cuando quiero hacer el bien, me acompaña el mal (Romanos 7:14-21).

Unos versículos después Pablo dice cómo librarse de la ley, una liberación de la cual usted participará. «¡Soy un pobre miserable! ¿Quién me librará de este cuerpo mortal? ¡Gracias a Dios por medio de Jesucristo nuestro Señor!» (Romanos 7:24-25).

Usted llevará a los miembros del grupo a una experiencia de ser rescatado por Jesús de las desdichas que Pablo describe. Usted los ayudará a rescatar luego de saber que necesitan crecer aunque son incapaces de hacerlo por su cuenta. Ustedes le darán el verdadero Dios, el que es tanto Gracia como Verdad y el que usa tiempo como una estación redentora para cambiarnos.

Gracia y verdad: El desarrollo requiere las dos

Si usted conoce otros libros que hemos escrito, ya sabrá que nosotros definimos la gracia como algo que va más allá del perdón. Es un favor inmerecido. Definimos la verdad como *la verdad de Dios, la realidad que estructura nuestras vidas.* En las próximas páginas le daremos una comprensión más completa de los ricos conceptos de la gracia y la verdad. Pero queremos advertirle de estas definiciones para que pueda entender lo que sigue.

Dar y recibir favor inmerecido

Muy a menudo, los cristianos entienden la gracia solo como el perdón o la aceptación incondicional o la ausencia de la condenación. Realmente estos son aspectos de la gracia de Dios, pero la gracia es más que eso. Es Dios dándonos lo que no podemos obtener por nuestra cuenta. La gracia es un favor inmerecido. Es Dios otorgándonos las cosas buenas por las que no hacemos nada para obtenerlas, ganarlas, merecerlas o —y esto es una gran clave para los grupos— *producirlas*. En otras palabras, *la gracia se nos da, no la creamos ni la producimos*. No podemos merecerla.

Un grupo pequeño ofrece una expresión poderosa de gracia en contraste con el andar espiritual de la persona. Otra persona nos puede dar expresiones de la gracia de Dios que no podemos producir por nuestra cuenta. En un buen grupo pequeño, *las personas obtienen de otros lo que ellos no pueden dar ni obtener por sí mismos*.

Sin esta comprensión plena de la gracia, los grupos pequeños se quedan cortos. Ellos ofrecen seguridad pero no otros aspectos de la gracia que ayuda a la gente a crecer. En el libro *How People Grow* [Cómo crece la gente], yo (Henry) describo la experiencia de un hombre de gracia truncada. A este hombre, con un sobrepeso peligroso, el médico le dijo que necesitaba perder más de cien libras. Le entregó un programa de dietas y ejercicios y estableció una relación mediante la cual el hombre le tenía que rendir cuentas a mi amigo, el médico.

Mi amigo siguió reuniéndose con él durante el régimen para perder peso, pero el peso del hombre subió, no bajó. Mi amigo quería saber qué hacer. Así que yo le hice preguntas acerca de su programa. Ellos tenían un plan con metas y tareas, como por ejemplo, monitorear la comida y el ejercicio. Además el hombre debía orar y estudiar la Biblia. Pero el plan principal era lograr estas metas.

Entonces el hombre se reuniría con mi amigo para rendirle cuentas. Ellos se reunieron y el hombre confesó su falta. Se sentía culpable y arrepentido, recibió el perdón y se comprometió en mejorar la situación. El idioma de «profundo compromiso» resultó ser una gran parte del plan. Este hombre con sobrepeso y mi amigo decidieron que él solo necesitaba comprometerse a tener una mayor autodisciplina.

Cuando mi amigo me preguntó qué hacer acerca del fracaso, yo le respondí que al plan le faltaba la gracia y estaba destinado a fracasar. Tomado por sorpresa, mi amigo me dijo: «No, yo le doy mucha gracia. Oramos, recibió el perdón de Dios y yo también lo acepté. Él tiene la gracia completa». Yo sabía que mi amigo tenía razón en esto, porque es una persona muy tolerante y lleno de gracia. Pero el mismo programa estaba quedándose corto de gracia. *Tenía perdón pero le faltaba «el favor inmerecido».*

Para experimentar la victoria, el hombre necesitaba la plenitud de la gracia. En otras palabras, él necesitaba favores inmerecidos. Necesitaba personas de afuera que le dieran lo que él no era capaz de producir por sí mismo. ¿Adónde debe ir una persona sin auto disciplina para conseguirla? ¿De él mismo? Acabamos de decir que no tenía ninguna, así que no podía conseguirla de él mismo. Tenía que venir de afuera. De lo contrario, sería como decirle a un automóvil que no tiene gasolina «ve y consigue gasolina» o «sé más responsable». Si el auto hubiera seguido caminando vacío, podía obtener la gasolina. La gracia es como si la bomba de la gasolina viniera al lado del carro y le diera lo que necesita para hacer el viaje. Es el rescate que Pablo mencionó en Romanos 7. El hombre de sobrepeso tuvo que reunirse con un grupo que le daba más que el perdón y la aceptación. Este grupo le brindaría:

- Seguridad para con cariño dejarle saber que él no podía lograrlo por su cuenta
- Aceptación y amor para su falta de poder, y en cuanto a su manera de ser
- Perdón, como el que ya estaba obteniendo
- Apoyo y ánimo para alcanzar la meta
- Ayuda con su debilidad, como los miembros de un grupo a quien él pueda llamar cada vez que sienta la tentación de comer o dejar de hacer los ejercicios
- Curación del dolor y pena que él intentaba cubrir con la comida
- Apoyo en las situaciones de estrés en las que «comía demasiado»

- Personas que le brindan reacciones honestas respecto a su plan y progreso
- Un lugar para procesar sus fallos y aprender por qué y cómo él fallaba
- Establecer límites y confrontaciones con sus otros excesos
- Un empuje para reconocer que su grupo no era suficiente y que él tenía que unirse a otro programa más estructurado

¿Se da cuenta cómo a través de un grupo el hombre podía recibir *dones de afuera*? Pedirle que él mismo se ofreciera estas normas disciplinarias era imposible porque no podía. Él necesitaba el favor inmerecido, buenas cosas que no podía producir. Es por eso que provienen de la gracia. Y mientras más el grupo vea la gracia de esa manera, más crecerán las personas. Es una cultura que pregunta: «¿Qué necesitas que nosotros te podamos dar?» Entonces el grupo da lo que es necesario o apoya a la persona para que salga y lo obtenga.

De nuevo, no se agobie. Usted no tiene que descubrir la clase correcta de gracia para cada problema. Los materiales de su grupo en particular y el contenido lo ayudarán a hacerlo. En su lugar, usted debe asegurarse de que los individuos vean la gracia como algo superior al perdón y obtengan buenas cosas de los demás en el grupo. Esto es realmente facilitar, no hacerlo todo usted mismo, sino asegurarse de que suceda mediante el grupo.

Vernos en relación con la verdad de Dios

¿Recuerda mi experiencia con el ministro que se puso en pie y protestó por lo que yo dije en cuanto a cómo las personas necesitan a otros para que los ayuden a desarrollarse? Él era inflexible respecto a que la persona crece en respuesta a «la verdad». Él pensó que la verdad de Dios era lo que hacía que la persona se desarrollara. Pero limitó esa definición. Pensó que la verdad se lleva solo a través de la predicación y la enseñanza. Él creía que si el púlpito hace ese trabajo, todos completarán el proceso del crecimiento.

Estamos de acuerdo en que la verdad es un elemento importante en el crecimiento. Si no tenemos la verdad de Dios, no sabemos cómo vivir. Como dijo Moisés: «El Señor nuestro Dios nos mandó temerle y obedecer estos preceptos, para que siempre nos vaya bien y sigamos con vida» (Deuteronomio 6:24). David oró: «Señor, hazme conocer tus caminos; muéstrame tus sendas. Encamíname en tu verdad, ¡enséñame! Tú eres mi Dios y Salvador, ¡en ti pongo mi esperanza todo el día!» (Salmo 25:4-5).

Pero la Biblia también enseña muchas maneras de *reconocer* la verdad de Dios. Además de ver la verdad de sus estatutos, también tenemos que ver la verdad de quiénes somos en relación con esas normas. Tenemos que ver cómo crecer hacia esos estatutos. La enseñanza y la predicación nos ayudan a crecer, pero también sucede mediante otras experiencias. Necesitamos todas estos aspectos de la verdad obrando en nuestras vidas y un grupo pequeño es un gran contexto. Aquí presentamos una lista parcial de cómo los grupo nos ayudan a crecer en la verdad:

- Enseñanza: instrucción de la verdad de Dios
- Confesión: decir la verdad acerca de dónde estamos (Santiago 5:16)
- Abrir nuestros corazones a la verdad profunda (Salmo 51:6)
- Corregirnos unos a otros con la verdad (Efesios 4:25; Proverbios 15:32)
- Limitarnos mutuamente los pecados por medio de la confrontación (Mateo 18:15-19)
- Encontrar la verdad de nuestras partes más profundas (Salmo 139:23; Mateo 23:26; Marcos 7:20-23)
- Aprender a caminar en la verdad de Dios e integrarlas a la vida a medida que nos mantenemos fieles (Juan 8:31-32)
- Modelar la verdad, unos a otros, para que podamos seguir el ejemplo (1 Corintios 4:16)
- Encontrar seguridad en los límites de la verdad de Dios (Proverbios 1:33)
- Oír la verdad de unos a otros de maneras que nos edifiquen (1 Tesalonicenses 5:11)
- Ayudarnos mutuamente a desarrollar el carácter (2 Pedro 1:5-8)

- Revelar la verdad de nuestro dolor para que así podamos dolernos y sentir la sanidad (Romanos 12:15)
- Ser sinceramente honestos para que podamos estar más compenetrados (Efesios 4:15-16, 25)

Esto solo es algo de lo que nos enseña la Biblia y afirman las investigaciones de grupos en cuanto a las maneras diferentes en que Dios utiliza la verdad en nuestras vidas. La enseñanza es realmente importante, pero no limite su experiencia de la verdad a un sermón a la semana. El grupo pequeño es un lugar donde la verdad se puede enseñar, captar y realizar de maneras muy importantes.

De hecho, experimentar la verdad en un grupo podría afectar drásticamente al hombre con sobrepeso que describí antes. Aplicar las verdades enumeradas anteriormente podría crear una receta casi perfecta para perder peso. Hacer estas cosas lo podrían ayudar mucho más que solo hacer dieta, rendirle cuentas a otros y luego volver a tratar con más ahínco. Si él hubiera dejado que la verdad obrara de esta forma, la solución hubiera sido que él habría perdido el peso que necesitaba perder.

La gracia y la verdad moran en nosotros

Los grupos pequeños deben evitar los dos extremos: solo la gracia o solo la verdad. Quizás usted encontró un grupo que lo ama, lo acepta, lo perdona, lo ayuda y le muestra toda clase de gracia. Sin embargo, en el trayecto no se llevaron a cabo suficientes cambios porque usted no aprendió nuevas maneras de ser o hacer, o no obtuvo sugerencias y correcciones acerca de lo que ya era o hacía. Usted no siguió siendo responsable. Y no sondeó lo suficiente como para descubrir una verdad más profunda acerca de lo que necesitaba sanar y cambiar. Así que permaneció cómodamente y estancado en su grupo de gracia, pero sin crecer. Usted ansía más cambios a través del tiempo.

Tal vez se reúne con otro grupo, un grupo de verdad, que hizo lo opuesto. Usted experimenta dirección, responsabilidad, confrontación, estructura, reglas y presión para ser diferente. Pero este grupo quizás tenga falta de seguridad y aceptación, así que usted se siente culpable y avergonzado, nunca se siente lo suficientemente bueno. Ansía más aceptación y amor. Las normas son fuertes, pero el perdón es débil, y hay más «debemos» de los que usted podría lograr.

Son muchas las personas que han experimentado los grupos pequeños a los que les falta algo. No hay crecimiento hasta el grado que debía haberlo, el grupo ha mezclado la gracia y la verdad. Por suerte, Dios tuvo la misma idea. Para ser más exacto Dios *era* la idea. Él mismo es la combinación de la gracia y la verdad y en esta combinación encontramos sanidad. Juan lo puso de esta manera: «La ley fue dada por medio de Moisés, mientras que la *gracia* y la *verdad* nos han llegado por medio de Jesucristo» (Juan 1:17-18).

Jesús fue la realización de la gracia y la verdad juntas. Él era un favor inmerecido por completo. Él nos ama, nos acepta y nos ayuda aunque no lo merecemos. Él nos favorece y nos trae favores, solo porque nos ama. Él también nos da la verdad, la verdad de Dios, la verdad de la vida y cómo debemos vivir, la verdad de quién y cómo realmente somos. Jesús ofrece el amor que nos hace encarar y lidiar con la realidad. La seguridad de su perdón y gracia eliminan la vergüenza y dolor de nuestros fracasos cotidianos para vivir según sus normas.

Lo que entusiasma acerca de experimentar la gracia y la verdad juntas es que nosotros podemos hacernos amigos de las normas. La manera en que «debemos ser» puede llegar a ser meta, una dirección, en lugar de un juez. Debido a la gracia, podemos comenzar a decir: «Quiero ver dónde yo necesito cambiar, para mejorar el ser y el hacer. Muéstrame la verdad y dónde estoy yo con relación a esta». La gracia de Jesús nos capacita para convertirnos en amigos de la verdad.

Ahora, piense como un líder de grupo pequeño. Para su grupo, usted es un representante de Dios. ¿Cómo ayudará a los miembros a crecer? ¿Cuál usted traerá? ¿La gracia o la verdad? Por suerte, usted no tiene que decidir. Puede traer ambas, puede traer a Jesús como Juan lo describe: «Y el Verbo se hizo hombre y habitó entre nosotros. Y hemos contemplado su gloria, la gloria que corresponde al Hijo unigénito del Padre, lleno de gracia y de verdad» (Juan 1:14).

Usted puede traer a Jesús a su grupo de las maneras que describe este versículo: «se hizo hombre y habitó … gloria … lleno de gracia y de verdad». Es decir, que Dios se hizo hombre para vivir con nosotros. Dios ofrece su don, amor, ayuda y más para vivir en nosotros. Ahora somos su cuerpo físico sobre la tierra, morando unos con otros. Como vimos en el primer capítulo, su grupo es uno de los lugares principales donde los miembros estarán «con Dios».

En su reunión, Dios estará presente, en la carne, en la gracia y en la verdad. Usted ayudará a su grupo a experimentar la presencia de Dios en su cuerpo, su grupo. Ellos sentirán la gracia de Dios a través de la aceptación, ayuda, amor, cuidado, apoyo y perdón. Ellos vivirán la verdad de Dios a través de las normas, responsabilidades, principios, realidad y la autoevaluación honesta.

Como líder del grupo, usted debe asegurarse de que se manifieste el verdadero Dios. En otras palabras, usted guiará los procesos, establecerá el tono y asignará tareas para crear una experiencia de grupo en la cual *tanto la gracia como la verdad se realizan*. Esto es quién es él, el verdadero *Dios*.

El resto de este libro le mostrará cómo. Nadie lo hace perfecto. Pero si recordamos la meta desde el primer día, podremos acercarnos a esta cada vez que nos reunamos. Recuerde que traer la gracia y la verdad a su grupo es un proceso que sucede a través del tiempo. Como explica la sección siguiente, Dios nos dio un tiempo de redención para que él nos pudiera sanar y cambiar, desarrollándonos gradualmente en personas más semejantes a Jesús, que perfecta y eternamente personifican la gracia y la verdad.

Los grupos toman tiempo

Hace poco fui a una fiesta en donde vi a varios amigos queridos que no había visto desde hacía mucho tiempo, desde que trabajábamos juntos para la misma compañía. Yo siempre sentí un gran aprecio por ellos. Eran buenas personas, y nos llevábamos muy bien. En la fiesta nos pusimos al día, como es costumbre, en cuanto a la vida, relaciones y familias de cada uno. Después, cuando bajaron la intensidad de la luz, la música fue cada vez más suave y algunos se fueron, mi colega y yo nos sentamos alrededor de la mesa a contarnos viejas historias. Una historia me hizo reír tanto que no podía respirar. Algunas historias eran tristes. Algunas eran muy emotivas.

Sin embargo, lo que más me sorprendió acerca de esa tarde fue lo *vívido* que estaban esos recuerdos pasados. Realmente parecía que de nuevo éramos ese grupo en la compañía, en aquellos tiempos y etapas de la vida. Recuerdo mirar a la cara de cada uno de ellos recordándolos como eran, es decir, más jóvenes y diferentes. Fue una experiencia agridulce, pero positiva, un poco como los caracteres de la película *The Big Chill* [El gran enfriamiento] en el encuentro en una reunión después de la muerte de un amigo. Me gustaría volver a estar con esos amigos. Y *en mi cabeza, por lo menos, durante unos breves momentos,* el tiempo se detuvo. Las cosas parecieron ser igual a lo que fueron en aquel entonces.

La «experiencia del grupo» que acabo de describir no fue acerca de un grupo de crecimiento o un grupo de apoyo ni nada de esa naturaleza. Fue solo un grupo de buenos amigos con experiencias pasadas fuertes y normales. Aunque no era algo de grupo, habló al corazón de lo que sucede en los grupos buenos: *grupos de apoyo saludable que brindan un vistazo de la eternidad.* Es decir, en un ambiente que ofrece un buen apoyo, las obligaciones diarias del mundo se evaporan durante un rato para que se produzca la sanidad y el crecimiento. Esto no quiere decir que los miembros vayan a negar sus vidas reales fuera del grupo. Sin embargo, quiere decir que los grupos proveen personas con suficiente tiempo, espacio y seguridad para experimentar profundamente sus verdaderos yo, otros que se preocupa por ellos, y lo *que es verdaderamente importante en la vida.* Las crisis actuales, rutinas y las listas de los quehaceres se desvanece de la vista, y salen a relucir el amor, las pérdidas, el desarrollo, el dolor y la verdad de nosotros.

El tiempo es un ingrediente tan necesario como la gracia y la verdad para crear grupos buenos. Mientras mejor usted entienda la relación del tiempo con el proceso del grupo, mejor será su grupo. En contraste con la facilidad con que mis viejos amigos y yo hablamos, ¿alguna vez ha querido hablar con alguien acerca de un problema o lucha y en su lugar termina hablando acerca de la logística, la rutina diaria y el estado del tiempo? El tiempo es un intruso en su conversación y se perdió algo que tal vez usted necesitaba. Así que mientras más intenciones tengamos con el tiempo del grupo, mejor operará el grupo. Mientras más haga del tiempo su aliado, más éxito tendrá su grupo.

Veamos varios principios sobre cómo funciona el tiempo en grupos.

El tiempo de grupo es diferente al tiempo fuera del grupo

Esperamos que usted, como un orientador, se sienta protector del tiempo que le asigna a su grupo. Estos son minutos importantes en los cuales Dios y los miembros se reúnen frente a frente y dirigen los negocios. Es un tipo diferente de tiempo que *el de la vida real*. Es un *tiempo de redención*. Vamos a entender un poco de este término.

Tiempo, un concepto algo abstracto, se refiere a la medida o paso de acontecimientos: personas que nacen, crecen, experimentan amor, alegrías, pérdidas y dolores, encuentran familias y contextos sociales, encuentran trabajos y carreras, y luego mueren. Sin embargo, la intención original de Dios nunca fue que experimentáramos el tiempo tal y como ahora lo conocemos, algo que nos pase de largo. Dios vive en *eternidad* y no está limitado al paso del tiempo; para él todo está aquí y ahora. Él nos creó para vivir por siempre en la eternidad con él, sin estar sujetos a la edad, enfermedad o muerte.

Pero en Adán y Eva todos pecamos y nos alejamos de Dios y su vida. Estábamos destinados a una eternidad de miseria y desconexiones. En su misericordia, Dios nos sacó del Jardín y nos puso en el mundo del tiempo. Entonces comenzó el tiempo redentor. Pero esto no será por siempre. Terminará cuando Dios redima todo para él, y de nuevo todo volverá a pasar a la eternidad con él, como fue en el Principio. Como dijo Jesús: «Yo soy el Alfa y la Omega, el Principio y el Fin. Al que tenga sed le dará a beber gratuitamente de la fuente del agua de la vida» (Apocalipsis 21:6).

Sin embargo, el tiempo no es un castigo para nosotros. Dios no nos sacó de la eternidad porque estuviera molesto con nosotros. Él nos estaba preservando. Él sabía que podíamos ser miserables en una eternidad de quebrantos. Sabía que necesitábamos espacio para que nos arreglaran, sanaran, perdonaran y maduráramos. Él creó el tiempo para ser ese espacio. Es algo similar a la cuarentena de un hospital para un salón de operaciones, manteniéndolo protegido y seguro para que la sanidad pueda ocurrir mediante las manos habilidosas del médico. Como cirujano, Dios redime nuestras vidas y corazones sobre un proceso de tiempo para que un día, cuando la obra termine, nosotros volvamos a entrar a la eternidad con él. Este *tiempo redentor* provee el contexto para este proceso. Es nuestra zona de seguridad.

Su grupo puede usar este tiempo de redención en maneras poderosas. A través del tiempo, los ingredientes necesarios de gracia y verdad obran sanando a cada persona. El tiempo de redención puede, desde luego, ocurrir en condiciones íntimas fuera del grupo, como por ejemplo durante momentos de oración, conversaciones saludables y buena relación entre las personas. Pero asegúrese de que su grupo perciba el propósito específico y función de este tiempo juntos. Permita que adquiera un sabor de lo eterno. Como orientador, usted emplea tiempo y energía para estar disponible, no importa lo poco preparado que se sienta. Es solo razonable proteger el tiempo y la experiencia de su grupo.

Tal vez esto le requiera que después de varios minutos guíe las cosas con gentileza para no caer en las habladurías diarias. O quizás tenga que ayudar a la gente a pasar de sus luchas diarias a los temas y motivaciones más profundas. No se preocupe por ser el consejero de alguien. Por el contrario, piense en cómo unos minutos a la semana hacen que la mayoría de las personas lleguen a ser lo que realmente son, con sus esperanzas, heridas y sentimientos, con otras personas que lo apoyan y Dios en el salón. Ser un orientador del tiempo de redención es ofrecer algo raro.

Las metas del grupo requieren tiempo para que la gente crezca y se desarrolle

Un grupo tiene que ver, en su esencia, con los cambios de vida. En una reunión de grupo ocurren muy pocos cambios instantáneos de vida. La mayoría de las personas se reúnen por motivos que tomarán tiempo, tales como:

- Una mejor relación con Dios y los demás
- Desarrollar una habilidad
- Sanar una herida del pasado
- Autocontrol de una conducta que los domina

- Competencia en un área específica, como ser padres, tener citas o el matrimonio
- Comprenderse mejor a sí mismo o a otros

Todo esto, y cualquier otro tópico que usted trate en su grupo, requerirá tiempo. Si las personas pudieran lograr dichos beneficios instantáneamente, es muy probable que nadie necesitaría reunirse en un grupo para lograr esto. Pero un grupo utiliza el proceso del tiempo para obtener sus logros y metas.

Ojalá que las cosas *pudieran* ser instantáneas. Somos una *especie* impaciente y nos atraen los anuncios que prometen perder peso o establecer relaciones o carreras con éxito… ahora mismo. Entender por qué el cambio y el crecimiento en su grupo toma tiempo lo ayudará a usted y a sus miembros a hacer uso del tiempo en lugar que pelear con este. El tiempo siempre gana cuando discutimos con él.

Cambio y crecimiento se refieren a la experiencia, no solo a los conocimientos

Cambios verdaderos, profundos y perdurables ocurren a través de la experiencia con Dios y otros que nos transforman de adentro hacia afuera. Las experiencias no se pueden escatimar. Cada una requiere tiempo.

Recuerdo hablar con un hombre que tiene un historial de desastres en las relaciones. No podía encontrar la mujer «correcta» con quien salir. Me dijo: «Está bien, he estado leyendo el libro de ustedes, ya entiendo. Entonces, ¿qué es lo siguiente?»

Yo le dije: «¿Has hecho lo que dice el libro?» No lo había hecho. Solo comprendió los principios, porque es un hombre inteligente.

Le dije: «Lo que quieres es imposible hasta que logres un contexto de crecimiento para vivir este material». A él no le gustó la idea y quería «seguir» con su vida. Pero se involucró con un buen grupo de crecimiento. Allí comenzó a descubrir el temor que tenía de las relaciones y cómo trataba de controlar la percepción que los demás tenían en cuanto a él. Estas realizaciones vinieron por la *experiencia*. Él podía leerse muchos más libros, sin que se afectara tan profundamente como cuando tuvo que verse cara a cara con personas que estaban interesadas en amarlo lo suficiente como para decirle la verdad.

La Biblia lo dice de esta manera:

> No se contenten sólo con escuchar la palabra, pues así se engañan ustedes mismos. Llévenla a la práctica. El que escucha la palabra pero no la pone en práctica es como el que se mira el rostro en un espejo y, después de mirarse, se va y se olvida enseguida de cómo es. Pero quien se fija atentamente en la ley perfecta que da libertad, y persevera en ella, no olvidando lo que ha oído sino haciéndolo, recibirá bendición al practicarla (Santiago 1:22-25).

Hacer es experimentar. Dios creó los principios del crecimiento y cambios que nos bendice cuando lo experimentamos, no cuando los entendemos. Es muy diferente a aprender y memorizar. La experiencia siempre toma más tiempo que poner información en nuestras cabezas, aunque eso también es importante. ¿Cuán cómodo se sentiría en un avión comercial si el piloto dijera: «¡Relájese! Yo solo he volado una o dos veces, pero me examiné por escrito y obtuve una calificación excelente»? Buenos grupos significan buenas experiencias de crecimiento que suceden con el tiempo. Asegúrese de tener tiempo en su grupo para que las personas verdaderamente experimenten la información que están aprendiendo.

Lleva tiempo que las personas revelen quiénes son en realidad.

La extensión del crecimiento y los cambios de los miembros del grupo depende de cuánto lleguen verdaderamente a conocerse, unos a otros. Todos comienzan en un grupo con su mejor intención, y ¿quién los va a culpar? La mayoría de las veces usted realmente no conoce a los miembros, así que no dedica todo su empeño hasta ver cuán seguro es el grupo. Este proceso de gradualmente revelar las heridas, debilidades, pecados y fracasos, requiere tiempo, y es algo bueno.

Esto es tan importante porque las partes de nosotros mismos que necesitan más ayuda y sanidad son por lo general las partes que más protegemos. Tal vez porque estas partes sean inaccesibles para nosotros, o que tengamos miedo de que nos avergüencen, nos derroten o hieran al exponerlas. En verdad no venimos a un grupo por las partes fuertes, saludables que están bien. Así que asegúrese de que su grupo separe un tiempo para que las personas gradualmente se conozcan, se sientan seguras y se atrevan a ser sinceras.

Lleva tiempo crecer mediante la vía del fracaso

Los miembros de su grupo quieren mejorías específicas y solo pueden crecer si toman los riesgos, experimentan el fracaso con seguridad, aprenden de este y vuelven a intentarlo. No hay atajos. El fracaso es nuestro maestro perito, y aquellos que no conocen a este maestro tendrán la tendencia de querer los atajos en el proceso del crecimiento. Lleva tiempo practicar el vivir las maneras de ser que nos atemorizan o nos eluden: «El alimento sólido es para los adultos, para los que tienen la capacidad de distinguir entre lo bueno y lo malo» (Hebreos 5:14). La práctica trae fracaso, el cual trae volver a aprender, el cual trae crecimiento.

En un grupo de desarrollo de parejas, estábamos estudiando la comunicación y «oyéndonos» unos a otros. Todos creíamos ser muy competentes en cuanto a comprender a nuestras esposas hasta que pasamos cierto ejercicio. No pudimos hacer un punto de discusión hasta que volvimos a frasear los puntos de nuestras esposas de manera que quedaran satisfechas. En otras palabras, usted no pasa de un punto a otro hasta que su cónyuge se siente comprendido/a.

Fue cómico ver cuán estancado resultó estar nuestro grupo. No llevó mucho tiempo descubrir que lo que pensábamos que estaban diciendo nuestras esposas estaba muy lejos de lo que ellas dijeron. Era como esto: «Querida, creo que tú estás diciendo que estás molesta porque paso mucho tiempo en el trabajo». «No, eso no es lo que yo estoy diciendo. Yo estoy diciendo que aunque estás en la casa, no estás realmente ahí». «¡Ah, déjame probar otra vez!»

Fallamos mucho. ¡Llevó tanto tiempo! Sin embargo, nos ayudó mucho. En su grupo, deje tiempo y espacio para el fracaso, y hágase amigo de este.

El tiempo del grupo tiene temporadas

A veces usted se preguntará por qué alguien del grupo se siente atascado, por qué los miembros no parecen estar en la misma página, o por qué no hay unidad en el grupo. Una razón es que la gente y los grupos tienen sus propias temporadas. Como escribió Salomón: «Todo tiene su momento oportuno; hay un tiempo para todo lo que se hace bajo el cielo: Un tiempo para nacer, y un tiempo para morir; un tiempo para plantar, y un tiempo para cosechar; un tiempo para matar, y un tiempo para sanar; un tiempo para destruir, y un tiempo para construir» (Eclesiastés 3:1-3).

Un miembro del grupo que parece estar comprometido en el grupo aunque no parece «aprender» es posible que sencillamente esté en un invierno del alma. Desolado y desanimado, quizás pasando un conflicto relacional o una frustración en su carrera, tal vez esto lo motivó a unirse al grupo. Tal vez viene al grupo más relacionado con su problema que con la esperanza de Dios. Usted puede animarlo a ver este tiempo que parece infructífero como un tiempo para aclarar los obstáculos y así dejar espacio para el nuevo crecimiento.

El tiempo del grupo puede entrar a una estación de primavera cuando los miembros se permiten darse a conocer, tanto sus buenas partes como las malas, y comienzan a comunicarse. Esta universalidad de comunicarse las experiencias les da nuevas esperanzas que si la invierten en Dios y en otros, más adelante tendrán una cosecha.

Igual que un verano trae un buen crecimiento, su grupo verá vidas cambiadas mediante un acercamiento y experimentar la gracia, la verdad, el perdón y la corrección. Durante este tiempo de gratificación, algunas personas sentirán la tentación de dejar de sembrar. Esté alerta en cuanto a esta tendencia y anime a los miembros a permanecer con este proceso para obtener los frutos profundos que les espera.

La cosecha del otoño viene a medida que los padres ven a sus hijos madurar y llegar a ser más responsables, personas que enfrentan malos hábitos experimentan la liberación, y las personas que trabajan con las relaciones encuentran que las puertas se abren dentro de ellas mismas y de los seres queridos. Las personas ven que emplear el tiempo necesario para los procesos del grupo realmente funciona. Tal vez este también sea un buen tiempo para que el grupo cambie el tema, se multiplique en nuevos grupos, o profundice las relaciones del grupo.

La metáfora de las estaciones nos recuerda que los grupos operan con el pasar del tiempo, semanas, meses, años y a veces décadas. Pero recuerde que solo con el tiempo no se curarán ni arreglarán las personas. Por el contrario, el tiempo es el vehículo a través del cual la gracia y la verdad apropiadas operan el crecimiento espiritual en los corazones de los miembros del grupo.

Capítulo 4

Beneficios de los grupos que crecen

Cuando yo (John) estaba en la universidad, me involucré en grupos pequeños cristianos y no religiosos de la universidad. Disfrutaba las reuniones, y obtuve mucho de estos grupos. Pero nunca olvidaré la noche que para mí transformó instantáneamente a un grupo de universitarios cristianos en un Grupo.

El grupo era una combinación informal de estudio bíblico, comentarios y hablar sobre asuntos de la vida. Me gustaban todas estas cosas que estaba aprendiendo, me gustaba la gente y era interesante. Sentí que Dios lo estaba usando para ayudarme a crecer. Dan, el orientador, era un estudiante afectuoso y con personalidad atractiva, un par de años mayor que el resto de nosotros. A mí me llamaba la atención su actitud y madurez. Sin embargo, una noche, él comenzó la reunión diciendo: «Miren, realmente yo estoy luchando con la lujuria y la tentación sexual, y necesito dejarles saber lo que me está sucediendo para que puedan ayudarme y orar por mí». Mientras hablaba de la lucha, ocurrió una reacción en cadena, el resto de nosotros comenzó un repiqueteo acerca de lo difícil que para nosotros también era la batalla de la pureza sexual.

Tal vez esto sea normal para su grupo, pero para mí fue un mundo sorprendente. Esta era mi primera experiencia de unos comentarios sanos, saludables y sinceros con otros compañeros respecto al sexo. Hasta entonces cualquier conversación que yo había tenido estaba limitada a dos categorías: no muy edificantes, o rápidas, contratos vergonzosos acerca de que debíamos evitar el pecado sexual. Pero esa noche Dan nos ayudó a ser sinceros en cuanto a nuestras vidas, corazones y emociones. Yo salí sacudido por dentro, pero en buena forma. Me sentí vinculado a los demás de una manera que nunca había experimentado. Fue como si las partes más profundas de mí tuvieran un lugar a donde ir, a donde todos éramos iguales.

Los que se habían convertido en un Grupo no hablaron del sexo cada vez que nos reuníamos, pero la gente y lo que allí estaba sucediendo llegó a ser más importante para mí. Algo me cambió. Aunque todavía tengo las mismas cosas por las cuales vine al grupo originalmente —crecimiento espiritual, aprendizaje, amistad—, comencé, también, a recibir otro beneficio espiritual que no esperaba. Ese beneficio sorprendente era la posibilidad de vincularse, en alma y corazón, a Dios y a los demás sin tener que corregirme, pretender ni esconder.

Mi punto es este, *los grupos pequeños proveen beneficios mucho más allá del alcance de su contexto, tópico o de los materiales.* Aunque lo que la gente aprende es muy importante, la misma experiencia del grupo cambia los corazones de los miembros de maneras sutiles. Los beneficios de las conexiones creadas a través del grupo pequeño producen otros beneficios fundamentales que tienen que ver con lo que la Biblia llama *santificación,* estar apartado y purificado para servir a Dios. Estos beneficios son honestidad, integración de carácter y esfuerzos normalizadores. Estos grupos pequeños ayudan a sanar, crecer, madurar y reparar personas para que sean aptos y estén listos para que Dios los use. Así de importante son los grupos pequeños.

La Biblia enseña que todo en la vida tiene consecuencia. *No se engañen; de Dios nadie se burla. Cada uno cosecha lo que siembra* (Gálatas 6:7). Con frecuencia solo vemos la parte de la advertencia de este pasaje, pero la realidad es que enfrentarse con la vida verdadera y sus consecuencias puede ser bueno y positivo, no solo doloroso y negativo. Sembrar amor, responsabilidad y honestidad produce una buena cosecha para nosotros. La recompensa de las consecuencias por estar en un grupo pequeño de crecimiento hace que valga la pena todo el tiempo que empleamos en sembrar nuestras vidas en ellos.

Estar vinculado

Las personas en un grupo de crecimiento pronto notan lo que yo experimenté en el grupo de la universidad: *Tú no estás solo; tú perteneces a algún lugar.* Nosotros no sobrevivimos ni prosperamos en un vacío, aislados de los demás. Dios, el Creador, nos hizo para vivir una vida no solo con él, sino también unos con otros. La vida verdadera descansa en las relaciones: *No es bueno que el hombre esté solo* (Génesis 2:18). Las investigaciones han ilustrado lo que enseña la Biblia acerca de la necesidad de relacionarnos. Las personas que están profundamente atadas a otros tienen la tendencia de vivir más tiempo, mejor y más saludables.

Al mismo tiempo, tenemos la tendencia de aislarnos y refugiarnos en nosotros mismos, vía trabajo, autosuficiencia y por estar muy ocupados o porque tememos la cercanía. Para algunas personas, la ruta más fácil en la vida es alejarse de los vínculos y dirigirse a la soledad. Esto significa menos problemas y menos riesgos. Si usted es todo lo que tiene, por lo menos puede confiar en sí mismo.

Dada esta tendencia, no siempre gravitamos hacia la falta de vinculación que necesitamos. Aquí es donde aparecen los grupos. Los grupos proveen un marco para relacionarse y vincularse. Esta vinculación produce beneficios específicos.

Los grupos crean tres relaciones importantes

Relacionarse en el grupo ocurre a medida que el grupo toma el papel de la «familia». En lugar de ser un mini seminario, en el cual todos los asistentes se enfocan en aprender del orador (una receta para un grupo desastre), las personas se conocen unos a otros de una manera personal. Se atreven a hablarse acerca de sus vidas, soledades y dificultades. Dan y reciben mutuamente. Entre una reunión del grupo y otra usted se ve preguntándose cómo le va a José con su problema de su noviazgo, o usted lee un pasaje de la Biblia y piensa que esto puede motivar a Pedro con la paternidad.

Las relaciones fuera del grupo crecen a medida que vincularse se convierte en una forma de vida. El grupo lo requiere, y entonces de esa forma se traslada a toda la vida. Experimentar relaciones en un grupo la da a los miembros un modelo para relacionarse con sus esposos, novios, familiares, niños, amigos y compañeros de trabajo. Ellos estarán más orientados a las relaciones. Muchas veces he oído a un esposo miembro de un grupo decirme: "Estoy sacando tanto provecho de lo que ella está haciendo en su grupo". Por lo general eso significa que la seguridad y honestidad que el miembro está recibiendo en el grupo es está convirtiendo en parte del matrimonio fuera del grupo.

Una relación más estrecha con Dios se desarrolla a medida que la gente se relaciona en su grupo. Nuestra falta de relación vertical a menudo tiene que ver con nuestra falta de relación horizontal. Cualquier cosa que nos evite amar a otros puede prevenirnos de amar a Dios: *Si alguien afirma: «Yo amo a Dios», pero odia a su hermano, es un mentiroso; pues el que no ama a su hermano, a quien ha visto, no puede amar a Dios, a quien no ha visto* (1 Juan 4:20). Sin embargo, a medida que los miembros del grupo se hacen más capaces de confiar, depender uno del otro, y confiarse uno al otro, encuentran que Dios parece más real, personal y accesible.

Los grupos proveen beneficios

Las relaciones que se desarrollan mediante el grupo proveen beneficios específicos para los miembros del grupo.

Nuestros problemas parecen menos aplastantes. Cuando estamos solos, las situaciones de la vida parecen ser masivas y sin solución alguna. Como dijimos antes, si usted pudiera arreglar las cosas sin un grupo, es probable que a estas alturas ya lo habría arreglado. Pero si está relacionado a otras personas que están con y para usted, recibirá ánimo, perspectiva y soluciones que usted no puede manufacturar por su cuenta. He visto a muchos miembros de grupo más capaces de encarar la realidad simplemente porque se han valido del grupo. Si otros miembros dan o no consejo o sabiduría, los que hablaron de sus problemas saben que ya no están solos. Ese conocimiento les da más habilidad para encarar y tratar con el problema.

Vemos la necesidad y dependencia como puntos fuertes mientras más entendemos los beneficios de relacionarnos. La dependencia, las emociones de necesidad son dones de Dios cuando nos obligan a buscarnos unos a otros.

Este también es un beneficio especial para aquellos con tendencias codependientes. Codependencia: Técnicamente, personas que son dependientes de personas dependientes, a menudo tienen una gran dificultad permitiéndose a sí mismo que necesiten a otros. Son mucho más capaces de relacionarse como dadores y proveedores en lugar de como recibidores. Las conexiones del grupo los ayuda a ver esto como un problema; ellos encaran esta falta de balance como algo que mantiene a la gente lejos de ellos. De esto, los codependientes aprenden a trabajar mediante sus temores o culpas acerca de tener necesidades, y experimentan el recibir amor y apoyo.

Experimentamos todo lo de nosotros mismos en aceptación y seguridad de un buen grupo. Este contexto ayuda a la gente a conocerse mejor. Descubren sentimientos y habilidades que nunca sabían que existían porque nunca estuvieron en un lugar lo suficientemente seguro para sacar a relucir estas cosas. Recuerdo a una mujer que nunca lloró la trágica muerte de su hija. Le habían enseñado que debía ser positiva y fuerte, y que debía sobreponerse de las cosas que para la mayoría de nosotros están fuera de nuestro alcance. Sin embargo, en un grupo seguro ella volvió a descubrir el amor profundo y la pérdida que sintió acerca de su hija. Con el apoyo del grupo, ella sinceramente le dijo adiós a su hija y gradualmente mejoró.

Resolvemos los autojuicios. Aislados de nosotros mismos y de otros, nos sentimos autocríticos, nos juzgamos, o nos consideramos inadecuados. Las personas aisladas a menudo se consideran «malas». No hay suficiente gracia y amor dentro de ellas para lidiar con sus fallos e imperfecciones. El ambiente de un grupo es un sistema de envío para que la gracia entre en sus cabezas y corazones y, aunque no les hagan negar problemas, les da la habilidad de mirarlos, aceptarlos y trabajar en estos desde una posición de amor en lugar de una posición de juicio. Cuando estamos completamente solos con quien realmente somos, es frecuente que experimentemos la Ley con toda su furia: realmente trae ira (véase Romanos 4:15). Muchas veces he visto una persona traer al grupo alguna parte de sí mismo fuera de las relaciones y la alienación, y luego salir de la prisión de odio de sí mismo a la aceptación.

Honestidad

Al contemplar decirle la verdad a alguien, muchos de nosotros a menudo termina por evitarlo. Anticipamos mucha tensión y conflicto. Sin embargo, cuando nos establecemos en un buen grupo de relaciones, podemos recibir valor para reconocer la realidad, decir la verdad y que los demás nos den la bienvenida.

En los grupos de crecimiento, los miembros aprenden el valor de decir la verdad unos a otros y a sí mismo. Muchas personas tienen miedo de la honestidad debido a las experiencias de su vida. Ellos han aprendido que la honestidad motiva ira en otros, y tal vez esas personas dejen de quererlos, que dañe a otros, o que por consecuencia de la verdad, ellos mismos han recibido heridas. Así que ellos hacen todo lo que esté a su alcance para evitar ser negativos y el riesgo de la honestidad. Desde luego, ellos caen en una falta de balance por nunca ser capaces de corregir y resolver los problemas de la vida.

En contraste, en los grupos de crecimiento, los miembros experimentan cómo se pueden curar y liberar de la verdad si esta se administra en un ambiente en el cual «no hay condenación». Ellos encuentran que la gente no se deshacen ni tienen rabietas al confrontarse. Por el contrario, los conflictos se resuelven y las relaciones se mejoran. Descubren que sus perspectivas tienen algo que ofrecer a alguien más, y su punto de vista es de ayuda y valor. Y es probable que lo más importante que experimentan es que pueden recibir la verdad acerca de ellos mismos y todavía sentir amor y gracia. Así que tienen la libertad de aceptar el cariño que los apoye y la corrección y hacer los cambios necesarios que crean una vida todavía mejor para ellos mismos.

Valorar la honestidad también hace que los miembros estén más conocientos de la decepción, manipulación y el control en sus vidas fuera del grupo. La veracidad que nace y se cría en el grupo les dan una clase de «radar de mentira» que no tenían antes. Ellos comienzan a requerir honestidad en la vida y a lidiar con la ausencia de esta.

Integración de carácter

Los grupos también fomentan integración en el carácter de sus miembros. Estos términos que suenan tan técnicos explican un concepto bíblico importante. La integración es *el estado de aceptar, experimentar y lidiar con todas las partes de nosotros mismos, buenas y malas.* Es decir, una persona integrada vive en una realidad de autoconsciencia en lugar de solo experimentar partes de esa realidad. La Biblia enseña que el opuesto de la integración, lo que Santiago llama tener «doble ánimo» (1:8, RVR) o como lo indica el griego: «con dos espíritus», causa inestabilidad en nuestras vidas.

La falta de integración puede tomar muchas formas:

- Tendencias perfeccionistas hacen que a las personas le sea difícil aceptar quiénes son realmente y desde ahí crecer.
- El idealismo y la ingenuidad impide que la gente vean los puntos negativos de ellos y de los demás; por lo tanto, esas realidades los ciega.
- Vergüenza y culpa motiva el esconder y pretender.
- Los pensamientos en blanco y negro impide que la gente resuelva los asuntos de la vida, ya que no pueden ver una situación con áreas grises o terrenos intermedios.
- La negación hace que la gente sea incapaz de ver o estar consciente de algunas realidades importantes.
- Una vida o conducta secreta controla a las personas.
- La fragmentación hace que las personas aparenten no tener opiniones fijas, son incapaces de enfocarse en algo a causa del caos interno.

En todos los escenarios anteriores, la gente sufre de otras faltas de habilidades para ser todo lo que son, sus «dos espíritus» mantiene sus vidas divididas y no funcionan como Dios lo intentó que fuera. La falta de integración destruye las relaciones, las carreras y la esperanza.

Los grupos son una fuerza poderosa para desarrollar la integración porque el escenario del grupo se convierte en una estructura segura para que la gente esté consciente de tener partes perdidas o de las cuales temen porque el grupo está consciente de ellas. El grupo guía a la persona a saber que no hay condenación. Igual que una buena familia ayuda a un niño a estar consciente y tratar de resolver la problemática de sus fuerzas y debilidades, el grupo motiva todas las partes de sus miembros a salir.

El resultado es que los miembros aprenden a aceptarse mutuamente, a dejar de esconder y pretender y vivir en la realidad de quiénes son verdaderamente. Ellos experimentan crecimiento y cambio en sus áreas problemáticas. Incluso más, el miembro integrado también desarrolla una vida mejor en un «mundo verdadero». Es más él mismo en amor, familia y amistades. Tiene menos conflictos, nada que esconder.

Cuando Joe, alguien a quien conozco, comenzó a asistir a un grupo de crecimiento, estaba muy tenso. Él era agradable, pero muy preocupado en cuanto a verse y actuar apropiadamente para que nadie se ofendiera. Él defería a todos. Desde luego, aunque ser agradable era positivo, él también tenía problemas para conseguir que alguna muchacha saliera con él porque las mujeres dirían que él no era «real». Por la misma razón, los jefes en el trabajo nunca lo promovían.

El grupo quería y aceptó a Joe. Ellos también confrontaron la parte de ser tan agradable, diciéndole: «Joe, a veces creemos que no estás tan de acuerdo con todo lo que decimos como tú dices estar». Ellos motivaron su lado más honesto para que saliera y se integrara con el resto de él mismo.

Al principio Joe pensó que el grupo no apreciaba sus intentos de complacerlos. Realmente tenía la razón, porque así era. Pero él sabía que lo amaban y que vieron más en él de lo que él mismo veía. Gradualmente comenzó a surgir un ser más emocional y a veces rebelde. Se vio teniendo nuevas opiniones y sentimientos.

Joe hasta pasó una rebelión miniadolescente, usando ropa y estilos de peinados de la cultura contraria. El grupo permaneció con él, y al mismo tiempo que lo ayudaban a no hacer nada destructivo, lo quisieron tal y como era. Lentamente, Joe integró sus partes de más confrontación y de opiniones en su amor y cuidado, y por fin quedó como un adulto maduro. También mejoró su vida de citas amorosas y su carrera.

El punto es este: Todos necesitamos un lugar para aceptar, experimentar e integrar todas las partes de nosotros mismos en una atmósfera de amor y seguridad. Ayude a su grupo a ser ese lugar.

Luchas que normalizan

Durante muchos años, los lunes por la noche, Henry y yo hemos estado presentando un seminario en el sur de California. Una noche yo hablé acerca de lidiar con el dolor y las luchas. Comencé por hacer una pregunta a la audiencia: «¿Por qué alguien querrá hablar del dolor? Es tan deprimente». Un tipo en la parte de atrás gritó: «¡Porque de todas formas está ahí!»

Tuve que estar de acuerdo. Temas tales como los fracasos, conflictos, dolor y luchas aunque de naturaleza negativa, están «ahí». Existen, lo queramos o no. Gran parte de nuestra vida depende de cómo dirigimos y manejamos estos temas. La Biblia enseña que desde la Caída, existimos en un mundo de dolor. Y a propósito, hablando de la humanidad, Salomón dijo: *Todos sus días están plagados e sufrimientos y tareas frustrantes, y ni siquiera de noche descansa su mente* (Eclesiastés 2:23).

Esta es la situación en la cual vivimos ahora. No siempre será de esa forma. Al final de los tiempos, no tendremos más dolor: *Él les enjugará toda lágrima de los ojos. Ya no habrá muerte, ni llanto, ni lamento ni dolor, porque las primeras cosas han dejado de existir* (Apocalipsis 21:4). Hasta entonces, experimentamos todo tipo de negativismo, en nosotros mismos, en otros y en el mundo.

Tenemos la tendencia de evitar el dolor. Procuramos no enfocarnos en este y pretender que no está allí, minimizamos este efecto en nosotros, culpamos a otros, lo anestesiamos y hacemos cosas así. Pero lo mejor que podemos hacer es aprender a lidiar bien con esto. Un gran beneficio de los grupos es ayudar a las personas a *normalizarse*, o ajustarse y adaptarse y lidiar con esto, el dolor y las luchas. Aunque tal vez no disfrutemos los fracasos y conflictos, no hay duda alguna de los beneficios cuando sabemos qué hacer con ellos.

Una asunción fundamental de cualquier grupo bueno es que se espera que todos los miembros cometan errores y que traigan esos errores al grupo. Al involucrarse en este proceso, descubren que no están luchando solos; hay una universalidad de sufrimientos entre los miembros. Reconocen que los demás no los rechazan sino que por el contrario se unen más. Dejan de protestar y aceptan los errores, dolor y faltas como una parte de la vida y el crecimiento. Terminan las expectativas que no son realistas de los otros y aceptan a otros a medida que ellos también fueron aceptados. Llegan a ser menos rígidos y ansiosos, y más flexibles, porque los problemas inesperados no los sacan de su equilibrio. Aprenden rasgos de madurez en el carácter como la paciencia, perseverancia, perdón y auto control. ¿Suena como una buena devolución a su inversión? Los grupos pueden crear una atmósfera en la cual lidiar bien con el dolor y las luchas proveen muchas cosas buenas en nosotros.

Lo opuesto también es cierto. Si un grupo pretende evitar estos asuntos, los resultados pueden ser dramáticos. El cambio personal ocurrirá en la superficie, no en lo profundo de nuestro ser, y no durará mucho. Las personas se orientan externamente, en lugar de estar internamente orientadas. Permanecen impacientes, esperando rápidos resultados ahora, en lugar de esperar diligentemente por los resultados a través del tiempo. Están más enfocados en cómo otros los tratan (tercera persona) en lugar de enfocarse en las relaciones que realmente importan al grupo (primera y segunda persona). Básicamente, sus vidas no mejoran en cualquiera de las áreas por la cual vinieron al grupo para resolver porque no tienen herramientas ni motivación para tratar con el negativismo de la vida.

Los grupos involucran un compromiso e inversiones de la vida, energía y corazón de cada miembro. Sin embargo, a través del tiempo, este tipo de inversión tiene grandes premios y dividendos. Mantenga el fruto de las relaciones, honestidad, integración y normalización del dolor como beneficios clave de las actividades y los procesos del grupo.

PARTE 2

QUÉ SUCEDE EN
UN BUEN GRUPO

Introducción

En esta sección presentamos las tareas específicas que realizan los grupos eficientes para producir el mejor crecimiento. Entender estas tareas lo ayudará como el líder a escoger las actividades y actitudes que promueven el mayor crecimiento durante la hora del grupo. Esta es una sección práctica. Tenemos la intención de darle un cuadro mental de lo que pasa en un buen grupo, de manera que usted pueda reconocerlo en su grupo. Algunas tareas tienen funciones similares pero más de una intención o resultado. Por ejemplo, un buen grupo experimenta validar tanto la persona que necesita fortalecerse como la persona que necesita sanarse. Sin embargo, esperamos que usted encuentre que todas las tareas funcionan unidas en una moda integrada mientras el grupo fomenta el crecimiento de todos sus miembros.

Capítulo 5

Una segunda familia

Un aspecto importante para cualquier grupo que produzca crecimiento es que este provee un contexto para que los miembros vuelvan a experimentar todo lo que hayan perdido en la vida la primera vez. Tal vez la segunda vez ellos ganarán y desarrollarán esa parte perdida. Esto pudiera ser desde el mero principio, como la niñez, o puede ser alguna lección o habilidad que nunca se dominó de adulto. Pero el grupo opera como un lugar para comenzar todo de nuevo en áreas fundamentales y, esta vez, aprender y experimentar cosas de la manera correcta.

La segunda oportunidad requiere humildad

Los grupos son como una segunda familia. Cualquiera que sean las necesidades que sus familiares originales o ambiente no brindaron, o lo que le brindaron no era necesario para la persona, el grupo lo restaura y repara. Es una segunda oportunidad. Como los niñitos, los miembros deben venir con inmadurez y necesidades, y el grupo los ayuda a moverse al próximo paso. Los grupos de personas que trabajan como esa familia reparadora son una gran parte del proceso de Dios para madurarnos: *Dios da un hogar a los desamparados* (Salmo 68:6).

El aspecto de los grupos que se vuelve a aprender requiere que los miembros se vuelvan humildes como un niño. Un párvulo está consciente de que él necesita amor, protección y aceptación de sus padres. Él los ve con naturalidad cuando quiere algo de ellos. De la misma manera, el grupo crea un ambiente tal que todos deben ganar lo que necesitan al alcanzar a otros.

A la mayoría de las personas no le es fácil volver a ese paso de la niñez. Quizás piensen que no tienen tema o pueden minimizar los que admiten. Se pueden desanimar o dudan que verdaderamente ese grupo los pueda ayudar. Pueden estar fijos en sus patrones. Es por eso que usted necesita emplear tiempo desarrollando la expectativa de que el grupo requiere que los miembros estén dispuestos a aprender nuevos patrones de vida. Ayúdelos a aceptar la posibilidad de que algo transformador puede suceder en la reunión.

El grupo es mucho más que relacionarse y darse a conocer, aunque ambos forman el fundamento de un grupo. Mucho del verdadero trabajo involucra interiorizar experiencias que ayudan a una persona a obtener herramientas y habilidades para manejar la vida. La relación y seguridad crea un ambiente en el cual la persona puede tomar el riesgo que necesita para crecer y repararse. Los mejores grupos se concentran tanto en las relaciones emocionales como en las tareas y temas actuales de los miembros.

Algunas personas necesitan aprender a recibir gracia y amor en lugar de alejarlas o devolverlas al dador. Otros necesitan ser honestos respecto a cuán a la defensiva ellos llegan a ser cuando los confrontan. Algunos necesitan aprender que la tristeza es una emoción que ellos deben sentir. Aún hay otros que necesitan aprender cómo enojarse sin pecar (véase Efesios 4:26), es decir, hacer que el enojo sea una experiencia relacional y saber cómo confesarla apropiadamente y utilizarla.

Por ejemplo, una mujer puede llegar sin habilidad alguna para ser clara, definida y honesta acerca de lo que le guste o no. Quizás provenga de una familia en la cual ella era la pacificadora y hacía que todos estuvieran contentos. Tal vez haya sufrido por su falta de habilidad, perdiéndose en sus esfuerzos para controlar las relaciones y capacitar a las personas. Quizás las experiencias pasadas en su iglesia apoyaron su falta de habilidad para responsabilizarse con su propia vida.

La «segunda familia» puede ser un lugar seguro para que esta mujer gane lo que nunca recibió de su familia o iglesia. Los miembros del grupo pueden motivarla para que sea honesta. Pueden proveerle materiales, libros y principios bíblicos sobre por qué la verdad es buena. Ellos le pueden asegurar que su verdad, hasta su enojo, se aceptará y será bienvenido como una parte auténtica de ella. Ellos la pueden ayudar a pasar sus temores y ansiedades respecto a ser una persona mala o falta de amor si ella dice no o confronta a las personas. Ellos le pueden hacer el juego de los roles en los escenarios de la honestidad. Ellos la pueden confrontar cuando está callada, pasiva o indirecta. Ellos pueden representar las personas con quienes ella teme ser honestas, como tipos agresivos, introvertidas, o personas que parecen tener éxito. Básicamente, el grupo provee todos los elementos que todavía ella necesita aprender *por experiencia*. Así ella ganará el crecimiento, la sanidad y la competencia que la vida le requiere.

La mejor manera: El esfuerzo vale la pena

Esta descripción característica de grupo puede ser un terreno nuevo y desconocido para algunas personas. Si usted es un orientador, quizás piense: *Yo solo quería ayudar a la gente a apoyarse mutuamente, esto parece ser algo demasiado grande.* No queremos que nadie se sienta intimidado ante el prospecto de hacer grupos. Recuerde siempre que como líder del grupo usted facilita el crecimiento. Mucha de la responsabilidad para crecer descansa en los miembros y lo que hacen con la reunión.

Al mismo tiempo, reconozca que los grupos realmente son acerca de cosas de la vida y el crecimiento. Su poder y potencial no se debe sobreestimar. Los grupos proveen una oportunidad única para que se combinen muchos de los ingredientes del crecimiento y la sanidad. Para algunas personas, el contexto del grupo puede formar el juego de experiencias mejores, más profundas y que más crecimiento produce y el cual nunca antes hayan tenido ni tendrán.

Es tentador quedarse en el terreno seguro y decidir solo estudiar algunos materiales, sin interacción personal. Usted puede decidir no hablar acerca de las luchas y mantener las cosas ligeras y positivas. De hecho, en el contexto apropiado algo bueno puede venir de los grupos como este.

Sin embargo, para obtener los resultados que más cambian vidas, creemos que es mejor involucrar a las personas de todo corazón, alma y mentes. Ayudarlos a hablarse cara a cara unos a otros acerca de ellos mismos. Darles la experiencia que nunca antes tuvieron con seguridad o gracia. Ayudarlos a conocer a Dios de una manera más profunda y de más significado. Nuestra experiencia es que la mayoría de las personas que toman el tiempo, energía, responsabilidad y riesgo para formalmente unirse a un grupo, tienen la motivación de las necesidades de la vida real: conocer a Dios y a otros, sanar una herida, alcanzar su potencial o metas y sueños, reparar una debilidad, desarrollar una habilidad, integrar una parte perdida de ellos mismos, u obtener el control de algo. No tenga temor de verdaderamente convertirse en la familia que necesitan para poderse mover en la vida y lograr lo que Dios los ha llamado a ser y hacer.

Capítulo 6

Relaciones

Relaciones de los grupos. Es decir, ellos unen a las personas en un nivel personal basado en el corazón. Las relaciones son la base de cualquier trabajo bueno en un grupo. Durante algunos minutos todas las semanas los miembros reciben la experiencia de sentirse unidos, amados y relacionados a personas semejantes. La relación, mucho más que la información que se brinda, mantiene a las personas asistiendo al grupo. Cuando las personas se sienten unidas, llegan a integrarse mucho más en el proceso, y sus corazones se abren más a Dios, al crecimiento y unos a otros. Como Pablo le rogó a sus amigos: *Para corresponder del mismo modo —les hablo como si fueran mis hijos—, ¡abran también su corazón de par en par!* (2 Corintios 6:13). Hay varias maneras en las que se llevan a cabo las relaciones.

Los elementos de las relaciones en el grupo

Cada grupo es responsable de estar en un lugar donde la relación se puede crear y florecer. Esto incluye elementos como la seguridad, falta de juicio, honestidad y una orientación hacia el proceso. El grupo habla acerca de estos elementos e invita a los miembros a decir si están experimentando cantidades suficientes de estos elementos. Por ejemplo, alguien puede decir: «¿Alguien está preocupado en cuanto a la seguridad que existe en el grupo para franquearse con cualquier cosa que esté sucediendo?» Tal vez otra persona responda: «A mí me gustaría hablar acerca de las cosas que me están sucediendo, pero la semana pasada pareció que cuando alguien mencionó un fallo en su vida, todos le saltaron encima. Eso me silenció bastante». Un buen grupo constantemente se asegura de lo que sea necesario para que la relación esté presente.

Los materiales del grupo edifican la relación

Si el grupo es uno de estudio con materiales organizados, como por ejemplo sobre crecimiento espiritual, matrimonio o relaciones, los miembros interactúan con el estudio en términos de sus corazones y relaciones mutuas. Por ejemplo, una persona puede decir: «Después de pasar la sección acerca de ser vulnerable en la vida, reconozco que estoy evitando eso aquí en el grupo».

El contenido de los comentarios está orientados a las relaciones

El contenido de un grupo son los temas que la gente trae para hablar. En los grupos de relaciones, el contenido puede ser personal, emocional o estar basado en las luchas. A veces es un riesgo. Son más que principios e información, aunque esto puede ser una parte. Básicamente, las personas están abriendo sus corazones y vidas unos a otros y las relaciones se están formando.

En un buen grupo usted notará que el contenido de los comentarios por lo general no es de lo que se habla en una conferencia, la cual es más de aprendizaje e información, no de lo que podría ser una reunión informal de amigos, la cual trata más de ponerse al día sobre los hechos de la vida. Tiene más que ver con los asuntos privados, personales y trascendentes, los cuales pocas personas traen regularmente a la luz del día. Cuando los miembros salen de la reunión del grupo, saben que se han relacionado de una manera que el resto de la vida no les provee a ellos.

Los miembros del grupo esperan comentar sus relaciones

Los grupos hablan activamente acerca de su relación dentro del grupo. Es normal comentar abiertamente, confiando en alguien y las relaciones particulares de unos con otros. A veces existe una corriente entre un tópico de crecimiento y las relaciones, pero el grupo nunca rechaza las relaciones. Incluso cuando los grupos buenos están comentando el tema más interesante, ellos notan y buscan solución si alguien está dolido y apartado. Cuando yo (John) he dirigido grupos que tenían muchas tensiones entre las personas, a menudo he detenido los comentarios para decir: «Algo está sucediendo entre un par de personas aquí presentes. Vamos a hablar de esto».

En contraste, una seña común de un grupo que está perdiendo el equilibrio es una discusión que se centraliza en las personas que no están en el salón, tales como problemas que los miembros están sufriendo con el cónyuge, hijo, amigo o novio. Aunque esto es una información importante, al pasar del tiempo no crea los cambios en la vida que trae el *hablar unos con otros acerca de nuestra experiencia mutua*. Los grupos buenos emplean mucho tiempo ayudando a los miembros a franquearse unos a otros, dándoles validez, amor, comodidad, apoyo y confrontación.

Los grupos monitorean sus relaciones

Los miembros del grupo aprenden a estar alertas, continuamente, en cuanto a la unión que tenga el grupo. Las relaciones pueden suceder gradualmente y cada pocos segundos. El aspecto gradual muestra que solo el tiempo, riesgo y la experiencia desarrollan intimidad en un grupo. Si todas las cosas están en igualdad, un grupo que durante años ha estado trabajando para relacionarse estará mucho más adelantado en la intimidad que uno que apenas está comenzando. Los miembros observan si a través del tiempo, ellos están o no relacionándose más estrechamente y franqueándose mutuamente. El segundo aspecto se refiere a cómo las emociones de la gente cambia a medida que se relacionan unos a otros, y esto también se debe monitorear.

Esto se llama *inmediatez*, y es una parte importante de la relación. Por ejemplo, una persona puede decir: «Parece que tú te alejaste del grupo cuando Alicia mencionó su noviazgo. ¿Está sucediendo algo ahora mismo?» El grupo está consciente de estos cambios en las relaciones.

Capítulo 7

Disciplina y estructura

En un buen grupo siempre encontraremos disciplina y estructura. Aunque el grupo tenga su fundamento de la gracia y de la aceptación, también requiere orden y responsabilidad mediante expectativas claras en cuanto a la asistencia, el compromiso y la participación de los miembros.

La disciplina protege al grupo

Los grupos buenos usan la disciplina y la estructura para proteger el tiempo, el proceso y los miembros de las desorganizaciones. Ellos entienden que la seguridad solo se produce cuando las cosas son hasta cierto punto previsibles y cuando las personas saben que, por ejemplo, se confrontará toda conducta fuera de control. No se trata de ser malos, rudos o rígidos. Se trata de ayudar a que el grupo funcione como es debido.

Yo (John) me acuerdo de una miembro del grupo que cuando se enojaba atacaba a otros miembros del grupo de forma verbal. Había gente en el grupo que quería abandonar el mismo. Después de muchos intentos de ayudar a esta persona, finalmente le dije que si volvía a atacar a alguien con esa severidad, yo le iba a pedir que se marchara. Pues volvió a pasar y así lo hice y ella se marchó. Fue realmente doloroso para ella y para todos nosotros, pero al final, le fue mejor para el grupo y con el tiempo ella creó un contexto de crecimiento que fue más adecuado para ella.

La estructura del grupo y la disciplina también ayudan a aquellos que necesitan límites internos y que tal vez luchan con la impulsividad o la desorganización. Incorporar las expectativas del grupo ayuda a los miembros a tener mejor autocontrol, moderación y responsabilidad. Los grupos buenos insistirán en ciertas reglas de conducta como un requisito para ser un miembro. No es por falta de gracia o aceptación. Es más bien aplicar la gracia y la aceptación como un marco para las vidas de las personas. Así experimentan una combinación de gracia y disciplina en lugar de experimentarlas por separado.

Por ejemplo, en un grupo que yo dirigía, algunas personas seguían llegando tarde. Era duro para el grupo cuando el que llegaba tarde entraba en la habitación justo cuando alguien estaba entrando en un asunto doloroso o embarazoso. El que llegaba tarde trataba de hacerlo en silencio, se disculpaba al buscar su puesto, pero era difícil. Uno no sabía si seguir hablando aunque a sabiendas de que la persona que acababa de llegar no conocía la situación, o si ponerla al día, lo cual hacía que la gente perdiera el hilo del asunto, o si traer a colación la tardanza, lo que una vez más destruía el momento.

Con mucha gracia el grupo discutió el asunto de la tardanza con los implicados. A una de estos solo hubo que decírselo una vez y le preocupó tanto lo que su tardanza afectaba al grupo, que nunca más llegó tarde. Otro, sin embargo, tenía muchas excusas: los niños, el tráfico, el trabajo, problemas con los que el resto del grupo también tenía que batallar. Aunque ella dijo que entendía la situación, de todas maneras pensaba que las circunstancias estaban fuera de su control y siguió llegando tarde.

Por fin ideé un plan. Todos estuvimos de acuerdo en que cuando el grupo empezara a la hora acordada, cerraríamos la puerta y continuaríamos. Cualquiera que llegara tarde tenía que esperar afuera mientras continuaba la reunión. Cuando el grupo llegara a un punto en que pudieran cambiar de tema sin mucha interrupción, saldríamos a buscar al que llegó tarde. Esto minimizó la distracción causada por el que llegó tarde y le ayudó a experimentar lo que representaba perderse los contactos en el grupo.

El plan funcionó. Después de unas pocas veces, la persona que llegaba tarde comenzó a llegar a tiempo porque quería participar. Todos la animamos cuando comenzó a llegar a tiempo. De hecho ella nos contó que esta disciplina la estaba ayudando a ser más organizada y a estar más enfocada en el resto de su vida donde esto también era un problema.

Cuando apliqué la misma técnica en otro grupo con un problema similar, el resultado fue diferente. Durante mucho tiempo la persona que de manera crónica llegaba tarde se perdía el comienzo de cada sesión. El grupo era vulnerable y le decía cuánto la extrañaban, cómo eso les afectaba y continuaban preocupándose. Pero ella siempre tenía una excusa diferente.

Yo pensaba que la utilización de esta disciplina de grupo era un fracaso pero al pensar en el asunto comprendí que fracasó con esta persona pero tuvo éxito protegiendo al grupo. Así que en ese sentido, logró su cometido.

Cómo disciplinar con amor

Un buen grupo mantendrá el amor, las relaciones y el crecimiento como sus primeras prioridades. Las siguientes pautas le ayudarán a usar la disciplina y la estructura de las reuniones para minimizar el caos, las interrupciones y los atrevimientos para que los miembros experimenten cosas buenas.

Vea el amor en la disciplina. Ayude a las personas a quitar el estigma de la disciplina y muéstreles que esta implica amor. Pegúnteles por ocasiones en que experimentaron la disciplina como algo doloroso o condenatorio. Hable acerca de los beneficios de traer con gentileza estructura a las vidas de cada uno.

Vea la necesidad. Los miembros del grupo pueden debatir acerca de los momentos en los que su falta de estructura les hirió a ellos o a otra persona. Por ejemplo, alguien podría decir: «Cuando tuve mi crisis financiera yo quisiera haber tenido a alguien cerca para que me ayudara a ver que las opciones fáciles no eran las mejores».

Aprenda un lenguaje de disciplina. Los grupos buenos saben cómo hablar entre sí sobre la disciplina y la estructura para que las relaciones se mantengan vivas. Por ejemplo, el líder podría decir: «Muy bien, Rolando, no la estoy cogiendo contigo pero todo el mundo hizo su lección esta semana menos tú. Esta es la cuarta vez que esto sucede. Creo que la gente puede sentir que no están relacionados contigo, que tú realmente no estás invirtiendo en el grupo. ¿Qué tal si alguien te llama durante la semana para ver cómo va la lección?»

Aprenda cuánta estructura necesita el grupo. Algunos grupos necesitan muy poca ya que sus miembros tienen mucha estructura interna. Otros grupos a cuyos miembros les cuesta trabajo organizarse o ser responsables, pudieran requerir más estructura.

Más que todo, los grupos buenos ven la disciplina y la estructura como algo importante para mantener a los miembros unidos en el crecimiento: «Rechazar la corrección es despreciarse a sí mismo; atender a la represión es ganar entendimiento» (Proverbios 15:32).

Capítulo 8

La oración

La oración puede ser una de las herramientas más poderosas para el crecimiento de un grupo pequeño. Dios creó la oración como un medio para que las personas se relacionaran con él y obtuvieran todas las bendiciones de la vida. Cuando en los grupos nos reunimos en su nombre, Jesús está allí también: «Porque donde dos o tres se reúnen en mi nombre, allí estoy yo en medio de ellos» (Mateo 18:20).

Reunirse para orar en los grupos pequeños conecta a las personas con Dios y entre sí. La oración en conjunto unifica a las personas en su fe y en su amor hacia Dios así como en su dependencia de él y de los demás. Nos acerca de manera vertical y horizontal.

Decida el rol de la oración en su grupo

Según cada grupo, hay un rango de compromiso con la oración. Algunos grupos designan un tiempo determinado para la oración, algunos comienzan o terminan con la oración, otros permiten la oración espontánea. También hay momentos en los que la oración en grupo pudiera ser inapropiada. Este pudiera ser el caso de un grupo que esté orientado ha alcanzar a otros que no son creyentes.

Comente con los miembros de su grupo la participación en la oración

Lo que sea que hayan decidido en cuanto al rol de la oración, asegúrese de que todo el mundo lo sepa y esté de acuerdo con el mismo. En muchas ocasiones las personas que se sienten cómodas con la oración en grupo son insensibles ante las dificultades de aquellos que tienen poca experiencia. Usted pudiera decir: «Nosotros creemos que Dios se acerca más a nosotros y nosotros a él cuando oramos por las preocupaciones de las personas en grupo. Si usted no se siente cómodo, hablemos de esto. Tal vez este sea un aspecto que usted quiera desarrollar y si no, tal vez usted puede simplemente estar presente y relacionarse en silencio».

Dé libertad

La oración sale mejor cuando viene del corazón. Ayude a las personas a sentirse abiertas y vulnerables a Dios de la misma manera en que tratan de hacerlo en el grupo. Déles libertad para que digan lo que tienen que decirle al Señor.

Ore por asuntos del grupo

Ayude a las personas a vencer la idea de que a Dios solo le preocupan las catástrofes y los problemas de salud. Enséñeles a orar por los quebrantamientos, las relaciones, las dificultades, las respuestas y el crecimiento de los demás. Por ejemplo, usted pudiera orar: «Dios, por favor ayuda a Cristina a mantener los límites con sus niños durante esta semana».

Lleve a las personas a esperar la respuesta y la sanidad de Dios

Es emocionante cuando los miembros de un grupo pequeño oran por asuntos específicos, especialmente con relación a temas preocupantes del grupo y luego ven que Dios da respuesta a sus peticiones. La fe se fortalece y las personas se sienten unos más cerca de los otros. Yo recuerdo que nuestro grupo oró para que Dios trajera un cambio en un hombre que no sabía qué le impedía correr riesgos emocionales. Muy poco después él tomó conciencia de un fuerte temor de que las personas lo abandonarían y con el tiempo el grupo lo ayudó a resolver este asunto ya que entonces ellos y él sabían en qué dirección marchar.

Introduzca la oración en grupo por otros asuntos

Haga que el grupo ore por otros asuntos importantes fuera de dicho grupo. Por ejemplo, oren juntos por la iglesia, la comunidad, el país y el liderazgo.

Tenga una oración guiada por el Espíritu

Lleve al grupo a buscar a Dios sin una agenda preparada; en cambio, permanezcan sensibles a él y a su dirección. Ayude a que su grupo se conecte con Dios y entre sí mediante la oración. Cuando oramos, Dios responde de muchas formas inesperadas: «Clama a mí y te responderé, y te daré a conocer cosas grandes y ocultas que tú no sabes» (Jeremías 33:3).

Capítulo 9

Rendir cuentas

En la actualidad esto de *rendir cuentas* es uno de los términos más malentendidos tanto en el modo de ver lo relacionado al crecimiento espiritual como el modo de ver de los grupos pequeños. En realidad significa *la responsabilidad de contestar*. En otras palabras, los miembros dan respuestas o se rinden cuentas unos a otros. Traen al grupo sus luchas y fracasos, son honestos con respecto a los mismos y dejan que el grupo les responda en formas que traigan crecimiento como resultado.

Sin embargo, para algunos grupos rendir cuentas es básicamente una función de dar un informe. La persona llega e informa al grupo un fracaso, el grupo lo perdona y luego le dice que trate de no hacerlo otra vez. Aunque todo esto es importante, no es suficiente para el crecimiento y esta mala interpretación no da en el blanco de lo que es y hace el rendir cuentas. Peor aún, algunos grupos más débiles usan esto para castigar a la persona. Funcionan basados en la vergüenza y la culpa. Hacen que la confesión parezca vergonzosa ya que piensan que la experiencia negativa impedirá o avergonzará a la persona para que esta gane control sobre determinado problema. Sin embargo, la mayoría de las veces esto solo contribuye a que la persona se esconda mejor o busque una excusa para dejar el grupo. Aunque minimizar la rendición de cuentas a una función de informe es mejor que convertirla en algo vergonzoso, no obstante no da en el blanco de lo que debe ser la rendición de cuentas saludable.

Rendir cuenta total

En los grupos buenos rendir cuentas involucra a *toda la persona*. Es decir, los miembros traen al grupo todo lo que son: su conducta, sus actitudes, sus interioridades y sus apariencias. El crecimiento se produce cuando llegamos al grupo con corazón, mente, alma y fuerza. Por ejemplo, un hombre pudiera estar preocupado por la tentación sexual y la pornografía a través de la Internet. Presenta el asunto al grupo y así se hace responsable ante él mismo. En cada reunión el hombre comunica al grupo los éxitos o fracasos de la semana. Pero en un buen grupo rendir cuentas no termina ahí. El miembro también le revela al grupo que origina la tentación: carencias o incapacidades internas, el estrés o las circunstancias desencadenan la situación.

Entonces el grupo se involucra para ayudar al miembro que lucha, no solo con acciones sino con su vida entera. Su acercamiento a él funciona de la misma manera. Ellos escuchan su confesión de victorias y derrotas y eso les ayuda. Si sabemos que lo que hacemos se les revelará a aquellos que nos aman, esto nos ayuda a tener más control que si vivimos en oscuridad. Pero a la misma vez, los miembros del grupo hacen al hombre responsable de *estar en el proceso de crecimiento y enmienda*. Le preguntan por su soledad y aislamiento, por su impulsividad o sus temores al conflicto. En otras palabras, le preguntan por cualquier cosa que pudiera estar causando o motivando el problema. Hacen que él les responda en cuanto a lo que está haciendo con respecto a estos problemas subyacentes. Quieren saber si él les está trayendo estos aspectos de su vida para enmendarlos y sanarlos tal y como hace con el fruto de dichos aspectos que es el acto en sí. Uno de los aspectos más importantes es que lo hagan responsable a su otro programa.

Alentar el rendir cuentas individuales

Luego tenemos el aspecto de la rendición de cuentas individual en contraste con la responsabilidad ante el grupo, eso quiere decir que todos los miembros tendrán cierta postura en su responsabilidad ante los otros y los grupos buenos prestan atención a esta rendición de cuentas individual. Por ejemplo, algunas personas con un alto grado de pertenencia y responsabilidad presentarán de buena gana al grupo sus problemas y fracasos ya que entienden que esto es parte de la sanidad. Ellos desean los beneficios de traer sus luchas y problemas al grupo. No sienten necesidad de escapar del escrutinio del grupo ni de estar a la defensiva ni dar la impresión de que «todo está bajo control». El grupo puede usar las sugerencias siguientes para ayudar a los miembros que están menos listos para rendir cuentas de forma individual.

Con amor enfrente el bajo sentido de responsabilidad. Pregunte por qué este miembro no habla de problemas reales o evidentes. Los miembros del grupo pueden decirle a la persona que ellos quieren que tome la iniciativa y hable de lo que está pasando en vez de ellos tener que indagar y sacar el asunto a relucir. En ocasiones el grupo descubrirá que la persona todavía lleva consigo grandes heridas por haber sido juzgada y condenada en otros lugares. Para dicha persona rendir cuentas es una tortura. El grupo la ayuda a sanar esa herida para que ella pueda experimentar la aceptación que viene junto con la verdadera responsabilidad de dar cuentas. En otras personas el grupo encontrará un patrón crónico de irresponsabilidad, inmadurez o culpa. Esta persona descubrirá que el grupo, aunque amoroso, también le instruirá en la importancia de rendir cuentas, las experiencias de ellos con esto y esperemos que también digan cuánto desean involucrarse con esa persona de esa mejor manera.

Haga de la rendición de cuentas llena de gracia una norma para el grupo. En todos los casos los grupos saludables tienen la intención de hacer de la rendición de cuentas algo amoroso, lleno de gracia, esperado por todos los miembros y en lo que todos participan. Las personas aprenden que ser supervisados no significa tener a un padre que los esté vigilando por encima del hombro. Más bien significa responder ante otros para poder sanar a niveles más profundos. Es así como el rendir cuentas realiza su tarea de crecimiento.

Discuta las impresiones de la gente en cuanto a la rendición de cuentas. ¿Ven la rendición de cuentas como «rendirle un informe a papá»? ¿Los pone ansiosos? ¿Les hace sentir temor al venir al grupo? Ayúdeles a catalogar viejos prejuicios.

Déles una imagen más completa de la rendición de cuentas. Ayúdeles a vencer la idea de que rendir cuentas simplemente significa confesarse a otra persona. Ayúdeles a que lo vean más como una ayuda para que las personas traigan el crecimiento y las luchas a la relación para que el proceso de sanidad pueda ocurrir. Un líder pudiera decir: «No queremos rendirnos cuentas unos a otros para mantenernos en la línea. Queremos hacerlo para poder ver en qué tenemos problemas y somos incapaces».

Ayúdeles Muestre cómo funciona en el grupo. Cuando las personas experimentan las bendiciones de rendir cuentas, tienen más posibilidades de involucrarse. Por ejemplo: «Sara, la próxima vez que yo anule una idea u opinión tuya quisiera que digas algo al respecto en ese mismo instante porque no me doy cuenta. Y quiero que todo el mundo en el grupo haga lo mismo». a experimentar la verdadera rendición de cuentas. Cuando alguien quiere evitar trabajar en un asunto y simplemente lo confiesa, dígales: «Tomás, has traído varias veces el asunto de tu temperamento al grupo y no obstante no parece mejorar. ¿Qué tal si te pedimos cuentas cuando hablas de cuán solo y triste te sientes cuando tienes estrés?»

Capítulo 10

El perdón

Los grupos saludables administran gracia y perdón de manera poderosa, este es el fundamento del cual surge todo crecimiento y sanidad. Los grupos buenos se basan en la gracia y el perdón y están llenos de estos. Realmente no puede haber un cambio de vida duradero sin estos ingredientes.

La gracia habla a nuestra debilidad e incapacidad, el perdón lo hace a nuestros muchos fracasos. La debilidad, la incapacidad y el fracaso son las razones principales por las que necesitamos un grupo; para poder fortalecernos en muchas áreas de la vida. Sin gracia ni perdón la verdad no puede aflorar. Esta podría ser la verdad que los miembros necesitan reconocer, la verdad que necesitan confesarse unos a otros, la verdad que necesitan recibir de otros o la verdad con la que necesitan confrontar a otros. Sin una base de gracia y perdón la verdad se vuelve demasiado dolorosa, áspera y condenatoria. Es por eso que la Biblia nos enseña: «sean bondadosos y compasivos unos con otros, y perdónense mutuamente, así como Dios los perdonó a ustedes en Cristo» (Efesios 4:32). Hagan que la gracia y el perdón sean evidentes en cada reunión. Tal y como recibamos esos dones, así debemos administrarlos unos a otros.

Sello distintivo en cada reunión

Como dijimos en el capítulo 3, la gracia es un ingrediente esencial para el crecimiento. La mejor definición de gracia es *favor inmerecido*, es decir, que Dios es «por» nosotros y no podemos ganarnos esa condición. Esto mismo sucede durante el proceso del grupo. Usted notará que los miembros están unos de parte de los otros. Esto no quiere decir que estén de acuerdo en todo o que nunca haya confrontaciones; más bien, el deseo fundamental de ellos es el bien de cada uno. Un grupo basado en la gracia está «a favor» de sus miembros sin importar lo que se diga o lo que se haga.

El grupo es una fuente de gracia para sus miembros. La gracia se da a todos con liberalidad, de la misma manera en que Dios nos la dio a nosotros. El grupo nunca «pone» o «saca» a alguien de la gracia según cómo vaya en el proceso. La gracia es estable y constante y fluye a todos porque así fue como Dios lo diseñó.

Además, el perdón, la cancelación de una deuda, se ve como una norma y el grupo lo espera. La gracia le da a las personas la seguridad y la valentía para exponer sus debilidades y fragilidades; el perdón los libera de su deuda para con la ley y les da la libertad para tener un nuevo comienzo. Las personas llegan al grupo cargadas de fracasos, pecados y culpa. El grupo perdona y así libera y restaura a sus miembros. En un grupo saludable no se exige venganza ni castigo, solo existe el deseo de que la persona experimente el perdón y haga los cambios necesarios para seguir adelante.

La gracia y el perdón operan cuando los miembros con amor muestran igual interés en los fracasos y victorias de alguien; cuando la compasión aguarda a la persona que por fin se abre con respecto a alguna vergonzosa debilidad; cuando alguien dice: «Gracias por contarnos sobre esa lucha. Yo sé que no fue fácil». Esta experiencia de gracia no se encuentra muchas veces con facilidad en otras esferas de nuestras vidas.

El grupo entiende que dentro de sí no hay división entre los que están bien y los que no. Cada miembro es una persona quebrantada que necesita reparación y restauración pero no puede arreglarse por sí misma. En muchas ocasiones los miembros que han estado más quebrantados también han recibido mayor gracia y perdón y por tanto tendrán más que ofrecer. Los grupos o los miembros del grupo que sean nuevos en esta experiencia o que no sean muy abiertos en cuanto a los fracasos y la incapacidad tienden a ser superficiales en gracia y tiene menos que ofrecer.

La entrega de la gracia y el perdón

Además de esto, los grupos que crecen *esperan e invitan aquellas cosas que requieren gracia y perdón.* Es decir, el grupo está consciente de que sus miembros tienen necesidades, incapacidades y fracasos que necesitan gracia para sanar, crecer y cambiar. El grupo no se concentra en los aspectos positivos de la vida a expensas de esas realidades. Los seis consejos siguientes ayudarán a su grupo fundamentado en la gracia a buscar y animar a las personas para que pongan al descubierto y confiesen aspectos de sus vidas que profundamente necesitan amor y perdón.

Cave más hondo. Los miembros pueden cavar un poco más hondo en la historia de una persona y así percibir quién está tratando de evitar el dolor. Quieren conocer a la persona con mayor profundidad *porque es en ese nivel donde las personas más necesitan de la gracia y el perdón.*

Empuje un poco. En ocasiones los grupos buenos empujan a la persona para que vea o admita que lo que hace es doloroso para que así pueda recibir la sanidad que necesita. Al miembro que experimenta poca vulnerabilidad se le ve como el anormal y no como la norma. Los miembros confrontan su distancia, su negativa o su autosuficiencia para que pueda llegar a aceptar que necesita la gracia que el grupo libremente ofrece.

Hable acerca de los significados de la gracia y el perdón. Ayude a los miembros a entender que estos son los fundamentos del grupo y de su propio crecimiento.

Cree el ambiente adecuado. Los miembros del grupo podrían decirse unos a otros: «¿Qué puedo hacer para que sientas gracia suficiente de manera que puedas abrirte?» Y el otro podría decir: «Necesito confianza (o que se me mire a los ojos, o calidez o silencio)».

Experimente la gracia y el perdón. Cuando alguien se abre con respecto a un fracaso o a una pérdida, ayude a las personas a estar junto a la que habla: «Cuéntanos más. Estamos de tu parte».

Haga del fracaso un hecho esperado. Cuando alguien evite presentar un problema diga: «Es difícil sentirme cerca de ti ahora porque me siento tan consciente de mis propias faltas que he presentado aquí y tú no presentas ninguna».

Capítulo 11

Apoyo y fortalecimiento

E l apoyo y el fortalecimiento indican que el grupo está haciendo lo correcto. Cuando los miembros se debilitan o desalientan, los grupos pueden ayudarlos a fortalecerse y ser capaces de manejar mejor la vida. Los grupos toman nuestras debilidades y las convierten en fortalezas. Las personas que pueden admitir sus debilidades, también pueden recibir la fortaleza que el grupo ofrece, mientras que aquellos que aparentan permanecer fuertes, se pierden esta bendición: «porque cuando soy débil, entonces soy fuerte» (2 Corintios 12:10).

Cuando las personas comienzan a abrirse en un grupo, ya sea respecto a la fe, a la lucha de las relaciones, o una batalla personal, presentan cosas que simplemente no tienen la fortaleza ni el coraje de abordar, manejar o tan siquiera enfrentar. Estos constituyen la sustancia del trabajo de grupo ya que requieren la intervención y fortalecimiento del mismo.

Prestar atención

Los grupos hacen muchas cosas para ayudar y apoyar. Una de las cosas que hacen es *prestar atención*. Los miembros escuchan con todo su ser, dejan en un segundo plano sus propias experiencias para entrar en el mundo de otra persona. Escuchar de verdad a una persona que está tratando con la debilidad ayuda a esa persona a sentir que el asunto no es tan difícil de manejar como temía. Disminuye su sentido de soledad. Los miembros del grupo *miran* a la persona que está hablando y emocionalmente están allí *junto* a ella.

Validación

Los grupos también fortalecen a sus miembros mediante la validación, confirmando la realidad emocional de la persona. Las personas que atraviesan por luchas necesitan saber que los demás comprenden lo malo que es en realidad y cuán mal se sienten en su interior. Cuando el grupo dice: «Te creemos, esto debe ser algo que te asusta», uno podría pensar que la persona se sentiría peor pero en realidad la fortalece. Cuando se obvian los sentimientos de una persona a esta solo le quedan tres directrices imposibles: dejar de dar crédito a cualquier sentimiento negativo que tenga, afanarse más para convencer a los demás de que en realidad está mal o esconder la realidad y entonces fingir. De cualquier manera, no hay fortalecimiento. La validación ayuda a las personas a experimentar que no están inventando una situación y por consiguiente están enfrentando lo que es en realidad.

Evaluar la realidad

El prestar atención también permite a la persona evaluar la realidad de la situación. Muchas veces el grupo ayudará al involucrar a la persona en una búsqueda de hechos. A veces descubren que la persona no es tan débil o que la situación no es tan mala como pensaban. El grupo fortalece al establecer al miembro en la realidad. Por ejemplo, una esposa podría plantear que no puede hablar con su esposo acerca del problema que este tiene con la bebida porque él perdería los estribos con ella y con los niños. Luego, cuando el grupo trabaja con ella, descubren que aunque el esposo toma mucho, nunca ha perdido los estribos durante su matrimonio. Es un temor que ella pone de manifiesto. Cuando ella toma conciencia de su temor, se fortalece en su decisión de hablar con el esposo.

Interiorizar la estructura externa

Sin embargo, cuando hay una verdadera debilidad e incapacidad, el grupo funciona algo así como un yeso sobre un miembro fracturado. El miembro está realmente fracturado y no puede funcionar ni curarse por sí mismo. El yeso se convierte en una estructura externa que protege y fortalece de manera que el miembro se pueda reparar. De la misma manera los grupos se encargan de lo que la persona débil no puede sobrellevar. Proporcionan amor, apoyo, consejo y ánimo cuando la persona sencillamente no tiene la decisión de hacer algo que parece difícil o incluso imposible (1 Tesalonicenses 5:14).

Suponga que un miembro tiene problemas con su peso y al parecer no logra hallar el tiempo para hacer ejercicios. El deseo existe pero la vida se le interpone. La persona se siente derrotada y desanimada. El grupo pudiera hacer un arreglo telefónico para que la persona reciba una llamada telefónica una hora antes de su hora de ejercicios. La llamada fortalece su decisión, le hace ver lo que es realmente importante y la ayuda a desechar cualquier cosa que le distraiga en ese momento. El grupo la ayuda a sentirse lo suficientemente amada como para dar los pasos correctos. Ella interioriza este fortalecimiento de los miembros haciendo que las experiencias de apoyo sean parte de sí misma hasta que llega el momento en que ya no necesita las llamadas. Se puede quitar el yeso y el miembro puede funcionar por sí solo.

Identificación

Los grupos buenos también dan apoyo y fortalecimiento al identificarse con el fracaso. Entienden que la persona puede seguir fracasando en un área determinada hasta que esta sea lo suficientemente fuerte como para seguir adelante. Recuerdan que también pasaron por eso. Las personas que están bien familiarizadas con el fracaso son las mejores para fortalecer a otros. Jesús le ordenó a Pedro «fortalece a tus hermanos» (Lucas 22:32) luego de que este había fracasado miserablemente y había sido restaurado. El verdadero fortalecimiento ayuda a las personas a enfrentar y aceptar el fracaso como parte del proceso de crecimiento en lugar de tener temor a cometer errores. Mediante la aceptación se fortalecen unos a otros y luego al apoyar las partes débiles de los miembros. Una persona pudiera decir: «Yo también he pasado por eso con mi esposa y simpatizo con lo solitario que te sientes».

El apoyo y el fortalecimiento proporcionan elementos básicos que ayudan a las personas a sobrevivir y a crecer.

Capítulo 12

Tutoría

Yo (John) estoy en un grupo pequeño que lleva muchos años reuniéndose. No gira alrededor de ningún tema específico con excepción del crecimiento espiritual y personal. Juntos hemos experimentado muchos momentos memorables como el matrimonio, los hijos, mudadas, cambios de profesión y la pérdida de seres queridos.

El grupo cambia la atención de acuerdo a lo que percibimos que necesitamos o en lo que tenemos interés. Por ejemplo, a veces estudiamos de manera formal algún tema bíblico; otras veces es un libro sobre asuntos espirituales o personales. En ocasiones no hemos tenido un tema excepto lo que está sucediendo en la vida. Ahora ya nos conocemos muy bien, en muchos niveles. Se involucra el todo de la persona.

Constantemente estoy consciente de que mi grupo ha sido mi tutor en muchos aspectos de la vida como el matrimonio, la crianza de los niños, la vida espiritual y el trabajo. Me han guiado e instruido y me han ayudado a crecer y madurar. Estoy agradecido por los años y las experiencias de tutoría que el grupo me ha proporcionado.

Evaluar las calificaciones

Todos nosotros en algún momento en la vida podemos beneficiarnos de los tutores, si tenemos la humildad de someternos a la opinión y la visión que otro tenga acerca de nosotros. Hay tres requisitos. En primer lugar, los tutores están calificados. Es decir, que tienen la experiencia y competencia en el área específica. En segundo lugar, son personas de confianza que se interesan en nosotros. En tercer lugar, nos conocen lo suficientemente bien como para ayudarnos. Un grupo bueno y saludable puede satisfacer estos requisitos. Hable con los miembros sobre cómo hacer del grupo un ambiente de tutoría.

Traiga el todo de la persona a la tutoría

Cuando los grupos funcionan bien, la totalidad de cada miembro se convierte en el tema y no solo una parte de la persona. Esa es la naturaleza del amor y de las relaciones según el diseño de Dios. El amor tiene que ver con la totalidad de la persona: «Ama al Señor tu Dios con todo tu corazón, con toda tu alma, con toda tu mente y con todas tus fuerzas» (Marcos 12:30). Esta es toda el alma de la persona: sus valores, pensamientos, conducta, creencias, emociones, estados de ánimo y actitudes.

Los miembros siguen abriéndose con respecto a otros aspectos de sí mismos cuando el grupo es cálido y muestra interés. Cuando un grupo trata con los problemas o preocupaciones de una persona debe preguntar por el contexto: cómo la persona llegó a esa situación, patrones del pasado, la influencia de otros, debilidades y puntos fuertes que la persona trae al problema. Así que mientras más se involucre el todo de la persona, mejor será la solución del problema. A cambio, el grupo conoce mejor al miembro. Esto se traduce en una relación más profunda y una mayor conexión. Ahora el grupo está mejor capacitado para ayudar a la persona en otras facetas de la vida por lo que ha sucedido hasta el momento.

El proceso de tutoría

El grupo puede ayudar al miembro a desarrollar experiencia, aptitud y sabiduría en un aspecto específico de la vida. Los demás miembros comparten la carga de guiar y ayudar al miembro a crecer en esa área.

Por ejemplo, el grupo puede ayudar a una pareja de recién casados a desarrollar valores financieros responsables al comienzo de la relación. Pueden proporcionarles principios, consejos, recursos y hablarles de sus propias experiencias. Ya que conocen la pareja en el ámbito personal pueden tener una retroalimentación que les ayude a ver los puntos débiles de los que deben estar conscientes y con los que deben tratar. Con el transcurso del tiempo pueden ayudar a chequear el crecimiento y progreso de la pareja en ese aspecto. Ellos asesoran, dirigen, preparan y desarrollan a la pareja para que esas dos personas se fortalezcan y maduren en su trato con el dinero.

Esta tutoría no requiere un grupo ampliamente estructurado como el mío. De hecho, un grupo basado en un tema ofrece mucha dirección en las áreas específicas a las cuales se dirige. Por ejemplo, he visto un grupo para padres que ayuda a sus miembros a establecer un método fundamental para la crianza de los hijos y a desarrollar un grupo de valores y luego atiende asuntos prácticos que han traído gran beneficio a todos los involucrados.

La tutoría engendra más tutoría

La confianza entre el grupo y sus miembros se produce cuando estos experimentan el sentirse amados, estimados y ayudados. Las personas tienen más facilidad para confesar aspectos de sí mismas y exponer con mayor libertad áreas de necesidad. En cierto sentido la persona va al grupo buscando dirección y crecimiento en todas las áreas de su vida debido a que ha ganado tanta vida gracias al grupo. Esto es lo que queremos decir al referirnos a la tutoría. Aunque los miembros son adultos y se tratan unos a otros como adultos, el grupo carga cierta responsabilidad para servir de apoyo, guía y trayecto para todo el camino de la persona. Gracias a la tutoría del grupo los miembros llegan a ser más semejantes a lo que Dios quiso que fueran al crearlos. Ayude a sus miembros a estar conscientes de su próximo paso en la tutoría y tráigalo al grupo. Cuando los grupos funcionan como mentores de sus miembros hacen su parte al ayudarse mutuamente a convertirse en adultos en todos los sentidos en los cuales deben crecer.

Capítulo 13

El dolor

Las pérdidas ocurren. Es una realidad triste pero inevitable en la vida después de la Caída. Perdemos gente por causa de la muerte, el divorcio, los cambios geográficos y la alienación. En nuestras propias vidas perdemos cosas como la profesión, la salud o las oportunidades. Tenemos que aprender a tratar con cada pérdida de maneras que promuevan el crecimiento y la fe. Los grupos proporcionan una ayuda inapreciable para las personas que atraviesan la oscura y extraña experiencia de una pérdida. Los grupos hacen esto al ayudar a sus miembros a pasar por el proceso de dolor que Dios usa para ayudarnos a resolver la pérdida: «Dichosos los que lloran, porque serán consolados» (Mateo 5:4).[1]

Ya sea que un grupo pequeño escoja o no la pérdida como un tema de estudio, la naturaleza de la vida nos garantiza que *mientras más se reúnan las personas, mayores serán las probabilidades de que alguien enfrente una pérdida.* Además, según los grupos se vuelvan más seguros, las personas sentirán mayor libertad para presentar pérdidas pasadas que aún no han resuelto.

---

[1] Para un tratamiento más completo del dolor, vea nuestro libro *How People Grow* [Cómo crecen las personas], Grand Rapids, MI, Zondervan, 2001, capítulo 11.

Invite e incluya las emociones tristes, confusas y contrariadas

El grupo permitirá que el miembro no solo hable de los hechos de la pérdida sino que experimente los sentimientos correspondientes. La pérdida implica mucha emoción. En sentido general, mientras mayor sea la pérdida, mayor será la intensidad y el rango de los sentimientos. El grupo sirve como un lugar en el que la persona puede sentir con seguridad cuánto ama y extraña a la persona que ya no está. Esto es especialmente provechoso para las personas cuya manera de enfrentar la pérdida ha sido dar una apariencia de fortaleza, de estar ocupado, de mirar el lado positivo y que busca otras formas de mitigar cuán profundamente siente la ausencia del otro. El grupo no le teme a la tristeza. No le preocupa si los sentimientos negativos son malos o peligrosos. En cambio, los miembros usan sus propias experiencias con la pérdida para ayudar al que está luchando.

Ayude a la persona a atravesar las etapas de la pérdida

El grupo comprende que el dolor por causa de una pérdida tiene un movimiento y estructura. Puede que las personas nieguen la realidad, protesten en su contra, se desalienten y que al fin y al cabo la acepten por completo y vuelvan a la vida. El grupo está «con» la persona durante todas estas etapas del proceso. Simpatizan con cualquier etapa en la que el miembro se encuentre y le ayudan a pasar al siguiente nivel cuando esté listo. Su conciencia de que el dolor tiene un orden les permite ayudar al miembro a no quedarse atrapado para siempre en su pérdida y dolor. Un miembro del grupo podría decir: «Yo sé que hace algunas semanas todavía estabas conmocionado por la muerte que hubo en tu familia pero ahora parece ser que estás protestando ante la injusticia del hecho. Quiero que me cuentes más de esto».

Permita que pase un proceso de tiempo

El grupo deja que la persona hable y sienta lo que necesita cuando presenta el asunto por primera vez, pero se sabe que es muy probable que dicha persona necesite hacer referencia a su pérdida en reuniones posteriores, quizás en varias reuniones del grupo. Incluso habrá ocasiones en las que la persona esté tratando con otro asunto, que no guarda relación y de pronto vuelve al tema de la pérdida. Esto es parte del flujo y reflujo del dolor. Le permite a la persona involucrarse en los asuntos de la vida. Entonces, cuando hay tiempo, espacio y apoyo suficiente la persona regresa nuevamente a la tristeza. Al mismo tiempo, el grupo está conciente de que el proceso sí tiene dirección así que si los miembros notan que la persona parece haber cortado las cosas prematuramente, pueden traer el tema a colación y ver cómo le va a la persona. Puede que el asunto haya sufrido un cortocircuito debido al nivel de dolor de la persona, el temor de cansar al grupo o la idea de que no debiera ser tan débil. El grupo le ayuda a recuperarse y a mantenerse en el camino.

Proporcione recursos para soportar la pérdida

El miembro que sufre necesita reemplazar lo que ha perdido para poder resolver el asunto. El grupo es una fuente central de lo que la persona ahora no tiene como amor, estabilidad, estructuras de aceptación o un sentido de pertenencia. Cuando un grupo no entiende que debe funcionar como el recurso que la persona ha perdido, en ocasiones los miembros se vuelven pasivos y en ocasiones no se involucran pensando que estar presentes e interesarse en el asunto es prácticamente todo lo que pueden aportar. Pero el grupo saludable en realidad ayuda a llenar los espacios que ha dejado la persona que ya no está presente. Como resultado, el proceso continúa a su propio paso. Los miembros podrían decir: «Estamos conscientes de que tu papá era una persona fuerte y que te daba estabilidad. Espero que podamos ayudar en eso también mientras atraviesas tu pérdida».

Enseñe una postura en cuanto al dolor y la pérdida

El grupo ofrece un ambiente muy bueno para que los miembros pasen por entero y bien las pérdidas de la vida. Además ayuda a las personas a aprender cómo pensar en cuanto a la pérdida, lo que esta implica y sus tareas y responsabilidades específicas con respecto a la pérdida de otra persona. Los grupos buenos son tanto un hospital como un centro de entrenamiento para ayudar a las personas a comprender la pérdida y ser conocedores de la misma.

Ayude con fe

Por último, el grupo ayuda a la persona que sufre convirtiéndose en el lugar donde el que lucha puede hacer las paces con Dios. Muchas veces el dolor hace que la persona atraviese un período de cuestionamiento en cuanto a la provisión, cuidado y lugar de Dios en la pérdida. El grupo oye las preguntas y sabe cuáles responder y cuáles simplemente escuchar. Pasar por el proceso del dolor, con Dios y con el grupo como apoyo y guía, por lo general profundiza y enriquece la fe de una persona. El grupo le ayuda a apuntar hacia Cristo y confiar en su amor porque él fue «varón de dolores, hecho para el sufrimiento» (Isaías 53:3). Esta es la decisión final, cuando la persona puede decir adiós con todo su corazón y seguir adelante con la buena vida que Dios tiene para ella.

Capítulo 14

Sanidad

Una de las tareas principales de un grupo es la sanidad. A un nivel u otro cada miembro llega al grupo con algún tipo de herida emocional o personal. Es decir, somos personas heridas y sufrimos por las heridas que llevamos, ya sea un corazón desprovisto de amor, el temor al conflicto o una incapacidad para lidiar con el estrés y con las luchas. El grupo es el marco ideal para obtener sanidad para todas estas heridas, nuevas o viejas.

Cuando una persona plantea un asunto, en cierto sentido el grupo rodeará al miembro herido de la familia, al igual que usted ve que en ocasiones sucede en una manada de animales en la selva. Toda la atención se centra en el que está herido. Eso es lo que se necesita en este momento.

Consolar al que sufre

Cuando una persona sufre lo primero que el grupo hace es ayudar a traer cuidado, consuelo y alivio. Hablar de las heridas trae consigo emociones, recuerdos y pensamientos dolorosos, angustiosos e inquietantes. El grupo asume la tarea de «estar ahí» cuando la persona cuenta su injuriosa experiencia. Hacer esto restaura una sensación de sentirse amado, seguro y estable lo que prepara a la persona para seguir hacia la sanidad.

Validación

Como mencionamos en la sección sobre apoyo y fortalecimiento, los grupos buenos validan la realidad emocional de la persona herida. Es decir, le hacen saber que su experiencia cuenta, que sus sentimientos son reales y que esos sentimientos y experiencias son importantes para ellos. En muchas ocasiones *hasta que punto las personas se sanan de sus heridas lo determina hasta que punto otros validen dichas heridas*. Puede que el grupo tenga que perseverar para vencer el mensaje de anulación que la persona recibió de parte de otros. Tales mensajes hicieron que la víctima anulara su propia experiencia: *Eso no te sucedió o no fue tan malo como tú crees*. Pero cuando el grupo proporciona apoyo, la persona se siente más segura de que su herida es real y le interesa a los demás.

Evaluación

El grupo también presta particular atención para ayudar al miembro herido a evaluar la naturaleza y la magnitud de sus heridas como preparación para ayudarlo a sanar. Un aspecto importante es que el grupo ayude a la persona a *separar la herida de los síntomas*. La mayoría de las personas no está consciente de la diferencia, pero es significativa. Por ejemplo, la depresión o la ansiedad pueden ser ambas cosas: síntomas dolorosos y el resultado de ciertas heridas, entre ellas la separación emocional, una incapacidad para establecer límites o expectativas interiores muy exigentes. Aunque el síntoma es bastante preocupante, funciona como una bandera roja de la herida subyacente. Los grupos buenos ayudan a la persona a evaluar lo que en realidad causa el dolor. Un miembro podría decirle a otro: «Yo creo que entiendo cuán mala es la depresión pero quiero que hables de lo que hay detrás de esta».

Además, el grupo determina si tiene los recursos adecuados para la magnitud y gravedad de la herida. Hay ocasiones en las que las heridas de una persona necesitan más estructura, seguridad, intensidad o experiencia de la que un grupo puede proporcionar.

Fortaleza para tomar dominio

Ya sea que las heridas las causen otros, uno mismo o el resultado de vivir en un mundo imperfecto, cada persona necesita asumir responsabilidad por su parte para resolver las cosas. El grupo saludable, aunque lleno de gracia, consuelo y validación, también ayuda al miembro a evitar una postura de víctima indefensa, culpando a otros y permaneciendo pasiva. En lugar de eso, el grupo le ayuda a llevar las cargas. El grupo podría decirle al miembro: «Estamos de tu parte y estamos de acuerdo en que es una situación difícil. Ahora queremos ayudarte a hacer lo que sea necesario para que puedas restaurarte y sanar por dentro de manera que nunca más seas víctima de estas situaciones».

Experiencias correctivas desde el punto de vista emocional

El grupo se convierte en un contexto para que el miembro se involucre en experiencias que cambien el pensamiento, sanen heridas y den fuerza y confianza. Por ejemplo, el grupo pudiera alentar a la persona herida para que acepte algún recuerdo o dolor y no lo evite; que corra el riesgo y confronte a alguien; que practique admitir la verdad o que corra el riesgo de fracasar y volver a intentarlo otra vez. Estas experiencias, cuando tienen lugar rodeadas del amor, apoyo y aceptación del grupo, ayudan al miembro a crecer y a sanar. En este sentido, Dios usa el grupo para devolverle al individuo lo que se le ha quitado, «por los años en que todo lo devoró ese gran ejército de langostas» (Joel 2:25).

Probablemente en este momento ya sea obvio que creemos que los grupos pequeños hacen mucho más que ayudar a alguien a hacer frente. Los grupos usan el poder que Dios da para brindar a las personas una nueva vida, nuevas formas de relacionarse y nuevas maneras de experimentarse a sí mismas. En realidad, la sanidad se trata de esto.

Capítulo 15

Confrontación

Un grupo que está llevando el crecimiento de sus miembros hacia la madurez es un grupo amoroso. También es un grupo que confronta. Este decir, aunque otorga gracia, también habla directamente y trata con los daños y pecados de sus miembros. Esto puede incluir desde engaño, ataques verbales, controlar a los demás y egoísmo hasta aventuras amorosas, indiscreciones financieras o rebeliones masivas contra el marco y estructura del grupo.

Un enfoque integrado

Los grupos mejores no separan las tareas de gracia y confrontación. En otras palabras, primero no ofrecen una sesión de gracia y luego una de confrontación; eso estimula la división emocional dentro de los miembros. *En cambio, un buen grupo da amor y apoyo a la misma vez que es claro con respecto a los asuntos que deben confrontarse.*

Esta función de confrontación de un grupo está relacionada con la disciplina y la rendición de cuentas, asuntos que ya se han tratado en sus propios capítulos. Ninguno de estos son temas agradables ni fáciles ya que tratan acerca de decir la verdad y ser francos. Pero la confrontación difiere de estas otras dos funciones en que se concentra más específicamente en cómo corregir a alguien de la mejor manera y en cómo se trata con el pecado. La mayoría de las personas no vienen a un grupo con una idea saludable de cómo debe funcionar cada uno de estos aspectos. La segunda familia ayuda a modelarlo y les proporciona a los miembros un modelo de la vida real.

Cómo practicar la confrontación

Las cinco directrices siguientes explican cómo un buen grupo puede incorporar la confrontación en su proceso de crecimiento:

Establezca reglas y espere la confrontación y la verdad. De manera constante el grupo incorpora como parte normal de sus reuniones el decir la verdad en un ambiente seguro y de ayuda. Afianza el valor de las personas para confrontarse unos a otros de manera saludable. Además, confronta a aquellos que no están haciendo ninguna confrontación. El grupo no interpreta la pasividad, el tratar de agradar a las personas o el rescatarlas como conductas de crecimientos sino como problemas que hay que resolver. Lo que es más significativo aún, en un buen grupo los miembros aprenden sesión por sesión que la confrontación no es el hecho catastrófico al que han temido o incluso experimentado en realidad. Nadie pierde el control, ni tiene una pataleta ni sale herido. Mas bien las personas de dicen la verdad unos a otros, en amor, y luego pasan a otro tema o persona sin un rompimiento significativo de las relaciones y el amor. Esta es una experiencia nueva e integradora para muchos miembros.

Refiérase a los patrones más que a los sucesos. Un buen grupo comprende cuál es el mejor momento para referirse a algo. No asume una posición de policía, confrontando a un miembro cada vez que este haga algo mal. Más bien está consciente de patrones recurrentes que causan problemas obvios en la persona, en el grupo o con las relaciones externas de dicho miembro. Es muy importante tratar con dichos problemas en el contexto del grupo. Por ejemplo, si Teresa interrumpe la discusión de alguien, páselo por alto. Si Teresa continúa haciéndolo, un miembro del grupo podría decir: «Teresa, no sé si estás consciente de esto pero en las últimas reuniones no has dejado que la gente concluya sus ideas. ¿Pudiéramos hablas de esto?»

No hay condenación ni ambigüedad. El grupo confronta como una familia compuesta por pecadores quebrantados y que están sanando, no como un juez airado ni como un padre perfecto: «Hermanos, si alguien es sorprendido en pecado, ustedes que son espirituales deben restaurarlo con una actitud humilde. Pero cuídese cada uno, porque también puede ser tentado» (Gálatas 6:1). Los miembros no son rudos ni condenatorios porque saben cuánta gracia ellos mismos necesitan. Saben que el juicio los destruye y les hace alejarse del apoyo que necesitan.

Al mismo tiempo, el grupo es directo y no ambiguo con respecto a la preocupación. Ellos explican por qué el problema les interesa a ellos y a la persona. El miembro debe conocer claramente lo que el grupo ve como un problema y cómo esto les afecta. Aunque el grupo está «a favor» de la persona, tienen algo en «su contra» tal y como Jesús tenía algo en «contra» de sus seguidores (Apocalipsis 2:4, 14, 20).

Invitación a la redención. Cuando el grupo habla del asunto de manera directa, también insta a sus miembros a confesar, arrepentirse y restaurarse de nuevo en el grupo. El grupo asume una posición en la que el pecado se interpone en el camino de una relación de crecimiento con Dios y con ellos, y quieren que esta se resuelva para que la cercanía pueda continuar. En ocasiones la invitación del grupo a la redención es suficiente. La persona comprende cuán importante es para el grupo y abandona esa conducta o actitud. Aquí no termina todo, ya que el pecado muchas veces requiere que se escarbe y se sane. Pero así comienza el proceso de aliar los corazones de las personas para que todos trabajen en el asunto con un mismo sentir.

Contención. Este término se refiere a cómo el grupo trata con el problema o pecado, comprende el punto de vista del miembro, ofrece apoyo y recursos y no obstante establece los límites o consecuencias apropiadas. De cierta forma el grupo pone el pecado en cuarentena para que este no pueda ocultarse o ignorarse sino en cambio que pueda escudriñarse y limitarse. Los problemas que sigan más allá del control de la persona, incluso con la ayuda del grupo, requieren recursos más intensivos. En cuestiones de rebelión y voluntariedad el grupo puede que tenga que ser bastante estricto, hasta el punto de pedirle a la persona que abandone el grupo. No obstante, esperamos que al seguir las tareas descritas arriba se pueda hacer comprender a la persona. El amor del grupo, su nivel de amistad, y claridad en la confrontación, así como la sinceridad de los miembros para con Dios y la realidad, por lo general, resuelven el problema.

Capítulo 16

Establecer un modelo

Durante mi internado de psicología clínica, yo (John) trabajé en un centro diurno de tratamiento para niños en el que los niños recibían ayuda clínica intensiva durante todo el día, cinco días de la semana, durante varias semanas. Algo que experimenté allí me ayudó mucho para trabajar con las personas. Al final del día los niños y todo el personal formábamos un círculo para hacer un repaso del día. Cualquier persona tenía el derecho de alabar o confrontar a otra con respecto a su conducta de ese día. Si era una confrontación, el que la recibía no se le permitía defenderse, ni ofrecer excusas ni negarse. Simplemente tenía que recibirla. Si no era verdad, un miembro del personal lo corregiría.

Yo vi a niños de cinco años decirle a adolescentes: «Franco, fuiste muy malo conmigo y con Raquel y me molestó mucho». Entonces los otros niños se unían a la conversación y asentían. Esto «llegaba» al adolescente distante y rebelde de una manera que las confrontaciones del personal no lograban. El adolescente reaccionaba y como resultado cambiaba, a veces de manera dramática.

Cuando mi esposa y yo comenzamos una familia, recordé la confrontación saludable que había visto en la clínica. Convertimos esa metodología en parte de nuestras conversaciones familiares. Cada miembro podía alabar o confrontar a otro miembro de la familia, siempre que fuera verdad y los otros miembros, ya fueran niños o adultos, tenían que responder de manera humilde y sin ponerse a la defensiva. Este método ha ayudado a mi familia, a mi modo de pensar con respecto al crecimiento y a cómo dirijo los grupos.

Un cuadro del crecimiento

Mis experiencias en el centro de tratamiento de niños y en mi familia son ejemplos de cómo los grupos modelan cosas buenas para sus miembros. El término modelar significa imitar o conformarse a una norma determinada. Es decir, el grupo proporciona un cuadro vivo para sus miembros en varios aspectos de la vida personal, emocional o relacional. Encarna conceptos, ideas y conversaciones. Cuando un grupo establece un modelo, le da a sus miembros algo que pueden experimentar y luego interiorizar o hacer parte de sí mismos.

Muchas personas me han dicho cuán significativo fue para ellos la manera en que su grupo modeló estas experiencias de conductas. Algunos no tenían experiencia en cómo relacionarse o resolver problemas. Otros habían tenido experiencias malas, negativas o alocadas. Así que tenían muchas luchas para lidiar con sus vidas fuera del grupo hasta que vieron los temas tratados de una manera saludable dentro del grupo.

He aquí algunas de las cosas que un buen grupo modela en sus miembros:

- Vulnerabilidad
- Necesidad y dependencia mutua
- Apoyo
- Escuchar bien
- Aceptar el fracaso
- Confesar las faltas para ser restaurado
- Dar y recibir la verdad
- Resolver conflictos sin arruinar las relaciones
- Discernir el carácter de las personas
- Perdonar

La lista podría continuar pero estos aspectos importantes de la vida no solo se enseñan sino que se adquieren al establecer un modelo.

Un grupo que modela no es un grupo perfecto

Algunas personas sienten una exigencia o expectativa de que deben ser ideales o perfectos como modelos. Esto pone una presión poco realista sobre el grupo. Además, al miembro que espere que su grupo no tenga defectos, se le debe desengañar con amor. El mejor modelo, como se señaló en la lista anterior, es cuando un grupo imperfecto con miembros imperfectos se involucra en el proceso que por fin los sana y los hace crecer. Entonces el grupo usa a «personas reales» con «problemas reales» para mostrarse unos a otros cómo lidiar de manera redentora con todas sus fallas y debilidades.

Los «dos seres» del miembro

Los miembros del grupo hallarán que tienen dos formar de relacionarse en cuanto al establecimiento de un modelo, «dos seres». Es decir, son tanto participantes como observadores. Como lo primero, serán parte de algunas experiencias que el grupo modela, por ejemplo, apoyar a alguien que tiene un problema imposible con la crianza de los hijos. Como observadores, harán un recuento de lo que vieron y aprendieron en cuanto a cómo esto pueda aplicarse a su propia situación. De esta manera hay un fluir constante entre observar cómo el grupo trabaja con sus miembros y ser participante del proceso en sí. Es así como suceden los cambios mejores y más profundos en la vida, cuando junto a otros vemos y experimentamos el proceso.

Muchas veces, establecer un modelo no se trata tanto de un acto intencional del grupo sino de algo que simplemente ocurre. La salud y el crecimiento en un grupo generan salud y crecimiento en sus miembros.

Capítulo 17

Aceptar la debilidad

Mi vida no ha sido una línea recta. Ha tenido muchos baches y segundas vueltas. Por ejemplo, después de que yo, John, me gradué de la universidad, me mudé a miles de kilómetros de mi hogar y de la universidad y trabajé durante algunos años en un hogar de niños como padre sustituto. Era un trabajo de mucha tensión y en realidad yo no tenía la madurez para manejarlo. Me sentía exhausto, solitario y deprimido. Por fin, en una llamada telefónica que hice a mis padres a causa de aquella desdicha, me invitaron a regresar a la casa y organizar mi vida.

Al comienzo yo detestaba la idea, me parecía como que estaba volviendo atrás. Sin embargo, no se me ocurría ninguna opción mejor, así que recogí mis cosas y regresé. Conseguí un trabajo como vendedor de zapatos y comencé a pensar qué hacer cuando creciera.

Fue un tiempo raro para mí ya que muchos de los amigos de mi niñez se habían quedado en la ciudad y sus vidas estaban encaminadas. Estaban avanzando en sus profesiones, estableciéndose, casándose y comprando casas. Yo me enteraba de todo esto mientras les vendía zapatos.

Una cuerda salvavidas

Al mismo tiempo me involucré en un grupo de crecimiento espiritual con gente de mi edad. Querían crecer en la fe y en las relaciones personales. Nos reuníamos de manera regular para conversar, salir juntos, estudiar la Biblia y orar.

En resumen, aquel grupo se convirtió en una cuerda salvavidas para mí. Me asenté y estabilicé. A ellos no les importaba que yo creyera ser un completo perdedor que no podía lidiar con la vida del mundo real. Ellos no me veían así, sin embargo, tampoco intentaron disuadirme de mi propia experiencia. Escuchaban mis quejas y mis sueños. Confrontaban mis actitudes inadecuadas y me daban consejos sabios y análisis críticos.

Paulatinamente, cuando comencé a crecer y a cambiar en el grupo, un camino comenzó a abrirse paso en mi mente. En realidad, no fue por sugerencia de algún miembro del grupo. Más bien surgió al conversar sobre nuestras vidas. El camino se convirtió en una percepción y un deseo creciente de obtener instrucción teológica formal en un seminario con el objetivo futuro de algún tipo de ministerio. Creo que fue así como Dios me guió en aquellos días oscuros. Por fin, me fui de casa otra vez para siempre. Entré al seminario y con el tiempo me preparé para ser psicólogo.

Siempre recuerdo a ese grupo y aquellos amigos como los que me ayudaron a darle una transformación a mi vida. Ellos estuvieron junto a mí, se interesaron, se relacionaron conmigo y dijeron la verdad. Para mí ellos fueron un modelo de lo que un grupo debe ser. Aprendí cuán poderosos y eficientes pueden ser los grupos para cambiar en verdad nuestras interioridades, nuestros valores, nuestras actitudes y el curso entero de nuestras vidas. En otras palabras, un grupo pequeño no es solo para reunirse y relacionarse, aunque de cierto lo hace. También es para involucrarse en el proceso de la transformación de Dios para todos nosotros. Él está presente en tales grupos y está listo para ayudarlo en cualquier nuevo comienzo que necesite. Veamos las características clave de los grupos que están listos para un crecimiento que traiga cambio en la vida.

Aceptar la incapacidad

Como orientador usted debe ayudar a los miembros a entender que *las exigencias de la realidad son mayores que la capacidad de los miembros para satisfacerlas.* Esto es sencillamente una condición humana. La vida demanda muchas tareas: hacer bien el trabajo; encontrar una profesión; encontrar, desarrollar o aferrarse a una relación; criar una familia y controlar nuestra conducta. Estas exigencias no son ficticias. Son sencillamente una parte de la vida y una razón por la cual todos necesitamos gracia.

Al mismo tiempo, todos tenemos debilidades, incapacidades o fragilidades que sirven de obstáculos para lo que la vida requiere. Estas debilidades son frustrantes. Son nuestro problema y de nadie más. Por ejemplo, algunas personas no pueden establecer relaciones emocionales y por consiguiente carecen de una fuente necesaria de motivación y fortaleza. Otros no se pueden concentrar ni desempeñar funciones. Y aun otros son controlados por relaciones significativas en su vida. Algunos tienen un hábito que desanima o una adicción que les impide invertir en lo que de verdad quieren de la vida.

Todo esto y mucho más nos demuestra que no importa cuánto nos esforcemos, cuánta fuerza de voluntad logremos reunir, no podemos tener éxito en la vida de la manera que quisiéramos. Como nos enseña la Biblia, hacemos lo que no queremos hacer y no hacemos lo que queremos hacer (véase Romanos 7:14-21). Hay una gran brecha entre lo que se espera que seamos y lo que realmente somos y hacemos.

En lugar de pretender que este vacío de incapacidad no existe, un grupo debe desarrollar entre sus miembros una cultura que los ayude a aceptar esta brecha. En realidad, *dicha brecha es en gran medida la razón por la cual las personas están en el grupo.* Aunque al comienzo los miembros traen al grupo temor y vergüenza, escondiendo su incapacidad, las reuniones debieran celebrar que todos estamos en la misma condición.

Como moderador usted verá a las personas decir cosas como: «Yo debiera ser capaz de no perder el control con mi hijo pero...» o «De veras que yo quiero encontrar una relación decente pero atraigo a las personas inapropiadas». Las personas llegan a su grupo con la convicción de que no debieran tener las luchas que tienen.

Su función es ayudar a los miembros a entender que la gracia y la ayuda de Dios se reciben mejor cuando las personas comprenden que son incapaces. Estas lo necesitan, le imploran misericordia y le piden ayuda. Es así como obra Dios:

«Dichosos los pobres en espíritu, porque el reino de los cielos les pertenece» (Mateo 5:3). Dígales: «Usted tiene razón. Usted no puede hacer estas cosas que son tan importantes en la vida. Yo tampoco puedo y ese es básicamente un requisito para ser miembro aquí. Usted y su incapacidad son bienvenidos aquí».

Es muy importante desarrollar esta posición ya que los miembros nuevos muchas veces creen que ellos son los únicos que tienen luchas o que solo necesitan unas pocas sugerencias para encaminarse. Lo peor de todo, les preocupa que si revelan cuán mal andan las cosas, las demás personas no puedan lidiar con ellos. Así que llegan listos y dispuestos a comportarse firmes y capaces cuando, en realidad, están sufriendo y fracasando. En cambio, un buen grupo ayuda a los miembros a comprender que la incapacidad es un problema de todos.

Además de esto, un buen grupo transmite esperanza para que los miembros resuelvan y arreglen el vacío de incapacidad. El crecimiento en los grupos no es un asunto de hacer frente, arreglárselas y seguir igual. Se trata de estar en el proceso de transformación y de cambio para toda la vida de Dios. El grupo proporciona ayuda, recursos, amor, sabiduría y fortaleza para ayudar a la persona con cualquier cosa que no pueda hacer. Lo que una persona no ha podido lograr, varias pueden ayudarla. Así que hágaselo saber, aunque todos los miembros experimentan el vacío, las cosas pueden cambiar y lo hacen de manera profunda. Es así como funciona el proceso de Dios. Como líder, usted puede ayudar a su grupo a desarrollar esta posición con respecto a la incapacidad:

- Muestre que el fracaso es normal
- Invite a las personas a hablar sin temor sobre su incapacidad

- Ayude al grupo a acercarse a aquellos que reconocen la debilidad
- Confronte la pretensión de tenerlo todo bajo control

Ofrezca ejemplos de cómo su vida cambió porque las personas le dieron lo que usted no tenía.

Capítulo 18

Discipulado

L a palabra *discípulo* significa pupilo o aprendiz. En el Antiguo Testamento también se refiere a *alguien que está acostumbrado a algo*. Estas definiciones describen bien una parte significativa de lo que lo los grupos hacen en las vidas de sus miembros. Es decir, los grupos ayudan a las personas a convertirse en aprendices de los caminos de Dios al acostumbrarlos o aclimatarlos a una manera recta de vivir y relacionarse. Mediante diversos tipos de experiencias los grupos les enseñan a sus miembros que los caminos de Dios son los mejores.

Dirigir los miembros a Dios

Por lo tanto, un grupo que crece, dirige sus miembros a Dios, sus recursos y sus principios bíblicos. Todos estos tienen el poder, la guía y ayuda que los miembros necesitan para sanar y madurar. El grupo dirige los miembros a Dios como su fuente de recursos. Les muestra que el crecimiento personal, relacional y emocional constituye el crecimiento espiritual. Las leyes y realidades que ayudan a las personas a crecer tienen a Dios como fundamento, como ilustramos en *Cómo crecen las personas*. Cuando los miembros comprenden la naturaleza espiritual de estos procesos y ven que la Biblia contiene los principios que se necesitan, ellos comprenden que se les está enseñando y llevando al crecimiento.

Una vida basada en los valores de Dios

Los grupos modelan en sus miembros y les enseñan mediante la palabra y la experiencia que aquellas cosas que son importantes para Dios son las mejores para nosotros. Les enseñan a los miembros que vivir una relación íntima de amor es de ayuda para sus vidas. Los grupos ayudan a los miembros a experimentar la libertad que viene de ser honestos y tomar el control de sus vidas. Los grupos enseñan a los miembros que al ser genuinos y auténticos tienen mejores relaciones, solucionan mejor sus problemas y alcanzan las metas deseadas. El discipulado ocurre debido a que estas grandes leyes no solo son verdad sino que funcionan de manera profunda en el grupo y en la vida del miembro.

Sanidad y madurez

Algunas veces las personas tienen confusión en cuanto a la naturaleza de un grupo: ¿Es de recuperación? ¿Es para crecer? ¿Es discipulado? Con frecuencia los términos *recuperación y sanidad* se refieren al proceso de ocuparse de partes dañadas en la vida de una persona mientras que el *crecimiento* y el *discipulado* se usan más en el contexto de ir hacia la madurez. Hay buenos contextos de grupo que se especializan en estos procesos y que únicamente contribuyen al crecimiento espiritual. Sin embargo, en cualquier tipo de grupo saludable esta separación se hace un poco borrosa. Un grupo de personas que quieran ser discípulos de Cristo también tienen que lidiar con sus heridas y dolores. Esto los libera para conocerlo a él y darlo a conocer de formas aun más significativas. Al mismo tiempo, aquellos que quieren recuperarse de hábitos, pasados y relaciones que los tienen prisioneros, deben involucrarse en el proceso de crecimiento. Por lo tanto, el discipulado es parte de cualquier grupo bueno que crece.

Una de las experiencias más satisfactorias para mí es llevar a los líderes a través del proceso de crecimiento en grupos. Estas son personas a las que Dios ha llamado y dotado para sobresalir en alguna esfera de la vida. Sin embargo, cuando ellos permiten que el grupo los lleve a sus propias heridas y quebrantamientos y los enseñen, sus ministerios y organizaciones muchas veces crecen de manera y a niveles que ellos nunca soñaron.

Un ambiente de sed

Cuando el grupo lleva el discipulado a sus miembros, esto desarrolla en los mismos una sed de más información, crecimiento y buenas experiencias. Los miembros ven que hay mucho más por aprender y conocer. Se les anima a integrar la gracia, la verdad y el crecimiento en todos los contextos de su mundo. Por encima de todo, los grupos muestran a sus miembros que el crecimiento es más que resolver un problema, un dolor o un conflicto relacional. Esas cosas pueden haber impulsado el viaje del discipulado, pero el camino es mucho más abarcador y profundo que cualquier otra cosa que ellos hayan experimentado alguna vez. Los miembros pueden decirse unos a otros: «Me alegra que esté encontrando respuestas para la crianza de los hijos, pero quiero alentarlo a que traiga también al grupo otras esferas de su vida».

Devolver

Con relación a esto, el grupo crea en sus miembros un deseo de ayudar a otros con lo que ellos han aprendido y experimentado. Se envía a los discípulos a un mundo de personas quebrantadas que necesitan a Dios, su redención y sus caminos. Sus vidas, influencias y forma de amar hacen que se originen en otros lo que ellos han encontrado en los procesos del grupo. Un ejemplo para fomentar esto podría ser: «Julio, ya que eres mucho más sincera con el grupo, quisiera saber cómo esta franqueza está afectando a las personas en tu vida exterior». A veces, los Julios alcanzan directamente a otros en su vecindario o en su trabajo.

Yo he visto esto suceder literalmente cuando los grupos originan otros grupos. Las tareas son las mismas y aquellos que se sanaron y enseñaron llevan esas experiencias y enseñanzas a otros que las necesitan. De esta manera, los grupos pequeños desempeñan un papel importante al ayudar a promover el reino de Dios: «Por tanto, vayan y hagan discípulos de todas las naciones, bautizándolos en el nombre del Padre y del Hijo y del Espíritu Santo, enseñándoles a obedecer todo lo que les he mandado a ustedes. Y les aseguro que estaré con ustedes siempre, hasta el fin del mundo» (Mateo 28:19-20).

PARTE 3

COMENZAR UN GRUPO PEQUEÑO

Capítulo 19

Escoja el tipo de grupo y su propósito

Al diseñar su grupo pequeño usted querrá explorar un segundo aspecto por sí mismo y con otras personas que tengan experiencia en estos asuntos. Se trata del asunto de balancear *el proceso versus la estructura*, lo que se conoce como *la experiencia versus la verdad*. Como quiera que se le llame, este está dirigido a aspectos fundamentales en cuanto a qué hace un grupo y cómo pueden diseñarse los mismos.

Si la estructura y diseño de su grupo ya se han creado y desarrollado, este pudiera no ser un asunto urgente. Al crecer en experiencia, interés y confianza al dirigir un grupo, usted querrá investigar otras formas de hacer esto en su aventura de crecimiento.

Las dos hebras

Los grupos pequeños incorporan dos hebras que se entrelazan durante las reuniones: verdad/estructura y proceso/experiencia. La primera hebra implica la composición estructural del grupo, es decir, cuán ordenado el grupo es y cómo imparte la verdad a sus miembros. La segunda implica los elementos del proceso, es decir, cuánta cercanía y experiencias emocionales son adecuadas para el grupo.

No hay bueno o malo. Es algo que tiene que ver más con la

naturaleza del grupo y con sus necesidades, y aquí presentamos los elementos de los mismos. Sin embargo, es verdad *que para que un grupo sea grupo, se necesita un poco de ambos.* Si un grupo no tiene proceso, es más bien una clase cuya meta es proporcionar información útil acerca de un tema. Si no tiene verdad o estructura, podría ser como un almuerzo en el patio: sin orden del día pero con mucha diversión.

Hace unos años, cuando Henry y yo diseñábamos y conducíamos grupos para nuestros programas de pacientes internados, adoptamos un modelo que implicaba muchos tipos diferentes de grupos. Sin embargo, el centro del programa giraba alrededor de dos grupos específicos. El primero era un grupo didáctico o docente en el que un clínico daba una conferencia sobre un tema del desarrollo espiritual o emocional, como por ejemplo, lo que la Biblia enseña sobre las relaciones, la naturaleza de los problemas emocionales o nuestros estilos para ocultar la verdad de uno mismo. Los pacientes tomaban notas, hacían preguntas y trabajaban en la comprensión del material. El segundo tipo de grupo lo dirigía un terapeuta y se le llamaba un grupo de proceso, este no tenía otro plan que aquel que los pacientes presentaran. Aquí ellos o lidiaban con sus propios asuntos y relaciones o daban una respuesta personal a lo que habían aprendido en el grupo didáctico. De esta manera, durante esta estadía intensiva, las personas estaban involucradas en la verdad y la estructura así como en el proceso y la experiencia. Usaban ambas hebras para sanar y crecer.

Su grupo puede mezclar estos dos elementos dependiendo de sus metas. Por ejemplo, *los grupos enfocados en el discipulado* están diseñados para ayudar a sus miembros a aprender las doctrinas fundamentales y descubrir cómo seguir a Dios. Estos grupos tienen más estructura y menos proceso ya que tienen un conglomerado de conocimiento que impartir en una cantidad de tiempo determinada. *Los grupos de proceso* no tienen otro plan que ayudar a las personas con cualquier cosa que esté sucediendo en sus vidas. Estos pueden iniciarse con silencio y las personas comienzan, según quieran, con un estilo de poca estructura y mucho proceso. La meta de un *grupo para buscadores* es proporcionar un lugar seguro para que los no creyentes y los creyentes interactúen. Por ejemplo, un grupo de buscadores cuya estructura gira alrededor del debate de películas que la gente haya visto estaría más basado en los procesos y sin establecer un final.

Henry y yo producimos materiales que mezclan ambos elementos. Estos tienen una estructura con relación a un tema, tal como las relaciones, el matrimonio, la crianza de los hijos o el noviazgo. El líder sencillamente usa los materiales, no tiene que crearlos ni tampoco tiene que estructurar el grupo. También proporcionamos secciones para comentarios y procesos. Estas secciones ayudan a los miembros del grupo a relacionarse unos con otros a niveles más profundos.

A continuación describimos los dos elementos, después de lo cual les sugerimos maneras de decidir qué mezcla usted pudiera desear para su grupo pequeño.

Aspecto verdad/estructura

El aspecto verdad/estructura incluye los elementos de seguridad, información valiosa y un trampolín para la interiorización.

Una guía de estudio, manual o cuaderno de trabajo proporciona a los miembros una cierta cantidad de previsibilidad que les hace sentir seguros si lo necesitan. Saben que el grupo tendrá cierto orden. Es por eso que muchos grupos comienzan con un tema y luego prosiguen con un debate personal.

Un contenido formal de buena calidad está probado porque ayuda a las personas a crecer. Los principios basados en la Biblia proporcionan una vía para comprender asuntos, tener respuestas y esperanza.

Los materiales de estudio bien diseñados también ayudan a los miembros a sentir curiosidad por sus propias experiencias y contextos lo cual los lleva al elemento del proceso. Las personas usan la información como un medio de llegar a conocerse mejor a sí mismos, a los miembros de su grupo y a Dios.

El aspecto proceso/experiencia

El aspecto proceso experiencia reconoce al crecimiento como una parte de la vida que se adquiere mediante las relaciones. Los miembros se comparten a sí mismos como un todo y se vuelven más conscientes.

Cuando comprenden el material del crecimiento como una parte de la vida, los miembros se trasladan al corazón y a sus vidas privadas. Las verdades se vuelven reales y vivas para ellos. Comienzan a entender el crecimiento en términos de relaciones y no solo de ideas. Uno de los elementos de cambio más poderosos en un grupo ocurre mediante lo que los psicólogos llaman el aspecto «Yo-Usted» del crecimiento personal —cuando las personas hablan *unos con otros acerca de sus experiencias con respecto a la otra persona*. Por ejemplo, cuando una persona se abre con relación a su soledad y vacío interior y confiesa: «Yo necesito saber que ustedes están en esto conmigo» y los otros quedan profundamente afectados.

Se llega a conocer el todo de la persona cuando se les da la bienvenida a todos los pensamientos, sentimientos, valores, actitudes, conductas y pérdidas. Se recibe a la persona en el grupo de corazón, alma y mente.

Los miembros aprenden a tener conciencia en un nivel personal. Ven cómo ellos afectan a los demás y cómo los demás los afectan a ellos, lo cual conduce al cambio. Por ejemplo, una mujer podría escuchar de parte de otro miembro del grupo: «Carla, cuando entras en el proceso, siempre gira alrededor de ti. No quiero parecer molesta pero me gustaría que fuera algo más recíproco». Carla podría descubrir que este antiguo modelo ha afectado todas sus relaciones significativas y el estar consciente de esto la ayuda a cambiar. Además del proceso «Yo-Usted», las personas procesas sus vidas, experiencias, sentimientos y respuestas al contenido o material. De esa manera el grupo ayuda a procesar el mismo contenido que estudiaron. El contenido y el proceso se encuentran.

Determinar la mezcla

Al establecer la mezcla del proceso/estructura en su grupo, recuerde trabajar partiendo de lo ideal y sea sensible a nuevas necesidades de estructura que el grupo pueda tener. Usted, además, deberá considerar el interés de sus miembros en un contenido específico, el nivel de funcionalidad y la dinámica durante las reuniones.

Desde el punto de vista ideal, un buen contenido proporciona el cimiento desde el cual fluyen la perspectiva, las experiencias, las relaciones y el crecimiento. Entonces los elementos del proceso crean los cambios más profundos y duraderos de la vida.

Como regla, los líderes y grupos nuevos necesitarán más estructura y contenido y menos proceso y experiencia. Estos proporcionan un medio más seguro para entrar al mundo del ambiente de un grupo. Por el contrario, con más tiempo y experiencia un grupo llegará a ser capaz de funcionar con menos estructura a medida que interioriza las verdades y los miembros confían en los procesos del grupo.

Algunos grupos prefieren ahondar en un tema determinado como la crianza de los hijos, la comunicación o la solución de los conflictos. En estos casos, se justifica más contenido. Mientras más bajo sea el nivel de funcionalidad del grupo, mayor será su necesidad de estructura. Las personas que tienen crisis, que están pasando por una recuperación seria, que tienen una gran pérdida o problemas emocionales crónicos debilitadores necesitan más estructura para mantenerlos estables y seguros. Aquellos que pueden sentir y experimentar angustia y dolor pero que son capaces de satisfacer las exigencias del trabajo, la familia y las relaciones, pueden funcionar con menos estructura.

Como líder, durante el tiempo del grupo, usted necesita estar consciente de cómo varían los sentimientos y las acciones de las personas, especialmente las emociones negativas. Por ejemplo, el material de estudio puede provocar dolor o tristeza en un miembro; o un miembro puede venir al grupo sintiéndose angustiado por causa de una situación en su vida. Usted puede notar una tensión fuerte y no resuelta entre los miembros. Este pudiera ser el momento de dejar a un lado el contenido para utilizar el proceso ya que probablemente los miembros saben lo que está ocurriendo y en realidad nadie puede prestar atención al material hasta que usted trate el asunto.

Por ejemplo, usted pudiera decir: «Beatriz, parece que estás realmente molesta en este momento. ¿Qué te parece si por ahora dejamos a un lado el material y hablamos de lo que está sucediendo?» Puede que cuando ella se franquee se produzca un valioso tiempo de grupo.

No obstante, monitorice esta situación… Si un grupo no puede concluir una lección sin desviarse del tema, haga que eso sea un tema para debatir. Usted podría descubrir que alguna persona necesita más tiempo de proceso que el que el grupo ofrece, o más recursos que los que el grupo tiene. Quizás los materiales no están involucrando a los miembros o tal vez estos quieren más tiempo de proceso en general.

A fin de cuentas la mezcla que usted escoja será un reflejo de la vida misma al mismo tiempo que usted escucha la verdad y experimenta su significado en la vida.

Diseñe el propósito y el tipo del grupo

Durante los últimos años, el liderazgo de mi propia iglesia ha invertido mucho para convertirse en una iglesia de grupos pequeños. Como parte de ello, hace poco me inscribí para conducir un grupo de muchachos de la secundaria. (Sí, ya sé lo que está pensando, ¿con qué estaría yo soñando, verdad?) Durante nuestro entrenamiento para liderazgo se nos dio mucho espacio para ser creativos y diseñar nuestro grupo de la manera que nos pareciera mejor. Así que probé diferentes modelos y tipos hasta que por fin encontré un diseño básico. Comenzamos con un poco de «cómo le va a todo el mundo», luego tenemos una breve lección bíblica interactiva acerca de algún tema que ellos quieran tratar, por ejemplo, las muchachas o padres disfuncionales. Luego discutimos problemas y oramos los unos por lo otros. He disfrutado conversar con otros líderes de grupo que dirigen al mismo tipo de niños y no obstante usan diseños diferentes. Algunos grupos incorporan actividades físicas como carreras de relevo y lanzamiento del platillo volador; algunos se enfocan en asuntos familiares; otros aprenden teología y memorizan la Biblia. Todos los niños parecen estar floreciendo. Yo sigo pensando cuán diferente habría sido mi vida si yo hubiera estado en uno de estos grupos durante la secundaria.

Comience con la reconciliación

Como coordinador del grupo usted puede estar en un programa que tenga una estructura completa y desarrollada. Usted puede tener la libertad para escoger, dentro de ciertos parámetros tales como la recuperación o los doce pasos, qué tipo de grupo quiere. Puede también tener una pantalla en blanco y escoger el diseño que le parezca mejor. Incluso si usted está en la primera categoría, es de ayuda pensar en el diseño y propósito del grupo para que usted pueda entenderlo y modificar las cosas según vaya ganando experiencia.

Pero esto es lo más importante, siempre comience con el propósito trascendental que comparten todos los grupos pequeños: *el ministerio de la reconciliación* tal y como describimos en el capítulo dos. Su función es volver a llevar a las personas a Dios y al tipo de vida que él creó para ellas (2 Corintios 5:18-20). Dios busca, salva y hace crecer a su pueblo mediante ese proceso de reconciliación. Esa es su ancla, el lugar al que usted siempre puede regresar en busca de claridad y dirección.

Propósito y tipo

La reconciliación asume diversas formas en la iglesia y en la vida de un grupo pequeño. Es por eso que es útil considerar detalladamente el propósito y el tipo de su grupo. ¿Qué quiere lograr? ¿Qué funciones y tareas debe desempeñar el grupo? Ciertos tipos de grupo han tocado profundamente a sus líderes en el crecimiento de ellos mismos; ellos creerán en el poder de este tipo de grupo por lo que sucedió en sus propias vidas. Estas cuestiones son importantes no solo para usted sino para el grupo. Mientras más claro esté su grupo con respecto al propósito del mismo, mejor lo aceptarán los miembros. Por el contrario, esto también ayuda a determinar quién no estará interesado o no será adecuado para el grupo.

He aquí algunos ejemplos del propósito y diseño de un grupo. No son técnicos ni precisos y existen más tipos que los que se mencionan aquí:

Estudio de la Biblia o de un libro. Los miembros se reúnen para estudiar varios pasajes o libros de la Biblia o un libro acerca de temas bíblicos. Se concentran en la comprensión y aplicación de las verdades y en orar los unos por los otros y apoyarse mutuamente.

Los grupos de apoyo por tema. Los miembros se reúnen con respecto a un área de interés o crecimiento específico tales como el matrimonio, la crianza de los hijos, el noviazgo o las relaciones. Estudian materiales orientados a este tema y se relacionan unos con otros en cuando al tema.

Los grupos de recuperación. Los miembros se unen para sanar un área de lucha tal como una adicción, malos hábitos, divorcio o relaciones dañinas codependientes. Muchas veces tienen una estructura de doce pasos, como ocurre en el programa de recuperación de la iglesia Saddleback.

Los miembros de un grupo de apoyo o crecimiento general se reúnen para crecer espiritual, emocional y personalmente. Traen al grupo sus vidas diarias, sus intereses y luchas para tratarlas en la reunión.

No obstante, no se diluya en los detalles del formato. Recuerde las vidas y necesidades de los individuos con los cuales usted pasará algunas horas de la semana, cara a cara, vida a vida y para lo cual se está preparando.

Factores determinantes

Otros factores que determinan la naturaleza de su grupo pequeño incluyen su llamamiento, las necesidades de los demás, las percepciones del liderazgo y el tiempo disponible.

¿Cuál es su llamamiento y su pasión? ¿Le ha dado Dios un corazón para un ministerio o situación en particular? Algunas personas se ven atraídas una y otra vez a cierto diseño. Pero al mismo tiempo, no confunda la pasión con la comodidad. Algunas veces es bueno que usted se aventure a utilizar nuevos diseños de grupo.

Al fin y al cabo la función del grupo como «segunda familia» es servir a las necesidades de sus miembros. ¿Qué necesidades espirituales, personales o relacionales quiere usted que se satisfagan?

¿Qué ven los líderes de la iglesia que lo reclutaron a usted como lo más importante al diseñar un grupo pequeño? ¿Cómo ven ellos la contribución que usted hace?

Usted también debiera considerar el tiempo y los recursos que tiene disponibles. Antes de escoger el tipo de grupo que quiere dirigir, examine su propia experiencia en cuanto al crecimiento y evalúe cuánto puede invertir en un grupo.

Las necesidades espirituales y emocionales de los miembros son más importantes que el diseño del grupo o su formato. El tipo de su grupo no está escrito en piedra. Muchas veces, cuando el líder experimenta diferentes escenarios, encontrará que un modelo diferente funciona mejor. Mientras más variadas sean las experiencias, mejor. Adapte la estructura a lo que sea mejor para los miembros y no a la inversa. Así como el sábado fue hecho para el bien del hombre y no al revés (Marcos 2:27), también el grupo debe diseñarse para el bien de sus miembros.

Déjele los resultados a Dios. Al diseñar su grupo pequeño es fácil caer en asumir la responsabilidad por los frutos en las vidas de sus miembros potenciales. Déjeles esa responsabilidad a los miembros y a Dios, que es a quienes realmente pertenece; al fin y al cabo ellos son los que decidirán cuánto crecimiento, cuánta sanidad y cuánto beneficio vendrá. Su trabajo es proporcionar un buen conjunto de elementos que si se usan pueden producir el crecimiento. Ame a los miembros, involúcrese, tenga buena estructura y buenos materiales, sepa cómo interactuar en un nivel personal y láncese.

Capítulo 20

Elija los materiales de estudio

Si usted pasa tiempo en las librerías cristianas probablemente se ha dado cuenta de que no hay escasez de materiales para grupos. Somos afortunados de vivir en este tiempo, cuando al parecer las personas se están entusiasmando con el concepto de los grupos pequeños y las líneas de distribución se están llenando de materiales. Este capítulo le proporciona dirección a usted como líder para navegar en un mar de información y poder seleccionar su tema y sus materiales. Además, lo ayuda a establecer una estructura y comunicar su importancia al grupo.

Escoger su tema

Las necesidades de las personas serán primordiales al decidir no solo el propósito y el diseño de su grupo sino también su tópico.

Las personas son lo primero. Al escoger el tema, observe primero las necesidades de crecimiento de las personas. ¿Cuáles son sus luchas, deseos o intereses? Las personas renuncian a otras cosas dejando así espacio para el grupo en el cual se han inscrito. Pregúnteles a las personas que lo reclutaron qué necesidades ellos percibieron. Obtenga de los propios miembros la información tan importante que necesita. Si usted los conoce en el plano personal, observe lo que está sucediendo en sus vidas.

El conversar con los miembros que sean nuevos en el grupo le ayudará a comprender sus necesidades mientras que la experiencia puede darle perspectiva en cuanto a lo que puede ser útil para satisfacer esas necesidades. Por ejemplo, las personas que luchan con relaciones pobres quisieran estudiar por qué los demás pueden ser tan estúpidos, ¡en cambio, usted quisiera que ellos analizaran por qué los atraen las personas inadecuadas!

Los temas cambian según cambien las personas. Usted no está amarrado para siempre a un aspecto. Si las relaciones son buenas y las personas están sacando algo del grupo, los temas pudieran cambiar según cambie la vida. Mi grupo ha estudiado varios temas diferentes, dependiendo de lo que esté ocurriendo en nuestras vidas: relacionarse con Dios, leer místicos cristianos clásicos, principios del matrimonio y muchos más. También hemos tenido etapas sin temas en las que solo queríamos estar juntos y abrir nuestras vidas los unos a los otros.

Usted, además, debe determinar cuánto tiempo permanecer en un mismo tema. Algunos estudios duran de cuatro a seis semanas lo cual es probablemente el mínimo para la efectividad. Algunos duran años, como por ejemplo *Bible Study Fellowship* [Confraternidad de estudio bíblico]. En una iglesia donde varios cientos de personas usan cada semana nuestro currículo: la serie *Foundations* [Fundamentos], los miembros del grupo estudian el material en un año aproximadamente y luego vuelven a empezar. Los líderes perciben que las personas, al crecer, cambian lo suficiente en un año como para volver a usar los mismos principios a niveles nuevos y más profundos. Este modelo se ha mantenido durante varios años. Asegúrese de que todos estén de acuerdo en este asunto porque a algunas personas les gusta probar muchas cosas para descubrir a dónde quedarse mientras que otros están listos para comprometerse con un estudio profundo y a largo plazo.

Mientras más amplio, mejor. Mientras más amplio sea el tema, más oportunidad tendrán las personas para ahondar en otros aspectos de sus vidas e integrarlos a la reunión del grupo. Por ejemplo, los temas relacionados con el crecimiento personal y espiritual tienen mucho más tendencia de aceptar cualquier cosa con la que la persona esté

lidiando que un tema relacionado con la crianza de los hijos. No obstante, si el tema específico está acorde con la necesidad, acéptelo como
su tema.

Su relación con el contenido. Decida si el tema es una buena opción para usted y su situación. ¿Ha tocado su vida este asunto? ¿Ha visto usted que la gracia de Dios lo haya cambiado en ese aspecto? ¿Es aca-
so un tema nuevo y crudo para el cual quizá usted no esté todavía listo
como para servir de moderador? ¿Se trata de un tema por el cual usted
no siente ningún interés ni pasión? La mejor opción para el líder es tratar los temas que se basan en su experiencia, y que por consecuencia, le
hicieron adquirir alguna sabiduría y victoria durante el proceso.

Cómo escoger los materiales

Las siete regla siguientes le ayudarán a escoger el material apropiado
para satisfacer las necesidades de su grupo.

Bíblico y sano. Desde el punto de vista técnico, esto es redundan-
te ya que Dios es el autor de la cordura. Sin embargo, solo porque los
materiales de estudio incluyan versículos bíblicos no quiere decir que
transmitan el mensaje de Dios. Algunas sectas se han establecido basán-
dose en la estrategia de usar las Escrituras de forma equivocada. Así
que revise el material usted mismo y haga que personas con experiencia también lo revise.

Materiales recomendados. Busque personas que hayan dirigido
grupos con éxito durante mucho tiempo y pregúnteles por los materiales. Sus experiencias les han enseñado mucho en cuanto a qué funciona y qué no funciona.

Materiales creados por los que saben. Analice las credenciales de
los autores del material. Si la guía de estudio implica procesos e interacción del grupo, ¿qué entrenamiento han tenido dichos autores en
dinámica de grupos? Si es contenido bíblico, ¿están calificados en
cuanto a su instrucción y experiencia? Puede ser que algunas personas
no tengan mucha instrucción formal pero la escuela de la experiencia
y un buen expediente los califican. Es posible que otros tengan ambas
cosas.

Materiales con sustancia. Es importante que el material vaya más allá de la solución obvia de «haga lo que debe hacer». Como ya mencionamos en algún otro lugar, los grupos buenos y en crecimiento hacen más que solo leer los Diez Mandamientos y detenerse allí. Escoja guías de estudios sustanciosas que traten las causas, los motivos, las heridas, los valores, los malentendidos, los pecados, los fracasos y las debilidades subyacentes que impiden el crecimiento. Busque materiales que ofrezcan soluciones y esperanza verdaderas.

Trate a los miembros como adultos. Asegúrese de que el material esté definido en cosas en las que la Biblia está definida, como el divorcio o la ética, y al mismo tiempo deje el mismo lugar y libertad que la Biblia les da a las personas para escoger. Por ejemplo, usted puede escoger diversas formas de «vivir la verdad con amor» (Efesios 4:15) con sus hijos adolescentes: el tono de la voz, el ambiente, el marco y los temas que presenta. Evite los materiales que le instruyan a usar las mismas palabras o reglas rígidas para decirle algo a su hijo.

Materiales prácticos. Los conceptos y los principios necesitan traducirse fácilmente en su aplicación. Muchos materiales de estudio tienen tareas o preguntas para reflexionar. Estos ayudan a darle forma a las ideas que se han enseñado.

Materiales adecuados para la naturaleza del grupo. El tipo de personas de su grupo lo pueden ayudar a decidir los materiales que seleccionarán. A medida que con el paso del tiempo el grupo ser va formando, es posible que los miembros se quieran aventurar más allá de las guías de estudio formales. Quizás quieran hablar de un tema o libro que les gusta y quieran asumir ellos mismos la elaboración de la estructura del estudio. Este gran ejercicio en cuanto a la pertenencia puede motivar realmente a los miembros del grupo.

Ore y mantenga una mente abierta mientras busca los temas y los materiales. Es una parte emocionante del proceso.

Capítulo 21

Diseñe el marco

Para establecer la cohesión en el grupo, que es un gran indicador de la efectividad del mismo, es importante que se mantenga un marco para el grupo. Es como un pequeño límite que lo mantiene todo unido. Un marco estructura la frecuencia de las reuniones y el tiempo de inicio y terminación; establece los requisitos de asistencia, las reglas del lugar y cosas por el estilo. El marco comunica a los miembros la seriedad con que cada uno ve al grupo.

Diferentes marcos para diferentes grupos

El marco depende del tipo de grupo que usted conduzca. Algunos grupos muy abiertos no tienen requisitos de asistencia: en Alcohólicos Anónimos, un grupo abierto de recuperación, las personas pueden venir en cualquier momento y cada vez que quieran. En el otro extremo del espectro, algunos grupos deciden cerrar el ingreso de los miembros durante un tiempo y quieren que todos estén presentes. Ya que es cerrado y la cantidad de miembros del grupo es fija, la asistencia es más vital. Algunos grupos están en el medio de ambos extremos. Es evidente que haya razones válidas para faltar a una reunión, como por ejemplo la enfermedad o un terremoto, pero en sentido general un alto compromiso con la asistencia genera una mayor cohesión y mejores resultados en el grupo.

Las investigaciones muestran que *los miembros de grupo que están preparados tienen muchos mejores resultados que los que no están preparados, para entender la estructura, las reglas y las expectativas.* Los miembros preparados tienen más fe en el proceso y más participación a lo largo del camino. Esto se mantiene con el paso del tiempo, no solo en el comienzo. Así que si usted quiere que sus miembros hagan su parte, que asistan y que participen, le vendría bien entrenarlos en cuanto al grupo y orientarlos hacia las expectativas que usted tiene con respecto a la asistencia y el marco.

Decida si usted estará cargo del marco o si el grupo tendrá voz y voto. Cuando las iglesias conducen los grupos a través del programa de un ministerio específico, el supervisor del programa establece el marco. Por ejemplo, el supervisor podría decir: «Nuestro grupo se reúne dos horas todos los miércoles por la noche. Durante la primera media hora un miembro o un orador invitado imparten la lección. Pasamos los otros noventa minutos procesando la charla y su relación con nuestras vidas. Comenzamos a las siete y media y terminamos a las nueve y media».

En otros grupos los miembros dan su opinión en cuanto al tiempo, las reglas y la frecuencia. Todos contribuyen a la estructura y en grupo deciden cómo operar y definir las reglas y consecuencias. Depende de usted y del grupo aplicar las mismas.

Comunicar el marco para que los miembros puedan cumplir

Los miembros son más dados a cumplir con la estructura cuando usted les comunica la importancia de la misma. Dígales primero cuál es el marco y luego hable de por qué es importante. Usted podría cubrir los siguientes puntos:

- «Todos hemos apartado tiempo de nuestras ocupadas vidas para estar aquí, así que valoremos el compromiso de cada uno llegando a tiempo y comenzando a tiempo. Siempre comenzaré las reuniones del grupo a tiempo, así que si usted está aquí, no se perderá nada. También terminaré a tiempo para respetar las demás cosas que cada uno tiene».

- «¿Contaría alguno de ustedes si ha estado en grupos donde las personas no han respetado el tiempo y el compromiso de los demás? ¿Cuál es su posición en cuanto a la asistencia, la puntualidad y la importancia de estas? Si alguien cree que va a tener problemas con alguna de estas cosas, nos gustaría saberlo y estar preparados».
- «¿Alguna vez estas cosas han sido un problema para usted? Si es así, ¿cómo podemos ayudarlo?»
- «Vamos a hablar [si esto no está en las reglas] acerca de lo que el grupo quiere hacer si alguien llega tarde con frecuencia o falta a muchas sesiones. ¿Cuál es el consenso? ¿Quieren discutirlo unos con otros en grupo cuando comiencen a sentir que es perturbador? ¿Quieren establecer un número fijo de incidentes como una guía que nos diga cuándo traer el tema a relucir? Creo que si no nos ponemos de acuerdo con anterioridad, nos sentiremos un poco raros en el momento, sin saber cómo manejar la situación. Tal vez todos podamos ponernos de acuerdo desde ahora. Podemos hacer cualquier cosa, desde obviar la tardanza o el ausentismo ¡hasta decir que el que llegue tarde nos invite a todos a comer! Pero sería bueno estar seguros de que todos estamos claros».

Usted puede usar su propia creatividad y la del grupo para tratar este asunto. Sin embargo, sugerimos que usted les comunique a los miembros la importancia del marco y la responsabilidad de ellos para con el mismo. Si lo hace, dejará claro lo que todo el mundo siente y piensa en secreto y al hacerlo le dará valor al igual que estructura para tratar con los incumplimientos.

Capítulo 22

La selección de los miembros

Los miembros de un grupo son los responsables de que la experiencia sea muy fructífera o estéril. Una de las tareas más importantes del líder es escoger miembros adecuados para el grupo. Por otra parte, no crea que esto es una bola de cristal; las personas tienen sus propias preferencias, escogen sus propios caminos e incluso hay cosas de ellos que nadie más conoce. Pero en sentido general, mientras más adecuados sean los miembros, mejores serán las experiencias del grupo.

Investigación con relación a los miembros potenciales

Para determinar la idoneidad de los miembros potenciales que se invitan, usted puede obtener información de diversas formas, según su situación:

- Pregunte si el *liderazgo* de su iglesia u organización ya ha logrado esto mediante un proceso de entrevistas o selección.
- Obtenga información de *otras personas*, como un líder, pastor o consejero, que por los puestos que ocupan tienen más conocimientos de las personas.
- Averigüe si la estructura los entrenará a usted y a los demás

líderes en un simple proceso de *entrevista* para obtener información.

- Pregunte si los líderes quieren que usted les diga a miembros potenciales que *las reuniones iniciales* son una prueba y que luego se hablará con ellos con respecto a si el grupo es adecuado para ellos o no. Esto les ayudará a ustedes como líderes a experimentar cosas que realmente no se pueden saber en una entrevista.

Seleccionar lo que es adecuado

Estos canales de información también le pueden ayudar a seleccionar la idoneidad de un miembro potencial en cuanto a si el grupo satisface el propósito de la persona y si la misma tiene los valores y capacidades adecuados.

El propósito del grupo está acorde con el propósito de la persona

Cada grupo debe diseñarse con su propia función y propósito, ya sea crecimiento espiritual en general, recuperación, asuntos relacionados con el divorcio o cualquier otra cosa. Es obvio *que la dirección que cada persona quiera tomar debe estar acorde con la dirección que el grupo quiera tomar.* Asegúrese de que cada miembro potencial entienda en qué consistirá el grupo y que este propósito sea importante y de interés para él. Esto significa que el líder debe entender bien el propósito del grupo para que pueda presentárselo con claridad al miembro en potencia.

La estructura del grupo está acorde con los valores y capacidades de la persona

Además del tema, sin embargo, asegúrese de que los posibles miembros entiendan qué es un grupo y cómo funciona. Los principios e ideas de este libro le ofrecen un plan para este debate. Una sugerencia es que se asegure que el posible miembro entienda que involucrarse en el grupo requiere un compromiso con ciertos valores y capacidades para poder cumplir con dichos compromisos.

Sugerimos que los miembros se comprometan con:

El marco. Como se mencionó anteriormente, todo el mundo debe estar de cuerdo con la estructura del grupo y adaptarse a la misma.

Las relaciones. Todo el mundo debe estar dispuesto a involucrarse emocionalmente con otras personas de corazón a corazón. Algunas veces, debido a sus propias heridas, una persona será incapaz de involucrarse en un nivel emocional. Discuta estos descubrimientos con su líder y determine si el grupo es adecuado para cada persona.

La honestidad. Los grupos funcionan según la capacidad que tengan los miembros de ser tan honestos como sea posible. Esto no significa que una persona nunca cometa errores, pero sí quiere decir que dicha persona se empeña en decir la verdad como la percibe y que no se involucra en modelos engañosos o deshonestos.

Preocupación por los demás. Los miembros del grupo necesitan comprender que preocuparse por las situaciones de los demás es tan importante como lidiar con las suyas propias y que tienen que funcionar así. Un grupo es diferente de la consejería individual: la persona no solo tolera que todas las intervenciones no estén relacionadas con ella sino que también se beneficia de dicha interacción. Si en cambio, la persona no puede involucrarse completamente en el grupo, por ejemplo, solo se concentra en el líder, tal vez usted tenga que volver a evaluar si es apto para el grupo.

Recibir retroalimentación. Los miembros de un buen grupo aprecian el valor vivificador de escuchar la verdad sobre uno mismo en boca de otros. Este último punto es muy importante. Algunos grupos no ofrecen ningún tipo de retroalimentación ni diafonía y tales grupos tienen valor en su misión y para sí mismos. Al mismo tiempo creemos que dar y recibir retroalimentación, cuando se hace con cuidado, es uno de los elementos que más produce crecimiento en un grupo. Establezca claramente el valor de la retroalimentación. Si usted no lo hace, se arriesga a que alguien se sienta traicionado o golpeado por la espalda: «Yo solo quería un grupo de apoyo, yo no vine aquí para que me criticaran», aunque la retroalimentación fuera precisa. Asegúrese de que los miembros potenciales no tengan una imagen del grupo como un lugar donde la gente solo se apoya y se muestra simpatía. Asegúrese de que sepan que el grupo los confrontará y desafiará con amor.

Además de estar comprometidos con estos cinco principios, los probables miembros del grupo necesitan la capacidad de funcionar dentro de dichos valores. El hecho de que una persona sea idónea para su grupo pudiera depender de los siguientes aspectos:

Aspectos clínicos. La persona pudiera estar luchando con un diagnóstico como la depresión, la ansiedad, ataques de pánico o desórdenes alimenticios. Esto no quiere decir que la persona no sea idónea para el grupo, lo que sí quiere decir es que usted necesita tratar con ese problema. Diríjase a su liderazgo y pregúnteles qué procedimiento han adoptado para manejar este aspecto.

Idealmente, si la persona está recibiendo tratamiento de un profesional calificado (terapeuta), un grupo podría ser un apoyo incalculable para su trabajo. Sin embargo, a veces es importante que la persona investigue si al terapeuta le parece que ser miembro del grupo está bien. Incluso usted pudiera preguntarle a la persona o en algunas situaciones al terapeuta, cómo el grupo puede ayudar con las metas del terapeuta.

Capacidad para tratar con la regresión y con los conflictos con toda seguridad. Ya que los grupos pueden ser muy intensos desde el punto de vista emocional, la persona necesita la capacidad interna de experimentar la regresión (emociones y perspectivas del pasado) así como el conflicto con otros miembros. Una persona que sea idónea para el grupo puede involucrarse en los mismos con seguridad, recuperarse bastante rápido y usar la experiencia para crecer. Sin embargo, cuando una persona no es capaz de salir de la experiencia o esta le ocasiona muchas interrupciones a la persona o al grupo, quizá sea adecuado cambiar a la persona a un ambiente con más estructura, seguridad o especialización. Sus necesidades podrían estar más allá de los propósitos o habilidades que usted tiene.

Una crisis del momento. Pasar por un divorcio, crisis serias en la crianza de los hijos o una emergencia médica no deja fuera a un posible miembro pero debe discutirse la crisis. ¿Es capaz la persona de tratar con la crisis y no obstante involucrarse recíprocamente en el grupo? ¿Sería mejor para ella un grupo que trate específicamente con su crisis?

Nivel de funcionalidad. La función se refiere a cuán bien la persona maneja la vida en sentido general: mantener un trabajo o una profesión, sostener relaciones significativas con la familia y amistades, tener una vida relativamente estable. Por lo general, mientras más semejante sea el nivel de funcionalidad de los miembros, mejor será el grupo. Al mismo tiempo, no permita que esa similitud cree un sentimiento de exclusividad en el grupo. Confronte cualquier sentimiento de privilegio que perciba en el grupo.

Variación. A veces se estancan los grupos en los que todo el mundo es igual. Permita que se unan diferentes tipos de personas y perspectivas. Por ejemplo, los muy introvertidos y los activos extrovertidos pueden aprender unos de los otros. Un principio a seguir es que mientras más maduro y experimentado sea el grupo, mejor recibirá las diferencias en sus miembros. Mientras menos maduro e inexperto, más se resistirá a las diferencias. Busque un equilibrio en su grupo.

Pero no se preocupe mucho por encontrar a la persona perfecta para el grupo perfecto. Usted puede hacer los cambios necesarios según el tiempo le revele la naturaleza del fruto de su grupo: «Del mismo modo, todo árbol bueno da fruto bueno, pero el árbol malo da fruto malo» (Mateo 7:17). Un grupo en el que los miembros experimentan gracia, verdad y dolor y donde encuentran que la vida está mejorando, muestra un fruto diferente al de aquel con un caos constante, aburrimiento, división y alienación.

Capítulo 23

Establezca las reglas

Los grupos pequeños funcionan mejor cuando hay suficiente orden y estructura para proteger y mejorar el proceso. La estructura y las reglas se refieren a todos los parámetros que un grupo necesita. Como líder del grupo usted transmite, modela, implementa e inculca esa estructura en la vida y experiencia de los miembros del grupo.

Ya discutimos el marco del grupo y los asuntos relacionados con la asistencia, la puntualidad y las consecuencias. En la quinta parte de este libro dedicaremos más tiempo a presentar el papel de los miembros del grupo así como sus responsabilidades. Sin embargo, en este capítulo trataremos brevemente el papel del líder al aplicar estas estructuras al grupo pequeño.

Lo ideal es menos

¿Cuán detalladas deben ser las reglas? ¿Debe el grupo monitorizar la tardanza? ¿Tocar un gong cuando alguien interrumpa? Comencemos con la situación ideal, que sería *proporcionar solamente la mínima estructura necesaria para proteger el funcionamiento del grupo*. Mientras menos reglas haya, mejor, pero la mayoría de los grupos necesita algunas reglas.

Mientras más maduros sean los miembros del grupo, mientras mejor sea su funcionamiento y mayor sea su experiencia, menos reglas necesitarán. Las personas hacen el compromiso, llegan a tiempo, se involucran y respetan los sentimientos de los demás. No necesitan muchas reglas porque ya las han interiorizado. Ese escenario ilustra las enseñanzas de Jesús con relación a cómo cumplir con todas las reglas con tan solo seguir una regla trascendental: «Así que en todo traten ustedes a los demás tal y como quieren que ellos los traten a ustedes. De hecho, esto es la ley y los profetas» (Mateo 7:12).

Por otra parte, la mayoría de los grupos sí necesitan algunas normas. Después de establecer el marco por adelantado, usted descubrirá qué más se necesita a medida que el grupo comience a reunirse. Puede que usted necesite una regla de «cero interrupciones» o una regla de «todo el mundo necesita participar». Luego de reunirme en mi iglesia, unas pocas veces, con un grupo pequeño de niños de quinto grado, establecí una regla de «todo el mundo mantendrá la silla pegada a su trasero no a sus rodillas o a sus pies». Nunca he tenido que hacer eso en los grupos de adultos que he dirigido, todavía no. Así que adapte las cosas a lo que mantenga al grupo desarrollándose sin problemas.

La visión es reconciliación

Mantenga su estructura y la forma en que la presenta al grupo en el contexto de por qué se están reuniendo. El grupo se está reuniendo para ayudar a las personas a reconciliar sus vidas con los caminos de Dios en cuanto al crecimiento espiritual, la crianza de los hijos, el noviazgo, las adicciones o cualquier otra cosa. Hágales saber que las reglas no son solo reglas sino que *están para servir a la visión*: «La razón por la cual tenemos la regla de una asistencia regular es que las personas necesitan sentirse seguras y ser francas unas con otras. Es así como se producen la vulnerabilidad, el crecimiento y el cambio. Así que si usted cree que puede tener problemas con la asistencia, tal vez usted y yo podamos conversar al finalizar la reunión para ver si este es el lugar idóneo para usted».

Acepte la resistencia a su persona

Como moderador usted es el portador de las reglas, las «malas noticias». Algunos miembros del grupo lo verán a usted como un objeto de transferencia. A estos miembros no les gustan las reglas, tienen conflictos con la autoridad o piensan que la estructura es opresiva y controladora. Eso es parte del precio de ser moderador. En ocasiones los miembros del grupo lo usarán para solucionar asuntos como este.

Escuche las protestas pero no las tome como algo personal. Cambie lo que sea razonable cambiar pero *no elimine la estructura que se necesita solo porque le moleste a alguien.* Puede que usted esté ayudando a esa persona, y al grupo, a aprender mucho acerca de aferrarse a un principio firme con cariño y gentileza. Hágalo parte del debate del grupo: «Esteban, tú crees que yo no debiera insistir en que lleguemos a tiempo y que estoy siendo irracional. Realmente no estoy de acuerdo contigo pero veamos lo que piensan los demás».

Ayude al grupo a ser el dueño de las reglas

El grupo también necesita asumir la responsabilidad de las estructuras. Dé permiso a los miembros del grupo para que se llamen la atención unos a otros y se rindan cuentas unos a otros. Ayude a María decirle a Carlos: «Me frustra que me interrumpas tanto, a mí y a los demás. No sé qué hacer al respecto. ¿Necesitamos una regla como pedirte que dejes de hablar durante algunos minutos cuando veamos que estás haciéndolo otra vez?»

Siga haciendo la tarea

Como moderador usted también debe velar por el tiempo. Si su grupo va a ver un video, escuchar una conferencia o revisar una guía de estudio y luego proseguir a un tiempo más abierto de proceso, usted debe implementar esa secuencia. Lleve al grupo hacia delante incluso si la gente se resiste, especialmente si lo líderes y expertos en grupos han demostrado que el horario funciona. A veces las personas necesitan este tipo de dirección para evitar perderse en una sola cosa. Esto también los ayuda a desarrollar su propia estructura interna, lo cual muchas veces necesitan. Una vez más, si algo urgente ocurre, como dijimos en el capítulo 19 acerca del proceso versus estructura, esté dispuesto a ser flexible para que nadie salga herido.

Los moderadores buenos y los grupos bueno son tanto amorosos como estructurados. Déle a su grupo ambos beneficios en sus reglas y conducta.

PARTE 4

RESPONSABILIDADES DE LOS LÍDERES DE GRUPO

Capítulo 24

Equilibrio, gracia, verdad y tiempo

Como hemos dicho varias veces en este libro, usted no es el grupo, ni todo lo que sucede en el grupo descansa sobre sus hombros. Recuerde que mientras más el grupo trabaje como grupo, menos trabajo tendrá usted. Su trabajo es moderar, *ayudar a que ciertas cosas ocurran*.

Usted es como un jardinero. El jardinero no hace que las plantas crezcan. Él no las puede controlar pero sí les puede proporcionar el lugar y la mezcla de ingredientes adecuados para que el crecimiento que ya está establecido se produzca. Puede proteger a las plantas de las malas hierbas y de las enfermedades que impedirían el proceso y de los animales salvajes que las destruirían. Les echa agua, fertilizantes, las poda, hace enrejados par alas espigas más débiles, pone cercas protectoras y les da alimentos para plantas. De la misma manera, usted como moderador puede proporcionar un equilibrio adecuado de ingredientes para el crecimiento y ser un recordatorio de que esos ingredientes vienen a través de Jesucristo.

Mantener el equilibrio

Ya describimos en detalles los ingredientes esenciales para el crecimiento del grupo: gracia, verdad y tiempo. Si estos ingredientes están *equilibrados* entonces es más probable que se produzca el crecimiento. Su función es monitorizar la mezcla que el grupo haga de estos ingredientes. Las siguientes pautas le ayudarán a desarrollar una predisposición para asegurarse de que los tres estén presentes en su grupo.

Recuerde la presión natural hacia el desequilibro. Esta depende de la configuración del grupo, la sesión en particular y otras cosas más. Esté atento y vigílela. Si por ejemplo, un grupo está compuesto de personas exitosas que son conductores difíciles, pudieran por naturaleza ir hacia la verdad. Ellos establecen normas, se sujetan a ellas y sujetan también a los demás a las mismas pero son escasos en la aceptación y en ayudarse en las debilidades de cada uno.

Intervenga cuando el desequilibrio se prolongue por demasiado tiempo o es tan severo que algo pudiera perderse. No se preocupe si usted tiene un *período de desequilibrio*. Por ejemplo, no hay problemas con pasar tiempo impartiendo la verdad incluso cuando ese tiempo no tenga mucho de ambiente relacional. Y recuerde que aunque el desequilibrio nunca debe ser algo *carente de gracia*; concentrarse solo en la verdad durante un período determinado no hace más daño que disfrutar de una comida de frutas solamente. Pero si esto se convierte en la dieta completa, entonces usted tiene un problema. Descubra el metabolismo de su grupo e intervenga cuando vea el desequilibrio.

Cada grupo tiene un cociente de equilibrio diferente. Un grupo de debate para buscadores no buscará una gran carga de verdad, así que demasiada verdad puede desequilibrar al grupo rápidamente. Un grupo de personas que hayan estado en la fe durante mucho tiempo y que realmente quieran profundizar en un versículo y desmenuzarlo toda la noche puede soportar más verdad. De la misma manera, un grupo diseñado para procesar necesidades de dolor necesita más tiempo de gracia extendida y menor entrada de verdad. El equilibrio adecuado siempre depende del proceso y de la configuración del grupo.

Recuerde la continuidad del tiempo mismo. La gracia y la verdad juntas durante breves explosiones no son gracia y verdad con el transcurso del tiempo. Los tres ingredientes deben estar presentes a lo largo del trayecto. Aunque estos podrían estar desequilibrados en períodos cortos, proteja el período de tiempo con diligencia. Y recuerde que el desequilibrio *nunca* es algo sin gracia, deshonesto ni sin estructura. Es solo que hay más énfasis en una cosa que en otra.

Lo más importante, como líder, **esté atento al equilibrio**. Si no lo hace, nadie lo haré y se producirá el desequilibrio.

Ofrezca gracia y verdad a través de Jesucristo

En el capítulo tres hablamos de cómo los grupos que ofrecen o gracia o verdad dejan a sus miembros con el anhelo de algo diferente, algo *más*. Su grupo necesita mucho de ambas y su función es ocuparse de que lo obtengan. La Biblia dice que la ley fue dada a través de Moisés, pero la gracia y la verdad vinieron por Jesucristo (Juan 1:17). Así que usted tiene que evitar darles la ley. En cambio, haga que comprendan la gracia y la verdad de Jesús.

Planee las reuniones del grupo de manera que los miembros puedan aprender o experimentar la verdad de una manera que ofrezca gracia. Monitor su propio tono. Ofrezca la verdad con un tono y una postura de gracia, favor, comprensión, compasión, perdón y aceptación. Sin embargo, en su amor, no evite decir las cosas «difíciles». Recuerde «atacar el problema con dureza pero tratar a la persona con suavidad».

Proteja el proceso del grupo de los extremos por parte de los miembros del grupo. Si alguien no es cortés, intervenga como guardián del proceso. Cualquier cosa que sea adecuada para su grupo está bien, pero asegúrese de hacerlo. Por otra parte, usted pudiera intervenir en un desequilibrio de «gracia-verdad» al decir: «Espera un segundo, Samuel, eso sonó áspero. Yo quería decirle algunas cosas a Susana». Por otra parte usted podría decir: «Samuel, eso sonó áspero. ¿Te diste cuenta? ¿Alguien más experimentó esa falta de gracia?» Una vez más, dependiendo de lo que su grupo haya decidido, usted puede intervenir a niveles diferentes. Solo asegúrese de que no les permite a algunos miembros crear un desequilibrio.

Pregúntele al grupo de vez en cuando cómo experimentan el equilibrio entre la gracia y la verdad. ¿Cómo les gustaría experimentarla? A un nivel aun más profundo, permítales conversar unos con otros sobre cuándo y cómo se ha producido un desequilibrio. Nuevamente la idoneidad es la clave. Pero incluso en los grupos donde no hay retroalimentación usted puede preguntar hasta qué punto las personas sienten que el grupo es seguro, honesto, comprensivo y directo.

Como líderes, hable con sus amigos más cercanos, sus mentores o instructores con respecto a cómo usted está expresando la gracia y la verdad. Obtenga su reacción y trabaje en ello.

Recuerde, el crecimiento se produce cuando todos los ingredientes: gracia, verdad y tiempo, están presentes. Como buen líder, proteja el equilibrio de la gracia y la verdad tal y como lo hizo Jesús. Entonces, con el transcurso del tiempo en su grupo, el crecimiento tendrá más posibilidades de ocurrir.

Capítulo 25

Facilite el proceso

Piense en una secuencia que tiene una conferencia de geometría para preuniversitario en la izquierda y una caminata solitaria en el parquet a la derecha. ¿Cuál es la diferencia? ¿Cuál le hace sentir mejor? ¿En cuál aprenderá usted más? ¿Cuál se puede hacer durante períodos de tiempo más largos en la vida de uno? ¿Cuál tiene valor?

Estas preguntas revelan asuntos que salen a la superficie en la diferencia entre el aprendizaje *estructurado* (como una conferencia en una clase de geometría) y el aprendizaje en *el proceso y la experiencia* en el cual observamos, experimentamos y llegamos a la comprensión mediante la experiencia. ¿Cuál tiene valor? Ambas lo tienen.

El truco como líder de un grupo pequeño tiene dos aspectos. Un aspecto es decidir qué tipo de grupo van a tener. El otro es facilitar era decisión. Consideramos valiosos ambos métodos pero creemos que es majar una mezcla de un aprendizaje estructurado con un aprendizaje de proceso y experiencia. Si su grupo se vuelve hacia las sesiones de conferencia, más le vale planear una vida de grupo limitada por el tiempo o tener alguna información muy importante. Es difícil que un grupo del tipo «solo información» dure muchos años. Pero si usted incluye momentos de experiencia, comprensión y orientación del proceso, los cuales por naturaleza son menos didácticos, entonces su grupo puede ser un lugar valioso para que su grupo aprenda y crezca.

El poder de las declaraciones orientadas al proceso

Un gran problema es que muchos líderes de grupos pequeños tienen muy poco entrenamiento en «cómo hacer el proceso». Si eso le parece una paradoja, pues de cierta manera lo es. La mejor forma de decirlo es «facilite el proceso», esa es en realidad su función. Usted está ahí para que suceda. Por su naturaleza el proceso no es algo que usted pueda *hacer* o *controlar*. Se hace *por sí mismo*. El proceso es un descubrimiento revelador de Dios, de nosotros mismos y de los demás en momentos relacionados de ir con la corriente. Es la experiencia de grupo que equivale a la caminata en el parque.

Piense en cómo usted camina en un parque. Su caminata tiene un rumbo. En un grupo el rumbo es su material, el contenido, la materia o la estructura. Un grupo de recuperación del divorcio no habla acerca de la segunda venida de Cristo ni intercambia recetas a menos que alguno de dichos tópicos se vincule de alguna manera con el propósito del grupo de ayudar a las personas durante el proceso del divorcio. ¿Pero y si el grupo sí divaga? Usted pudiera hacer una *declaración de proceso* con relación a desviarse del rumbo. Eso cumple con una de las reglas más importantes del proceso: *Use lo que está sucediendo en el grupo para lograr que haya más proceso.*

De manera que usted puede *percibir* el desvío y decir: «Me doy cuenta de que estábamos hablando sobre cuán difícil es renunciar a algo y el tema cambió a la cocina. ¿Cómo fue que eso sucedió? ¿Por qué creen ustedes que pasó?» Como líder, usted sabe algo en esta pequeña declaración del proceso. Usted sabe que parte de la recuperación del divorcio es procesar el dolor con otros. A veces, cuando el dolor se vuelve demasiado real, las personas cambian el tema. Cuando usted ayuda al grupo a ver su tendencia de evitar el dolor de los demás, estos pueden hablar de por qué lo hacen y lo que significa en sus vidas. Al hacer esa declaración del proceso el líder puede:

- Traer al grupo de vuelta a procesar el dolor del divorcio
- Modelar una disposición a profundizar en lugar de evitar la realidad y las heridas de la vida
- Mostrar al grupo que realmente hay alguien al frente y que

este asunto no se va ir vagando al desierto sino que al fin y al cabo pasará por el parque

- Hacer que el grupo experimente mucha más conexión al retomar el rumbo perdido y volver a ver la realidad
- Hacer que el grupo vea su tendencia a evitar la realidad y escoger a ciertos tipos de personas, con lo cual pueden haber contribuido a su divorcio
- Modelar como Dios es con nosotros y no tiene temor de buscar en los lugares más recónditos de nuestra alma
- Allanar el camino para la sanidad en el grupo cuando se hace que las personas compartan y experimenten el amor y la sanidad los unos de los otros

Todas estas cosas pueden salir de *una declaración orientada hacia el proceso*. Como líder, use lo que usted note en el grupo para hacerlo consciente de lo que está haciendo y de lo que no. Entonces el grupo puede regresar a su función de ser lo que se necesite para cada uno en cuanto a sanidad y crecimiento (Efesios 4:16).

Pautas sencillas pero poderosas para facilitar el proceso

Para ser un buen líder del proceso usted necesita hacer cosas que son muy sencillas en sí mismas pero que requiere tiempo aprender. Es una gran tentación para el líder comenzar a enseñar o a explicar y en ocasiones eso es algo bueno. Pero si el grupo no es más que una clase de geometría, no se producirá mucha relación ni sanidad. Sepa que algunas de las mejores cosas de la vida se aprenden tanto en una caminata como leyendo un libro. *Usted puede escuchar una conferencia acerca de los árboles o usted puede salir a experimentarlos. La vida consiste en ambas cosas.* Usted puede leer acerca de la recuperación del divorcio o puede experimentar la recuperación. El líder de un grupo de proceso ayuda los miembros a hacer ambas cosas.

Observe y comparta lo que observa

Observe lo que sucede en el grupo y de cuando en cuando habla sobre lo que ha observado. Es muy sencillo y muy poderoso. He aquí ejemplos de cómo estas observaciones podrían funcionar en su grupo:

- «Noté que nos hemos alejado de la tristeza. ¿Qué sucedió?»
- «He notado que estas noche las cosas están un poco lentas aquí. ¿Por qué creen que sea?»
- «Parecía que realmente estábamos logrando la conexión y las cosas han cambiado. ¿Por qué será?» Entonces alguien podría decir: «Bueno, en realidad yo me sentí juzgada hace un rato cuando estaba hablando. Así que dejé de hacerlo». Muchas veces el grupo le hará saber lo que anda mal. Es algo así como tener un elefante en la sala pero nadie menciona el asunto. Una pregunta de proceso les da a los miembros una posibilidad para discutir el asunto.
- Usted pudiera dirigir una declaración de proceso oportuna y útil a una persona. «José, me di cuenta de que cuando hablaste de ese asunto algo estabas sintiendo. ¿Nos puedes decir qué es?» Una vez más, solo use lo que esté sucediendo frente a usted y facilítelo. En el parque usted mira a su alrededor y ve una flor, entonces dice: «¡Miren, una flor! ¡Vamos a verla de cerca!» Usted no tiene que crear la flor, solo tiene que verla.
- Observe cuando el grupo esté atascado y atienda dicha situación. «Parece que las cosas estuvieran muertas aquí durante las últimas semanas. ¿Alguien más se ha dado cuenta?» La causa podría ser un asunto en particular como que el grupo haya perdido un miembro pero no lo han procesado juntos o tal vez el material o el tema ha cumplido su función y el grupo está listo par un cambio. Si usted no trata el asunto, las personas pueden abandonar el grupo. Si usted lo atiende, el grupo podría reinventarse a sí mismo.

Sea el guardián del proceso

Haga algo con relación a las personas que interrumpen, dominan o impiden que el proceso se produzca. Hay diferentes niveles de intervención que son apropiados, según el caso en particular, *¡pero haga algo!* Usted no puede permitir que una persona acabe con el proceso del grupo. Si el grupo no está orientado a profundizar en cuanto a la retroalimentación, solo interrumpa al interruptor o súper espiritual. Dígale: «Espera un segundo, José. Quiero seguir escuchando a Susana». El grupo se sentirá protegido por usted. José entenderá la idea y el proceso se salvará.

Haga que los miembros cumplan su pacto

En una orientación de grupo más profunda, donde los miembros han hecho un pacto de recibir retroalimentación, el proceso va un poco más allá. Después del intercambio inicial, como se sugirió anteriormente, dígale a José: «José, he notado que cuando las personas hablan sobre sus sentimientos, tú muchas veces interrumpes y les das un versículo bíblico. ¿Te das cuenta de que haces eso?» Entonces, si el grupo funciona a un nivel aun más profundo, usted podría decir: «¿Qué sienten algunos de usted cuando José hace esto?» Al nivel más profundo de todos, cuando José interrumpa diga: «¿Alguien se dio cuenta de lo que acaba de suceder?» Entonces el grupo protegerá el proceso y ayudará a José.

Recuerde, lo que se considera un nivel de intervención apropiado depende de lo que el grupo haya acordado hacer entre sí y depende del nivel de habilidades del líder. Depende de usted como líder el asegurar que estas estructuras permanezcan intactas. De lo contrario, las declaraciones de un proceso profundo pueden convertirse en caos o discordia. *No importa qué nivel de intervención usted necesite para proteger el proceso, protéjalo.* Incluso si solo significa interrumpir al que interrumpe y decir: «Espera. Susana estaba hablando».

Haga preguntas de final abierto

Recuerde que la orientación del proceso no tiene que ser profunda o amenazadora. *Procesar* es *experimentar* y hacer las cosas que impulsan la experiencia. Muchas veces hacer preguntas de final abierto impulsa el proceso:

- «¿Cuáles son algunas de las respuestas que pudieran dar al pasaje que acabamos de leer?»
- «¿Qué ha ocurrido en sus vidas durante esta semana?»

- «¿Nos puede contar un poco más acerca de eso?»
- «¿Alguien tiene algo que quisiera decir o añadir?»
- «¿Qué presenta esto para ustedes?»
- «¿Dónde se les hace difícil aplicar lo que acabamos de leer o de conversar?»
- «¿Cómo completarían algunos de ustedes estos espacios en blanco con respecto al pasaje? Yo pienso _____ al respecto. Yo siento _____ al respecto. Yo tengo un problema _____ al respecto».

Evite preguntas que no impulsan el descubrimiento o el proceso, como por ejemplo preguntas de sí o no o de respuestas exactas. El proceso no es una clase de geometría donde hay una respuesta correcta. Es una caminata en el parque. «¿Qué resalta ante usted? ¿Qué es lo que usted ve?», estas son preguntas que no tienen una respuesta correcta o incorrecta.

Pida retroalimentación

Pregúnteles a los miembros de cuando en cuando cómo creen ellos que el proceso va marchando. «¿Qué nos está llevando a la meta? ¿Qué nos impide llegar?» Incluso en algunas ocasiones es más poderoso ver si los miembros pueden notar el proceso y describirlo. «¿Cómo describirían algunos de ustedes lo que hemos estado haciendo, lo que es el proceso? ¿Cómo ha sido? ¿En qué forma les gustaría que fuera diferente?"

Es cierto, como ya discutimos en capítulos anteriores, que la enseñanza y la información son importantes para el propósito y la vida de su grupo. Pero *experimentar* esa verdad es de igual importancia, particularmente en un contexto relacional como lo es el de un grupo. Su función como moderador no es «ser la experiencia» sino facilitarla. Usted es el pastor de la experiencia. Usted es el guardián del proceso. Usted es el jardinero del jardín de la experiencia. Cualquier metáfora que le guste, piense en ella y hágalo. Entonces el grupo tomará vida en sí mismo, crecerá de forma más rica de lo que nunca hubiera podido solo a través de conferencias.

Capítulo 26

Escuche

No hace mucho el pastor de grupos pequeños de una iglesia grande me preguntó (Henry) qué le sugeriría yo que pudiera hacer para entrenar a los líderes de sus grupos pequeños. Me sorprendió lo rápido que le dije: *«¡Enséñelos a escuchar!»* Casi me dio pena con cuánta energía lo dije.

Pero al reflexionar en el asunto pude entender por qué lo dije. Durante muchos años he observado a líderes tan incapaces de escuchar a otros que en realidad «dificultan» el proceso de crecimiento. Al dar entrenamiento a los líderes de grupo durante el transcurso de los años siempre me ha sorprendido cuán difícil es hacerles escuchar.

Una gran parte del problema es que pensamos que escuchar es solo la habilidad de saber lo que alguien ha dicho. Y una vez que sabemos lo que han dicho, nos sentimos con la libertad de decirles lo que pensamos o sentimos o cualquier cosa que queramos que ellos oigan de parte nuestra. Desde la perspectiva de un líder eso no es escuchar. Es simplemente esperar por su turno.

Confirme la validez para mostrar que en verdad escuchó

Escuchar como líder significa *escuchar a la persona y hacerle saber que usted la ha escuchado*. Esto quiere decir que usted en realidad tiene que decir y hacer cosas para hacerle saber a la persona que la escuchó y entendió, lo cual implica un poco de atención y esfuerzo. El resultado es que la persona se siente apoyada, comprendida; siente que le interesa a alguien y que se le presta atención y es más capaz de seguir adelante en cualquier cosa que estuviera procesando. De esa manera usted ha facilitado algo en lugar de dificultarlo.

Considere estos ejemplos de la diferencia entre facilitar y dificultar.

Susana dice: «Me parece que esta semana con todo lo que ha ocurrido simplemente he estado abrumada. A veces solo quiero rendirme pero entonces me siento como si solo estuviera deleitándome en mi dolor. Es decir, la gente pasa por cosas como estas todo el tiempo. Hasta me siento culpable por hablar del asunto, pero es que me llega.»

El líder dice: «Ay, Susana, no te desanimes. No es tan grave. ¡Tú puedes lograrlo! Dios puede satisfacer tus necesidades y nosotros te ayudaremos a pasar por esta etapa. No será demasiado para ti. Tú eres una persona fuerte.»

¿Cómo cree usted que Susana se siente ahora? ¿Cree usted que ella se volverá a franquear con el grupo? ¿Cree que ella se siente comprendida y como que tiene una conexión? Compare esa situación con la siguiente.

Susana dice: «Me parece que esta semana con todo lo que ha ocurrido simplemente he estado abrumada. A veces solo quiero rendirme pero entonces me siento como si solo estuviera deleitándome en mi dolor. Es decir, la gente pasa por cosas como estas todo el tiempo. Hasta me siento culpable por hablar del asunto pero es que me llega.»

El líder responde: «Parece que ha sido *horrible* para ti y te sientes aun peor por sentirte de esa manera».

¿Cómo cree usted que Susana se siente ahora? Probablemente sienta como que alguien en verdad la está escuchando, escucha lo que dice y lo entiende. Siente que tiene una conexión y ahora el grupo entero está junto a ella porque el líder la ha encontrado en su realidad.

No estoy diciendo en lo absoluto que en algún momento no sea adecuado animarla, fortalecerla o inspirar su fe en Dios. Por ejemplo, yo veo un momento en el que un miembro podría decir: «Susana, nos damos cuenta de que valoras menos tus habilidades de lo que son en realidad. En los últimos meses hemos visto una gran fortaleza y capacidad. Confío mucho en tu capacidad para entender esto y hacerlo funcionar».

Otro miembro podría añadir: «Susana, por difícil que esto sea, realmente creo que a la luz de todo lo que hemos visto que Dios ha hecho en el proceso y con todo lo que estamos aprendiendo de sus promesas, él va a estar contigo y te fortalecerá».

Estas y otras declaraciones útiles pueden edificar a Susana. Pero la clave es que ellas vienen después. Como nos dice Proverbios 18:13: «Es necio y vergonzoso responder antes de escuchar». La respuesta es importante pero solo después de que usted haya escuchado realmente y que en realidad haya comprendido el asunto y *después de que la persona haya comprendido que usted comprendió*. La declaración edificante debe proseguir a la experiencia de Susana de saber que tanto el líder como los demás están realmente a su lado y comprenden cuán difíciles las cosas le resultan a ella, sin importar cómo el grupo vea la situación. Ella siente que la han visto en su realidad y sabe que los miembros la comprenden.

Ese tipo de atención puede traer como resultado una clave fundamental de lo que sucede en un buen grupo: «Los pensamientos humanos son aguas profundas; el que es inteligente los capta fácilmente» (Proverbios 20:5).

Cuando usted verdaderamente comprende a una persona y lo que le está sucediendo, logrará sacar lo que hay en esa persona en lugar de apagarla. Esa persona se franqueará y su alma se conectará más con el grupo.

Además de ser escuchada, la persona siente algo llamado *validez*. Dar validez quiere decir *ver la realidad de la persona como algo real o verdadero para ella*. Esto no quiere decir que usted esté de acuerdo con su realidad pero sí quiere decir que usted reconoce esa realidad y que los sentimientos de la persona son reales para ella. Por el contrario, *invalidar* quiere decir *negar la experiencia o la realidad*. He aquí algunos ejemplos de negación:

- «Ay, no, en realidad no te sientes así.»
- «¡No, tú de verdad no piensas así!»
- «No digas eso. ¡Dios sí te ama!»
- «Eso no es tan malo.»
- «Eso no es verdad. ¡Realmente tú eres linda!»

Cuando usted invalida la experiencia de alguien, esa persona tiende a sentir que no la escuchan ni la comprenden. Y lo que es peor, la persona tiende a dejar de compartir su experiencia con la persona o la situación que la invalida. Así que alguien que esté invalidado en su grupo, alejará su corazón de usted o del grupo y luego será inaccesible.

Compare las declaraciones anteriores con estas declaraciones de confirmación:

- «Me doy cuenta de que esto te hace sentir muy mal.»
- «Creo que entiendo cómo ves la situación.»
- «Al parecer te sientes completamente abandonado por Dios.»
- «Es terrible para ti.»
- «Te parece que no eres atractiva en lo absoluto.»

La primera lista lo que dice básicamente es: «Su experiencia no es real.» La segunda lista dice: «Tomo muy en serio su experiencia y la trato con el mayor respeto.» De ninguna manera esto dice que yo creo que Dios no ama a la persona, solo que yo creo que dicha persona *siente* como si Dios no la amara. Y si *ella* sabe que yo sé como se siente, podemos seguir adelante por el camino de procesar esos sentimientos y encontrar respuestas. Pero si de inmediato yo niego la realidad de la persona, puede que gane una discusión y no obstante pierda a la persona.

Simpatice para mostrar que de verdad a usted le importa

La simpatía se produce cuando alguien siente que usted en verdad ha entrado en su experiencia y en su realidad. Este acto añade un consuelo y conexión inmediatos. Las personas que reciben simpatía dejan de sentirse solos. Nada ha cambiado en la realidad de su problema o situación, pero algo ha cambiado en su realidad como personas: *ya no están solos con cualquiera que sea la situación.* La simpatía refleja que a usted le importa, que usted ve y experimenta la realidad desde el punto de vista de la otra persona. Aquí le presentamos algunas pautas para comunicar la simpatía tanto de manera verbal como sin palabras:

Concéntrese en la persona. Preste atención haciendo contacto visual. No solo escuche mirando a su bosquejo para descubrir qué es lo próximo. Muéstrele que a usted le interesa estar presente por completo.

Dé señales no verbales, *como asentir con la cabeza o afirmaciones verbales como: «¡Ajá! ... ¡verdad que sí! ... ya veo.»* Use las expresiones faciales que se correspondan con lo que usted siente con relación a lo que la persona está sintiendo.

Use declaraciones reflexivas para mostrar que usted escuchó. En algún momento incluya todos los componentes que ella comunicó como sentimientos, conductas y contextos. Por ejemplo, Susana podría decir: «No sé cómo lidiar con tres niños sin un esposo. Pareciera que la lista de cosas por hacer no tiene fin. Siento como si no tuviera vida y como si todo el tiempo estuviera ahogada, así que me veo alejándome. No me gusto a mí misma cuando soy así y me siento como una madre pésima».

El líder comprensivo pudiera decir: «Es como si se demandara tanto de ti que llegas al final de tus recursos personales y por consecuencia te retiras. Es demasiado y luego te sientes aun peor con respecto a ti misma. ¡Es un sentimiento terrible!»

El líder ha captado los sentimientos, las conductas y la experiencia y además ha mostrado comprensión al identificar cuán terrible es sentirse de esa manera. Si usted se siente perdido, solo dígale a la persona lo que ha escuchado, en sus propias palabras. Usted podría decir: «Parece como si fuera demasiado» o «Pareciera como si te estuviera tragando». Usted podría mostrar simpatía con declaraciones como la siguiente: «Parece que hacer la función de ambos padres te está destruyendo y veo que es realmente difícil».

Aunque es importante reflejar todos los componentes que usted ha escuchado, no se apure. Tómese tiempo para pensar. Un poco de silencio, luego de que alguien exprese algo, nunca le hizo daño a nadie.

Usted tampoco debe enseñar o apurarse para aconsejar. «¿Por qué no llamas a tus amigos para que te ayuden?» no llega la experiencia de la persona. Usted se ha adelantado demasiado.

Cuando usted muestre su reacción, concéntrese tanto en el contenido de lo que la persona está diciendo como en los sentimientos que van con esto: «Tu esposo no es muy sensible y comienzas a sentirte sola». Esa es una fórmula elemental en la que usted puede apoyarse casi siempre: contenido y sentimientos. Encuentre la idea principal de lo que alguien está diciendo e identifique cómo se siente la persona al respecto. «Parece que la escuela es muy exigente y te estás desanimando».

Contenido + Sentimientos = Sentirse comprendido

A veces al tratar de simpatizar los que escuchan desvían la conversación. La clave es mantenerse concentrado en el contenido y los sentimientos del que habla. No se apresure ni le cuente lo que eso le recuerda de su propia vida: «Yo sé cómo es. Cuando crié a mis hijos la vida era realmente dura.»

Use declaraciones que estimulen más la conversación. Por ejemplo: «Cuéntame más». Esto demuestra que usted está escuchando y que está concentrado y con el deseo de escuchar más. Evite preguntas que desvíen la atención del orden del día del que habla. Preguntar ¿cuánto tiempo ha estado sucediendo esto? No es una pregunta comprensiva cuando lo más importante en ese momento es escuchar las emociones.

Ayudar a que la persona se sienta comprendida también requiere que usted no cambie el tema, diga cosas insulsas o juzgue. Evite espiritualizar el asunto. No empiece a decir versículos bíblicos cuando tan solo escuchar y entender mostraría un amor mayor. A veces llorar con los que lloran (Romanos 12:15) es una mejor manera de poner en práctica ese versículo en lugar de predicarlo.

Por último, el cambio en la vida se produce cuando el corazón de una persona se involucra en el proceso. Si usted pierde su corazón en el grupo, lo más probable es que dicha persona se pierda el grupo y lo que esté tratando de hacer. Habrá una desconexión.

El escuchar es un puente al corazón. Hay tiempo para respuestas, consejos, adiestramiento, confrontación y enseñanza. Pero ese tiempo siempre llega después de que se comprende a alguien y dicha persona se siente comprendida. Sentirse comprendido se produce cuando el que escucha comunica esa comprensión de una manera servible.

Practique la habilidad de escuchar y tome el consejo que le di a aquel pastor: *Obtenga un buen entrenamiento en escuchar.* Si su iglesia no proporciona dicho entrenamiento, vaya a una conferencia. Le ayudará en todas las relaciones de su vida. De seguro que le ayudará en su eficacia como líder de un grupo pequeño. Usted nunca puede ser demasiado bueno en escuchar.

Capítulo 27

Provea seguridad

Yo (John) estuve en un grupo en el que un miembro estaba actuando de manera destructiva. Antonia estaba dando pasos en el aspecto financiero que ponía en peligro su matrimonio. Ella dijo que lo había hecho para protegerse de Ken pero era obvio para el grupo que en realidad ella estaba resentida y vengativa. Antonia dijo cuánto apreciaba que el grupo fuera un lugar seguro en el que ella podía hablar de estas cosas sin que la humillaran ni le dieran una paliza.

El grupo guardó silencio y luego Pablo dijo: «Antonia, yo también quiero que seamos un lugar seguro para ti. Y para mí eso significa que si no te digo el daño que le estás haciendo a tu matrimonio, no seremos un lugar seguro». Luego, con claridad y amor le dio su punto de vista acerca de la situación. Otros miembros del grupo asintieron en silencio.

Antonia explotó. Se levantó de su silla y dijo: «Y yo que pensaba que este fuera un lugar seguro». Salió furiosa. Nunca más la volvimos a ver. Los miembros del grupo se sintieron muy mal y al principio pensaron que el grupo había sido muy cruel. Finalmente, después de algún tiempo y algunas reuniones, comprendieron que en realidad habían sido el lugar más seguro para Antonia. La habían atendido, le mostraron gracia, la escucharon hasta el final y con cortesía discreparon. Pero Antonia escogió alejarse de la seguridad.

Echémosle un vistazo a qué es en realidad la seguridad en un grupo pequeño y cómo desarrollarla en el contexto de su grupo.

Más que consuelo

El término *seguridad* es importante en los grupos. En el Antiguo Testamento este implica la idea de *despreocupación,* es decir, estar tan seguro en una relación que no tenemos que esconder o editar quién somos: «En paz me acuesto y me duermo, porque sólo tú, Señor, me haces vivir confiado» (Salmo 4:8). Si los miembros se van a franquear en un grupo pequeño, tienen que saber que están a salvo de heridas o daños. En un grupo seguro pueden traer pensamientos, emociones, hechos, pecados, heridas y recuerdos perturbadores para que los miembros les muestren amor y ayuda en esas áreas de sus vidas.

Pero como en el ejemplo de Antonia, la seguridad es más que estar de acuerdo con alguien y más que interesarse por la persona. Significa, a fin de cuentas, que el grupo hará lo que sea necesario para ayudar a la persona a crecer. Como escribimos en *Safe People* [Personas seguras], una persona segura es alguien que influye sobre uno para hacernos más la persona que Dios quiere que seamos. Así que la seguridad implica más de un aspecto. También implica gracia, estructura, tiempo, ejemplo y similitud.

Gracia

La gracia es estar «a favor» el uno del otro como Dios está a favor de nosotros; es el cimiento de la seguridad en un grupo pequeño. Realmente «no hay condenación» (Romanos 8:1), ya que cada persona está consciente de su propia necesidad del amor, misericordia y compasión de Dios. En la gracia no hay lugar para la vergüenza, la culpa ni el juicio. El grupo invita las partes heridas y oscuras del alma de una persona para que se conecten y se sanen. Usted pudiera decirle al grupo desde el comienzo: «Como regla, nuestro primer interés como grupo es la gracia. Así que estén conscientes de que cuando alguno de nosotros le revela algo al grupo, necesitamos que se nos acepte como somos antes de que suceda alguna otra cosa».

Estructura

La verdad y la estructura también le proporcionan seguridad al grupo. Esto puede involucrar el marco, la confrontación y la reacción. Por ejemplo, si una persona se emociona tanto que pudiera atacar verbalmente a otros miembros, los miembros saben que el líder va a intervenir o si las personas no están prestando atención a alguien que tiene algún dolor, los demás en el grupo confrontarán esa actitud de estar desconectados de la experiencia de la persona. Cuando las personas saben que hay un orden y estructura en el grupo, tienen menos miedo de lo impredecible ya sea en sí mismos o en los demás.

Tiempo

La «despreocupación» no es algo inmediato. Toma tiempo crearla y toma tiempo que la gente la pruebe. Déle tiempo a las personas para que la aprendan y a la postre lleguen a confiar en el grupo. Dígale al grupo: «Aquí todos queremos estar seguros, pero es probable que al principio no lo hagamos todo bien. Así que si usted cree que alguien no está seguro, presente el asunto y nos ocuparemos del mismo hasta que todo esté bien con todo el mundo».

Su ejemplo

En su papel como orientador usted no solo proporciona enseñanza sobre la seguridad sino que también corre riesgos usted mismo de manera que el grupo pueda ver cuán seguro es el marco en realidad. Tal vez usted quiera franquearse con relación a algún fracaso pasado o alguna lucha del presente. Además, usted puede modelar cómo mostrar seguridad a alguien en el grupo que necesita atención. Por ejemplo, si alguien menciona que le avergüenza un problema con el peso, usted pudiera decir: «Me alegra que hayas corrido el riesgo en un aspecto tan difícil para ti. Ahora que te has franqueado sobre el asunto quisiera saber más sobre cómo fue para ti y también cómo reaccionaron otras personas al respecto».

Similitud

La universalidad de la experiencia es una parte poderosa al crear un grupo pequeño seguro. Cuando las personas comienzan a franquearse descubren que otros tienen luchas similares y que no están solos en su sufrimiento. Esto hace que lo que esconden sea menos doloroso. Hágales saber: «Si usted se puede identificar con la experiencia de Triny, dígaselo, para que así ella no se sienta como si fuera la única que se ha sentido de esa manera alguna vez».

A medida que los grupos se acercan más y se hacen más cohesivos, también se vuelven más seguros. Usted se sorprenderá al ver cómo la calidad y la vulnerabilidad de lo que se cuenta cambia y profundiza con el tiempo cuando los miembros experimentan la seguridad y la libertad del temor que el grupo les brinda: «En el amor no hay temor, sino que el amor perfecto echa fuera el temor» (1 Juan 4:17-18).

Capítulo 28

Aclare y haga preguntas

Algunas veces en un grupo ocurren una de estas dos cosas: alguien dice algo que el resto piensa que entendió, y no entendieron en realidad o saben que no entendieron pero nunca lo averiguan. Solo se quedan sentados en silencio y se preguntan qué habrá querido decir la persona. Como líder del grupo recuerde que su función es activa no pasiva. Incluso cuando usted está callado, está pensando de qué manera puede facilitar el proceso del grupo.

En lugar de sentarse y preguntarse qué quiso decir alguien, pida más información y busque claridad. Asegúrese de que la persona y el grupo se están relacionando.

Si la comprensión se pierde, también se pierde la relación y es probable que si usted está un tanto confundido con respecto a algo, el grupo también lo esté. Aquí presentamos algunas sugerencias para buscar claridad en cada nivel.

El primer nivel es **buscar el significado claro de cualquier ambigüedad.** Si alguien dice: «Me voy a tomar algún tiempo libre», ¿qué quiere decir eso? ¿Qué significa «tiempo» en este caso? ¿Un día, un mes, un año? ¿Quiere decir que saldrá del país? No tenemos idea e incluso si usted la tiene, es probable que los demás en el grupo no la tengan. Así que sencillamente pregunte: «¿Qué quieres decir con "tiempo libre"?» o «¿Cómo es eso?»

Los niveles más profundos de aclaración añaden a la percepción de la propia persona. Al **hacer preguntas sobre un asunto emocional** ayudamos a la persona a descubrir más. Si la persona dice: «Últimamente me he sentido rechazado», por ejemplo, eso abre la puerta para que tanto la persona como el grupo descubran más. Usted podría preguntar: «¿Qué tipo de sentimiento es ese?» o «¿Qué quieres decir con "rechazo"?» Esto, con facilidad, pudiera lleva la persona a responder: «Bueno, quizás rechazo no sea la palabra correcta. Mas bien es que hay ciertas cosas que mi esposa no aprueba y yo lo veo como rechazo». En respuesta a la pregunta del «sentimiento» la persona pudiera decir: «Es un sentimiento muy antiguo que recuerdo durante la mayor parte de mi vida. Creo que comenzó cuando mis padres se divorciaron y yo era un adolescente». El asunto es que nunca sabemos adónde nos llevará una aclaración. Eso es una de las grandes cosas con relación a buscar más. Nos lleva a conocer más de la persona y también lleva a la persona a conocer más de sí misma. Y le permite a los miembros conocerse mejor unos a otros y ofrecer más los unos a los otros.

Use el grupo como un termómetro para ver cuán claro está algo. Pregúnteles en ocasiones qué quiso decir algún miembro. «¿Les quedó eso claro? ¿Todo el mundo entendió lo que él quiso decir con eso?»

En otras ocasiones usted puede pedir directamente que se le aclaren cosas sobre las que usted se hace preguntas. Usted podría cuestionarse y preguntar: «¿Qué fue todo lo que te hizo tomar la decisión de tomar algún tiempo libre?» Su pregunta le aclarará a usted y al grupo. Además, le dará a la persona una oportunidad de hablar más de todo el asunto.

Busque una aclaración cuando alguien exponga una idea contradictoria. «Dijiste que de verdad quieres salir con esa persona y también dijiste que él te "asusta". ¿Nos puedes explicar esa contradicción?» Pida que la persona sea específica. «¿Qué quieres decir específicamente cuando dices que ella es "abusiva"?»

Haga que la persona se limite al significado exacto si pareciera que está diciendo una cosa pero implicando otra. «¿Es esto lo que estás diciendo en realidad? ¿Que si no estamos de acuerdo contigo en la decisión de dejar a tu esposo, no nos interesas? ¿Es eso lo que realmente piensas?»

Busque la idea detrás de lo que las personas dicen. «¿Cómo crees que eso va a ayudar? ¿Cómo el dejarlo resolverá las cosas?» Llegue a lo que ha cruzado por sus mentes al tomar una decisión. Aclare lo que hay detrás de un sentimiento. «¿Exactamente, qué te hace sentir así?»

A veces repetir las palabras de las personas nos lleva a obtener más información. «Dijiste que la relación comenzó a empeorarse cuando él fue infiel». Una declaración como esa invita a la persona a brindar más información.

Si usted se siente perdido en la situación, sencillamente dígalo. «Estoy un poco perdido. ¿Qué estás tratando de decir?» Esto hará que la persona se enfoque mejor.

Si hay vacíos en la información, pregunte por ellos. «Creo que quizás pasaste algo por alto. No sabemos cómo llegaste al estado en que estás. Ponnos al día».

Recuerde los distintos aspectos al escuchar: los sentimientos y el contenido, como un mapa de lo que usted está tratando de obtener. «¿Es toda la relación o la infidelidad de él lo que te ha afectado?» «Al final de todo, ¿cómo te sientes al respecto?»

Recuerde que si usted como líder necesita saber más o no entiende algo, los demás miembros probablemente se sientan de la misma manera. Proteja a su grupo y su proceso. Sea un abogado del mismo. Si el grupo está sufriendo o está perdido, intervenga. Los miembros se alegrarán de que usted lo haya hecho.

Capítulo 29

Confronte

E n inglés el diccionario Webster define la palabra *confrontar* de dos formas. Mire a ver cuál le viene a la mente a usted:

1: enfrentar especialmente en desafío: OPONERSE, 2: producir un encuentro: poner cara a cara *(confrontar a un lector con las estadísticas)* b: encontrarse cara a cara: ENCONTRAR *(confrontó* la posibilidad de un fracaso)

La mayoría de nosotros piensa en la confrontación desde el punto de vista de adversarios, lo cual trae a la mente todo tipo de imágenes y sentimientos atemorizantes. Es difícil que pensemos en ella como enfrentar algo cara a cara.

Confrontar puede significar que sencillamente encontramos algo: en nosotros mismo, en los demás o en la propia realidad. La confrontación no tiene que ser una enemistad en lo absoluto. De hecho, es una de las cosas más amorosas que podemos hacer los unos por los otros. Confrontar quiere decir literalmente: *dar la cara* a algo. Quiere decir *mirar* algo, *dirigir nuestro rostro hacia algo y mirarlo de frente.* En otras palabras, todo lo que quiere decir es que vamos a *dejar de evitar ver algo* que es verdad. ¿Qué puede ser más amoroso que ayudar a alguien a ver algo que es verdad?

Eso es exactamente lo que sucede en los mejores grupos. Las personas se ayudan unas a otras, con amor, a ver las cosas que son verdad. La verdad con respecto a sí mismos y a los demás, a Dios, la vida y todas las cosas en las que se concentran los grupos. Un grupo que funciona bien ayuda a sus miembros a estar más en contacto con la realidad en todos esos frentes.

Barreras para la confrontación

El problema es que las personas enfrentan muchas barreras cuando se trata de la confrontación:

- Tal vez durante el crecimiento han tenido malas experiencias con la confrontación como algo malo o áspero.
- Tienen algunos aspectos críticos de ellos mismos que hacen que cualquier reacción suene áspera una vez que llega a sus mentes.
- Carecen de buenas experiencias con la confrontación, así que no esperan que sucedan cosas buenas.
- No tienen las habilidades para hacerlo por sí mismos y por tanto le temen a todo el asunto.
- Al confrontárseles se les obliga a ver cosas que pudieran ser atemorizantes o dolorosas.
- Arrastran mucha culpa.
- Sienten vergüenza.

Pero, como dijimos anteriormente, descubrir cosas sobre nosotros mismos que no sabíamos, es una de las cosas más útiles que nos pueden suceder. Además, en algunos aspectos conocidos, pero que no estamos enfrentando, necesitamos ayuda. Si estamos negando algo que es destructivo para nuestras vidas, necesitamos un poco de ayuda para ganar dominio sobre eso. La Biblia está llena de pasajes que nos dicen que hagamos eso los unos por los otros. Es algo así como tener un sistema de alarma que nos diga que la casa está ardiendo y que tenemos que hacer algo al respecto.

Maneras de confrontar

Un buen grupo usa diferentes modos para la confrontación y cada uno es importante. El líder confronta a los miembros. El líder ve algo y llama la atención del miembro sobre ese asunto para que tanto el grupo como dicho miembro lo traten: «José, parece que estás ignorando la gravedad de este asunto. Como que te reíste del mismo, pero la verdad es que está dañando a tu familia».

Algunas veces el líder confronta al grupo completo: «Me he percatado de que esta noche el grupo no se está franqueando como lo hace usualmente».

La confrontación entre los miembros, probablemente la manera más poderosa, es el resultado de una buena facilitación. Recuerde, siempre es mejor cuando el grupo desempeña el trabajo en lugar del líder. El líder facilita el trabajo y el grupo lo hace. Alguien hace que una persona o el propio grupo encuentre algo que no han visto o que con lo que evitan tratar. La confrontación los hace conscientes de eso y los lleva al punto de tratar con esa percepción.

Su función como líder es garantizar que se produzca una confrontación adecuada, acorde con el tipo de grupo que usted ha establecido. Ya sea que usted mismo confronte la situación o la facilite, esta tiene que producirse. Los grupos confrontan muchas cosas que puede que los miembros no vean o con las cuales no estén tratando.

- Sentimientos
- Actitudes
- Conductas y elecciones
- Ideas y creencias
- Talentos, puntos fuertes y dones
- Valores
- Deseos
- Negaciones
- Patrones
- Discrepancias entre las palabras y las emociones o entre las palabras y las acciones
- Relaciones
- Modelos y realidades espirituales

- Estilos de comunicación
- Crianza de los hijos
- Falta de amor, juicio, control, imparcialidad, arrogancia
- Modelos de noviazgo
- Discrepancias entre las metas planteadas y la conducta real en el grupo
- ·Modelos y actitudes autodestructivos
- Tergiversación de sí mismo y de los demás
- Falta de control
- Menosprecio
- Dependencia inapropiada
- Inculpar
- Discrepancias entre la conducta en el grupo y la conducta fuera del mismo
- Desconfianza
- Fracasos
- Auto percepciones
- Pasividad
- Adicciones

Pautas para una buena confrontación

Como nos dice Proverbios 27:5: «Más vale ser reprendido con franqueza que ser amado en secreto». La confrontación es un regalo, en algunas ocasiones es incluso un regalo que salva la vida, pero tiene que hacerse bien.

Prepárese para la confrontación

Hable con el grupo para prepararlos y orientarlos con respecto al nivel y las maneras en las que les gustaría escuchar la confrontación de parte de los demás. Vea cuál es el sentir de ellos al respecto. ¿Cuáles han sido sus experiencias?

Disponga de algún tiempo para que cada persona diga cómo prefiere que se le confronte y cómo pudiera reaccionar a la reacción del grupo. Estén de acuerdo en cuanto a expectativas, idoneidad para los miembros y la idoneidad del grupo al expresar su reacción.

Recuerde el axioma: «Atacar el problema con dureza pero tratar a la persona con suavidad». Si fuera necesario haga de esa una regla para el grupo.

Comience con afirmación y empatía

Comience con una afirmación: «José, tú me caes bien y te aprecio y por ello creo que hay algo que necesitas saber y con la cual pudiera ayudarte». Exprese empatía por el problema que usted está confrontando. «Y siento lo difícil que es esta situación para ti. Parece ser tan difícil.»

«He notado» funciona mejor que «debieras»

Plantee sus ideas como opiniones u observaciones en lugar de instrucciones del tipo «debieras». «José, he notado que a veces tu trabajo y otras cosas parecen no dejar ningún espacio para tu familia. La manera en que describes tu vida me parece como que no hay mucho espacio para ellos». Eso es mucho mejor que: «¡Debieras dejar de trabajar y estar más tiempo en tu casa!»

Otras maneras útiles para comenzar la confrontación incluyen:

- «He notado que....»
- «He visto que....»
- «¿Te has dado cuenta de que...?»
- «¿Estas consciente de que...?»
- «Una de las cosas que he visto que haces...»
- «Creo que....»
- «La forma en que yo te percibo....»
- «Yo percibo lo que estás diciendo de una manera diferente a la tuya [buena o mala]....»
- «Me pregunto si alguna vez has pensado en como tú....»

Combine la gracia y la verdad

Recuerde añadir gracia a su verdad. Recuerde que el grupo ve en usted un modelo. Por lo tanto, en todo lo que usted diga, combine la gracia y la verdad, el amor y la honestidad, el cuidado y la franqueza para mostrar a los miembros cómo se hace la confrontación.

Trate de lograr que el grupo haga la confrontación al modelar esa misma útil combinación. «¿Qué creen algunos de usted de lo que está pasando con José?»

¿Se desean las reacciones?

Pregúnteles a aquel que necesita estar consciente de algo si le gustaría escuchar algunas opiniones. «José, ¿te gustaría que te diera mi opinión o la del grupo con lo que pensamos sobre este asunto?»

Sea específico

Sea claro con respecto al problema. No ande con rodeos. Como dice Pablo: «al vivir la verdad con amor, creceremos hasta ser en todo como aquel que es la cabeza, es decir, Cristo» (Efesios 4:15). Es por eso que tenemos que hablar claro los unos con los otros: «Por lo tanto, dejando la mentira, hable cada uno a su prójimo con la verdad, porque todos somos miembros de un mismo cuerpo» (Efesios 4:25). Señale las discrepancias, distorsiones, actitudes defensivas, juegos y cortinas de humo en el proceso de confrontación.

Describa los diferentes aspectos de lo que usted ve, incluyendo los sentimientos y las conductas. En ocasiones es útil, por lo menos al principio, dar ejemplos concretos de lo que usted está hablando y de lo que ha notado. «Escuché que terminaste con seis mujeres diferentes en los últimos dos años. Yo diría que eso muestra algún tipo de problema, ¿no crees?»

Confronte porque a usted le interesa

Recuerde que algunas veces el grupo es lo único que se interpone entre una persona y su completa autodestrucción. No tenga miedo de salvarle a alguien la vida (Gálatas 6:1).

Siempre identifíquese con los demás como una persona igual, imperfecta. Mantenga la actitud de «todos estamos tratando de entender la vida», y no señoree sobre los demás.

Tenga en su mente, y en la del grupo, la definición de *confrontar* cómo *encontrar* cosas. La confrontación no siempre tiene que ser algo contrario; puede ser una forma para que nos ayudemos unos a otros a ver y encontrar la verdad sobre nosotros mismos.

Una vez más, todo esto presupone que usted tiene el tipo de grupo que está preparado para recibir opiniones y que encuentra que la confrontación es adecuada. Si eso es así, entonces, cuando se hace correctamente y con amor, decir la verdad unos a otros puede ser uno de los mayores regalos que el grupo puede hacerse a sí mismo.

Capítulo 30

Establezca los límites

C omo líder de un grupo pequeño, usted es como el jardinero que trata de facilitar el crecimiento y los frutos. Usted quiere que se produzcan o sucedan ciertas cosas. Usted está buscando *más* de algo. Se trata de incrementar.

El lado negativo de producir un incremento está relacionado con deshacerse de cosas que impiden o dañan el proceso de crecimiento. Un jardinero tiene una cerca para mantener fuera a los animales que destruirían el jardín. Él camina por el jardín con regularidad y se deshace de las malas hierbas que ahogarían el crecimiento.

De la misma manera un líder tiene que poner cercas contra las cosas que dañarían el proceso del grupo o a un individuo. Tiene que establecer límites en la conducta, las actitudes, la comunicación y otras cosas destructivas para el individuo o el grupo. Además, el líder facilita que el grupo establezca sus propios límites. Usted puede hacer esto al formular declaraciones del proceso o solo consultar con el grupo cuando surja un asunto, haciéndolos que ellos hablen del mismo.

En cualquier caso o como quiera que sea que usted lo haga, tiene que ver la importancia de establecer los límites en cosas destructivas si su jardín va a crecer. Si usted es demasiado pasivo y deja que las cosas malas duren mucho tiempo, el grupo se deteriorará.

Haga cumplir las reglas

Cuando haya establecido las reglas básicas para el grupo, asegúrese de hacerlas cumplir. Si no lo hace, entonces en realidad no son reglas. Recuerde que hay muchos niveles para establecer los límites. Todo lo que un límite significa es que usted esté impidiendo que algo ocurra o que continúe ocurriendo. Si su grupo tiene una regla en cuanto al interrumpir a otro, usted tiene un amplio rango de opciones para hacer cumplir dicha regla:

- *Señales:* Cómo levantar la mano para indicar que el que interrumpe debe esperar hasta que el que habla haya terminado.
- *Declaración indirecta con respecto al asunto:* «Grupo, vamos a asegurarnos de que dejamos que cada uno termine de hablar».
- *Declaración directa:* «José, déjala terminar».
- *Declaración directa sobre el asunto que ha ocurrido:* «José, ¿te das cuenta de que interrumpes mucho? Necesito que dejes que las personas terminen de hablar».
- *Declaración directa al grupo:* «¿Ustedes se percatan de las interrupciones constantes? ¿Les gustaría conversar sobre el asunto?»
- *Declaración indirecta al grupo:* «¿Alguien se percata de lo que acaba de suceder?»
- *Declaración directa fuera del grupo:* «José, no quise mencionar esto frente al grupo pero hay algo sobre lo que te quiero hablar que creo está interfiriendo con el proceso del grupo.
- *Declaración indirecta fuera del grupo:* Cambie la hora de la reunión y no le avise a José. (Es una broma ¡pero probablemente todos los líderes de grupo pueden identificarse con este deseo!)
- *Consecuencias.* Hable con el grupo acerca de un asunto como llegar tarde o el ausentismo y decida que si alguien llega tarde por tercera vez, no puede llegar e interrumpir o que si alguien falta a un determinado número de reuniones, quedará fuera del grupo. Por supuesto, todo eso quedará por escrito y es totalmente prerrogativo del grupo. Por ejemplo, el horario de trabajo de algunas personas no les permite asistir a todas las

reuniones. Incluso, hay algunos grupos que no funcionan así, como los grupos de recuperación. Pero el asunto es que si hay un *problema* con relación a algo que todos han decidido, entonces esto puede enfrentarse y limitarse con las consecuencias.

- *Apele a autoridades superiores:* En ocasiones las infracciones son de tal magnitud que para poner límites usted tendrá que involucrar a autoridades superiores como el director del programa, un pastor supervisor o hasta la policía.

Escoja límites que protejan

Los límites que usted establece dependen totalmente de lo que usted haya decidido que no quiere. Obviamente usted limitará cualquier cosa que dañe el proceso, función, diseño o propósito básico del grupo. Por ejemplo, en algunos grupos se desea la conversación incidental y en otros no. (Véase el capítulo 39.) Si usted no quiere este tipo de conversación en su grupo, pero de cualquier manera se produce, entonces póngale límites.

Recuerde poner límites que sean protectores y redentores. Usted quiere proteger al grupo y al mismo tiempo ayudar a las personas a que aprendan de la experiencia. Los miembros experimentarán que sus límites son redentores si usted reúne la gracia y la verdad y trata el asunto con dureza pero a la persona con suavidad.

Defina las consecuencias y la reconciliación

Cuando usted establezca los límites, calcule cuándo y si se deben aplicar las consecuencias y cómo alguien puede arreglar las cosas con el grupo. Siempre reconcilie, si es posible. Muchas veces es apropiado establecer límites fuera del grupo, especialmente si el grupo no es del tipo en el que todo el mundo ha estado de acuerdo en profundizar el proceso o la confrontación. Puede que usted quiera hablar con un miembro, fuera de la reunión, con relación a su conducta y los efectos de la misma sobre el grupo. Llegue a un acuerdo con respecto a la solución y con respecto a un plan.

Algunas veces establecemos límites individuales que en la mayoría de los casos son por el bien de la persona. En otras oportunidades la conducta está dañando al grupo. De cualquier manera, confronte la autodestrucción. Es responsabilidad del cuerpo de Cristo ayudarse unos a otros al limitar lo destructivo que es el pecado en nuestras vidas (Mateo 18:15-20).

Decida junto con el grupo cuáles límites quieren, aunque recuerde que algunos límites no son opcionales. Por ejemplo, si su grupo incluye a alguien con un problema serio de abuso de sustancias, caben los límites, especialmente si el problema se produce durante las reuniones del grupo. Es posible que el grupo sea lo único que se interponga entre la persona autodestructiva y las graves consecuencias en su vida.

Por ultimo, recuerde que usted está preservando lo que es valioso y bueno. Los límites son parte de la vida. Ya sea que detenga a un súper espiritual o que decida que alguien no es adecuado para el grupo y se le pedirá que se retire, usted está haciendo algo bueno. Usted está protegiendo algo valioso aunque esto implique algo de dolor.

Establecer límites puede ser algo difícil. En ocasiones hace que tanto el líder como el grupo se sientan incómodos pero para que las cosas buenas florezcan tenemos que limitar la mala hierba. Como líder, esto es parte de su trabajo. Respire profundo, busque algún entrenamiento y buena suerte.

Capítulo 31

Sea una autoridad

Había un diferencia fundamental entre la forma en que Jesús facilitaba el crecimiento y la forma en que los fariseos lo impedían. Él tenía *autoridad* y ellos eran *autoritarios*. En otras palabras, Jesús mostraba poder a partir de la fuerza de su verdad y no la fuerza de presionar a las personas o enseñorearse sobre ellas. La autoridad provenía de su poderosa palabra y no de asumir una posición superior.

De hecho, la Biblia nos dice que Jesús evitó esa posición (Filipenses 2:3, 5-7). Él hablaba la verdad con tanto poder que impresionaba más a las personas que los fariseos quienes se ponían por encima de los demás y les hablaban con superioridad (Mateo 23:4, 13). Pablo dice que debemos considerar a los demás como superiores a nosotros. Deje que el poder de lo que usted diga provenga de sus palabras y no de la posición de hablar «por encima» de las personas.

Haga esto vigilando su actitud y su lenguaje. Trate de asumir la actitud de estar «junto al grupo» a diferencia de la actitud de enseñar «por encima» del grupo. En su lenguaje, vigile las palabras paternas como *deber* u *obligación*. Use tantas oraciones con «yo» como pueda desde una perspectiva de compartir y no de una perspectiva imperativa. «Yo creo que ustedes se beneficiarían…» en lugar de «Ustedes debieran arreglarse». Hasta las declaraciones fuertes son mejores en el formato personal: «Yo creo que si no te arreglas, vas a tener serios problemas». Eso es fuerte pero no suena como un padre.

Las personas cambian cuando tienen la libertad de escoger. Las posiciones paternales, que se enseñorean sobre las personas, las convierten en niños en busca de la rebelión de un adolescente para establecer su libertad. No se convierta en otro padre de quien se tendrán que separar, a quien se resistirán o contra quien se rebelarán. Conviértase en otro adulto que tiene cosas poderosas que decir. La autoridad quiere decir, entre otras cosas, «ser un experto». Sea un experto al menos al comunicar la igualdad y el que lo escucha tendrá la libertad de escoger un camino mejor. En resumen, no les hable a las personas con superioridad ni los trate como a niños. Usted no está ahí para cuidar niños sino para facilitar que las personas adultas tomen mejores decisiones en sus vidas. Preserve la igualdad de ellos como adultos y su libertad para no hacer lo que usted dice o piensa y es muy probable que respondan a su verdad.

Capítulo 32

Exija integración

Una de las funciones más milagrosas de un grupo es cómo ayuda a que las personas se integren. Brevemente definido, la *integración* es la capacidad de experimentar todos nuestros componentes y sentimientos con los componentes y sentimientos de otra persona. La luz sanadora de Dios toca todos los aspectos del alma de una persona integrada. No hay manera de esconderse. Cada parte crece en gracia y verdad, funcionando en armonía con cada una de los demás componentes: «Porque ustedes antes eran oscuridad, pero ahora son luz en el Señor. Vivan como hijos de luz (el fruto de la luz consiste en toda bondad, justicia y verdad)» (Efesios 5:8-9).

Cuando una persona no se integra, experimenta división, separación y conflicto consigo misma y con sus relaciones. La persona es incapaz de ser el todo de lo que es. Como el hombre que le pide a Dios y a la misma vez duda de él, «es indeciso e inconstante en todo lo que hace» (Santiago 1:8). Muchas veces será de una forma un día y de otra al día siguiente o llevará una vida secreta que le causará gran trastorno. Tal vez al fin y al cabo tendrá tendencias y patrones relacionales que dañarán su vida. A continuación presentamos cómo el líder del grupo puede promover la integración entres sus miembros.

Preséntela como un requisito del grupo

Muéstrele al grupo que así funcionan el crecimiento y la sanidad. Dígales: «Mientras más ustedes se den a conocer y lleguen a conocer a otros, más podrá el grupo ayudarlo a alcanzar sus metas de crecimiento y sanidad. Al traer todo lo que somos al grupo, traemos elementos de gracia y verdad que tienen que ver con nosotros. Puede que no sea agradable pero de veras nos ayudará».

Proporcione gracia para todos los componentes

Una razón por la cual las personas permanecen divididas y no se integran es porque temen que el grupo solo aceptará sus componentes «buenos» pero condenará o se alejará de sus componentes «malos». Cuando una persona saca a relucir un aspecto vergonzoso o vulnerable de sí misma, diga cosas así: «Cindy, debe ser difícil para ti hablar de cuán impotente te sientes ante el problema que tu hijo tiene con las drogas. El mero hecho de que hayas hablado del asunto me hace sentirme más cerca de ti. ¿Alguien más puede decirle a Cindy cómo se siente con respecto a este aspecto de su vida?»

Ayude a las personas a presentarse en sus debilidades y no en sus fortalezas

Desarrolle una cultura y expectativa en su grupo con respecto a que la debilidad y el quebrantamiento son la razón por la cual están ahí. Cada miembro está trabajando en integrar a sus vidas la debilidad y el quebrantamiento que han negado. Es importante compartir la fuerza, el éxito y el gozo y no deben subvalorarse pero usted no va a la fisioterapia para ejercitar la rodilla que no está torcida. Diga: «Parece que todos estamos hablando de lo bien que nos va. Me pregunto si esta noche hay alguien deseoso de hablar de algún problema o lucha».

Esté al tanto de las partes o emociones ausentes

Cuando una persona no se integra, en su vida habrá una carencia. Por ejemplo, puede que esta persona no sea capaz de ser directa y a la misma vez estar relacionada o puede que no sea capaz de sentir sentimientos tristes, solo los positivos. Entrene a los miembros a estar más conscientes al decir cosas como: «Rebeca, tú en verdad eres muy buena para apoyar los asuntos de otras personas pero parece que en realidad nunca llegamos a ti. Sé que estás aquí por alguna razón. ¿Qué está pasando contigo hoy?»

Confronte la postura de víctima-acusador

Un problema común que el grupo puede ayudar a integrar es la tendencia a verse uno mismo como víctima y por ende estar exento de la confrontación.

Una persona con este problema presentará una situación o lucha al grupo y pedirá apoyo y consuelo. Cuando el grupo vaya más allá de eso y exprese cómo la persona contribuye a dicha situación, entonces la persona considera que el grupo es peligroso y acusador. La gracia del grupo tiene poco efecto sobre la persona.

Ayude al grupo a amar y aceptar a la persona pero también haga que esta esté consciente de su tendencia y el precio de la misma: *no solo lo aleja del grupo sino que lo hace incapaz de crecer o solucionar sus problemas.* Por ejemplo: «David, cuando Marta dijo que al parecer le echas la culpa de toda la falta de tu felicidad a la falta de apoyo de tu esposa, a mí me pareció que ella lo hizo con verdadero interés y que tiene razón. Sin embargo, te sentiste herido y te enfadaste con ella. Parece que cuando te damos nuestras reacciones no nos ves como que nos interesamos o que te entendemos. ¿Podemos trabajar en este asunto?» Esto puede ser un material muy valioso. Ayuda a las personas que han estado atascadas en un modo de ser impotente a salir del mismo e integrar su poder, dominio y responsabilidad al resto de sus vidas.

Un grupo que exija integración ayuda a sus miembros a estar consciente, enfrentar y llevar a la sanidad partes de sí mismos que les han ocasionado problemas en sus vidas durante muchos años. El valor de eso no puede sobreestimarse.

Capítulo 33

Permita momentos de silencio

Las personas que son nuevas a los procesos de grupo muchas veces le temen al silencio. Les hace sentir incómodos y no ven el valor del mismo. Como líder usted debe entrenar al grupo que la realidad es lo contrario a esto: el silencio es parte del proceso del grupo y este tiene un valor en sí mismo. El silencio no es un paréntesis entre los períodos de crecimientos, este trae el crecimiento tal como lo hace la conversación. Hay «un tiempo para callar, y un tiempo para hablar» (Eclesiastés 3:7) y el buen líder conoce la diferencia.

El valor del silencio

Cuando el grupo se encuentra con momentos de quietud, la falta de ruido permite que sucedan cosas buenas. El silencio puede ser un contexto para diferentes procesos.

Reflexión y meditación. Los miembros pueden pensar en algo que acaba de suceder en el grupo y lo que esto significa para ellos. Más que obtener información, las personas ganan perspectiva en cuanto a lo que están experimentando

Conciencia interior. Las personas usan el silencio para entrar en contacto con lo que está sucediendo dentro de ellos; pueden despojarse de las personas adaptables que la vida les hace usar y experimentar lo que realmente hay ahí dentro.

Conciencia de grupo. Los miembros aprenden a percibir lo que está sucediendo en la habitación con las demás personas. ¿Hay alguien herido o con necesidad? ¿Enojado? ¿Hay conflicto en la habitación? ¿Hay alguien que muestre señales de separación?

Un hallazgo feliz. Algunos silencios en los grupos tienen que ver con un sentido de bienestar o gozo porque algo realmente bueno acaba de suceder en el proceso. Por ejemplo, un miembro fue capaz de discutir un asunto doloroso que nunca le había dicho a nadie y el grupo desempeñó la buena función de estar a su lado. Las personas pueden quedarse en silencio solo para disfrutar lo que Dios hizo allí con esa persona y con ellos.

Próximos pasos. El grupo puede usar el silencio para entender lo que ha estado sucediendo y llegar a conclusiones, entendimientos, aplicaciones y direcciones para el crecimiento en sus vidas. Puede que usen el silencio para decidir qué es lo próximo que quieren decir en el grupo.

Usar el silencia para tratar problemas

Por supuesto que en un buen grupo hay equilibrio entre un buen debate y un buen silencio. El líder necesita desarrollar la habilidad de discernir cuándo el silencio o la ausencia de este, es un problema.

Al comienzo del grupo. Típicamente el tiempo de más silencio en un grupo es probable que ocurra al comienzo. Para esto hay razones válidas ya que las personas han llegado de sus vidas en el mundo externo o están pasando por la transición al marco del grupo o pudieran estar preocupadas con algo que ha atrapado su atención en cualquier otro lugar. Así que permita un poco de asentamiento en silencio al comienzo. De hecho, si la estructura de su grupo se lo permite, comience con silencio en lugar de con alguna pregunta o idea. Esto aumenta las posibilidades de que surja lo que pudiera ser más importante.

Puntos de transición. Cuando se haya resuelto algún tema o alguna persona haya terminado de trabajar por el momento en algún asunto, deje que el grupo se tranquilice un poco. Permítales prestar atención a cualquier cosa que esté pasando para que puedan escoger «el próximo rumbo que tomarán». Evite la tentación del líder de decir: «Bien, ¿quién más tiene algo que decir?» Eso tiende a interrumpir la solución del asunto anterior. Además, engancha a esos miembros que les gusta agradar a las personas y que quieren ayudarlo a estar contento ¡porque usted es un buen líder!

La ansiedad con respecto al silencio. Usted pudiera encontrar que algunos miembros tienen un modelo para rescatarse a sí mismos y al grupo del silencio. Se vuelven habladores o tratan de hacer que alguien llene el espacio. Pregunte al respecto: «Julia, parece que cuando todos nos tranquilizamos tú presentas algo para debatir. Dinos qué pasa dentro de ti cuando nadie está hablando». Usted pudiera descubrir que a Julia le causan temor las emociones fuertes, las de ella o las de cualquier otra persona, e interpreta el silencio como una señal de que se está avecinando una tormenta. Así que ella desvía el asunto con la conversación. Puede que necesite que se le asegure que si surgen sentimientos, el grupo los puede manejar.

La declaración no dicha. En ocasiones el silencio puede significar que las personas están sintiendo o experimentando algo pero tienen miedo de decirlo. Es decir, que *el propio silencio está diciendo algo*. Como líder usted puede lidiar con esto al decir algo así: «Cuando José volvió a llegar tarde, todos se quedaron callados, pero muchos de ustedes parecían molestos o enojados. ¿Hay algo pasando aquí con relación a los sentimientos de ustedes hacia José?» Obviamente, usted necesita ser cuidadoso de no interpretar el silencio a su manera sino de acuerdo a lo que está sucediendo.

Vivimos en un mundo ruidoso, no obstante Dios nos habla en nuestro silencio. Ayude a desarrollar su grupo para que sea un lugar donde pueden crear silencio para escucharse a sí mismos, a los demás y a Dios.

Capítulo 34

Interprete los temas, símbolos y significados

Proverbios 20:5 dice: «Los pensamientos humanos son aguas profundas; el que es inteligente los capta fácilmente». Somos criaturas profundas y complejas y la Biblia dice de muchas maneras que no siempre entendemos lo que nos pasa. Los árboles no nos dejan ver el bosque. No siempre podemos entender nuestra conducta ni tan siquiera nuestros propios pensamientos. David oró a Dios: «Examíname, oh Dios, y sondea mi corazón; ponme a prueba y sondea mis pensamientos. Fíjate si voy por mal camino, y guíame por el camino eterno» (Salmos 139:23-24). Necesitamos ayuda para entendernos a nosotros mismos y nuestras vidas.

Muchas veces el mensaje de nuestras vidas está escondido en símbolos, conducta simbólica o metáforas. Una miembro del grupo tuvo una serie de relaciones en las que los hombres la abandonaron. El dolor del último no le dejaba ver el mensaje que estas relaciones le estaban dando pero el grupo le ayudó a verlo. Alguien dijo: «Parece que solo te apegas a hombres que son desertores. Quizá el hecho de que los hombre te abandonen va más allá de José o de Tomás. Quizá tiene que ver con la historia de tu vida. Parece ser que el hombre que abandona es un personaje principal en tu historia. Sería bueno descubrir lo que eso significa». Ella terminó descubriendo que estaba repitiendo un modelo que había comenzado con un padre alcohólico durante su niñez. Pero no fue sino hasta que alguien se lo dijo que ella pudo ver el asunto: hombres que abandonan. Ella solo veía el problema inmediato que ella pensaba era José o Tomás.

Otro ejemplo es un grupo donde una mujer hablaba de sentirse mal y hasta un tanto deprimida. Cuando se le preguntó sobre su último año, ella lo contó de una manera biográfica sencilla, contó muchos incidentes. Los incidentes incluían una mudada, la graduación de una hija, la defunción de un padre y una promoción. Pero el líder reconoció que todos estos asuntos, sumados, indicaban un tema: «Parece que te han sucedido tantas cosas en este año que sumaron una gran pérdida. Hasta las cosas buenas, como la graduación de tu hija, tu promoción y la mudada, implican perder personas o perder la relación con ellas. Tal vez por eso estás deprimida».

Hace poco una mujer llamó a nuestro programa de radio y dijo que se había sentido abandonada en muchas relaciones. Cuando le preguntamos acerca de las mismas ella las describió, una por una, relaciones con hombres en las que siempre algo malo había sucedido y que le llevó a decidir que la relación no era para ella. En otras palabras, ella había dejado las relaciones y no obstante se describía así misma como «abandonada».

Señalamos el tema. «Usted dice que se siente abandonada pero es usted quien se marcha. ¿Qué es lo que le asusta para permanecer en la relación? ¿Por qué se le hace difícil ver que es usted la que se marcha? ¿Por qué cree que lo hace tanto?» Ahora bien, debido a que vio un tema que nunca había reconocido, tenía algo en lo que trabajar. A veces, sin saberlo, vivimos temas o patrones pero una vez que los vemos, podemos resolverlos y como consecuencia ver cuándo se aproximan. Mientras que en nuestro corazón haya cosas sin resolver, estas crearán «situaciones» en nuestras vidas (Proverbios 4:23).

Además de los temas y los símbolos, a veces damos a entender en la comunicación algo que necesita decirse por lo claro. Tal vez solo lo mostremos con una expresión o lo dejamos filtrar en una palabra escondida, pero ahí está y el líder hábil se da cuenta de esto y hace que el grupo lo vea y trabaje en ello. «Dices que estás deseoso de ver a tu familia pero no veo mucho entusiasmo en realidad». La mayoría de las veces la persona no está consciente de este sentimiento oculto o de la actitud implícita o está consciente pero tiene temor de decirlo directamente. Cuando el líder interpreta o saca a la luz ese sentimiento o actitud, entonces este queda visible y hay más posibilidad de que la persona lo reconozca como algo suyo.

Nuestros verdaderos significados y asuntos se ocultan de nosotros en muchas maneras. A menudo son difíciles de resolver si no se ponen de manifiesto. Un grupo puede ayudar a resolver estos asuntos ocultos si recuerda estas directrices:

Una los puntos de lo que una persona está diciendo y tendrá una línea sólida. En el caso de la mujer que describimos anteriormente, un año de acontecimientos fue el equivalente de un tema de pérdida. Solo escuche el tema y luego ponga el tema de manifiesto.

Busque significados en la conducta de la persona. «Dices que quieres una relación significativa pero solo sales con mujeres que por alguna razón no están disponibles para eso. Tu conducta debe significar que contradices lo que dices que quieres o de lo contrario invitarías a mujeres que verdaderamente son elegibles y que califican».

Vigile los símbolos en la conducta de la persona también. «Parece ser que todas las actividades que escoges para el tiempo libre implican agresión. Últimamente nos has mencionado tirar balas de pintura, ver películas de guerra y de acción, ver repeticiones de boxeo e ir a tirar. ¿Crees que estas enojado por algo? ¿O todo esto expresa algún otro sentimiento agresivo?»

Como dijo Jesús, las palabras descuidadas tienen un significado (Mateo 12:36). Vigílelas. Muchas veces dicen mucho acerca de una persona. Hacer resaltar esas palabras puede ser esclarecedor. «Samuel, ¿sabías que cada vez que hablas de la iglesia dices algo sarcástico en forma de chiste? Me pregunto si en realidad son solo bromas o si tus sentimientos van más allá». O «Susana, ¿estás consciente de cuántos comentarios sexuales haces? Sin lugar a dudas son cómicos ¿pero de qué crees que se trata?»

La interpretación es mucho más enigmática pero al igual es útil. Es enigmática porque uno no sabe si su interpretación es correcta o no. Al sacar temas o interpretaciones, las cosas siguen abiertas para interpretarlas. Puede que no sepamos lo que algo significa, solo sabemos que está ahí. Al proponer una interpretación usted se está aventurando a decir lo que cree que algo significa en realidad para alguien. Tome el ejemplo del hombre que sale con mujeres inelegibles. Interpretarlo significaría que usted añadiría: «Y me pregunto si no estás escogiendo a las mujeres inelegibles porque temes que te abandonarán al igual que lo hizo tu esposa». Con las interpretaciones siempre es mejor expresarlas como preguntas o cuestionamientos. Al fin y al cabo, usted no sabe y eso da espacio para que las personas consideren las cosas.

Asegúrese de que es *apropiado*, según el acuerdo del grupo, que usted relacione e interprete los significados. Si no lo es, entonces usted de todas maneras puede hacer algún tipo de interpretación del grupo como un todo, como una vista del proceso de todo el tema del grupo. «Parece que el grupo tiene un tema. Comenzamos mirando una página de las escrituras y terminamos hablando de nuestras vidas». Eso los puede llevar a una experiencia más profunda de lo que están haciendo. Pero interpretar las cosas para una persona en particular pone a las personas más en la mira. Asegúrese de que su acción es parte de las reglas y propósitos del grupo y de que las personas son idóneas para la misma.

Sócrates dijo que una vida que no se examina no vale la pena vivirse. Nosotros añadiríamos que es difícil vivir muy bien en lo absoluto sin un examen continuo por parte de Dios, de los demás y de nosotros mismos. Un grupo es un lugar maravilloso para que examinemos nuestras vidas y una gran herramienta para sacar significados de nuestra conducta, comunicación y elecciones. Escuche con un poco más de detenimiento y una los puntos. Al hacerlo, el grupo también lo aprenderá. Con ese tipo de examen, creemos que usted asimismo encontrará un significado más profundo.

Capítulo 35

Ayude a contener las emociones fuertes

Si usted tiene alguna experiencia con los procesos de grupo, está consciente de que este es un tiempo muy significativo pero a la vez puede ser turbulento. Las personas llegan con problemas de la vida, fragilidades internas y heridas; el diseño de Dios es que el cuerpo ayude a tratarlos y sanarlos.

Por lo tanto, es sabio tener una estrategia para tratar con las crisis emocionales. Usamos el término *emocional* porque una persona pudiera tener una crisis en la vida (una emergencia médica, un problema familiar, una pérdida financiera) y no obstante estar bastante estable desde el punto de vista emocional haciendo uso de sus reservas internas, de Dios y del apoyo del grupo. Una crisis emocional se produce cuando una persona no puede manejar, experimentar y solucionar sentimientos lo que trae como resultado que esos sentimientos se vuelvan muy intensos o se incrementen e interfieran con el funcionamiento de la vida normal.

Dejando a un lado las crisis de la vida, una crisis emocional puede surgir debido a algo que esté sucediendo en el grupo. Por ejemplo, a causa de la seguridad del grupo, alguien podría comenzar a experimentar sentimientos pasados no resueltos y recuerdos de los que no estaba consciente. Esto podría ser muy inquietante y atemorizante para la persona. Si el grupo tiene poca experiencia en estar con alguien en necesidad, acudirán a usted en busca de ayuda y dirección.

En esencia, el grupo ayuda a los miembros en una crisis emocional mediante la *contención*, lo cual se define brevemente como *absorber y tolerar aquello que el miembro no puede soportar por sí solo*. Cuando las personas están tan heridas y quebrantadas que no pueden manejar emociones fuertes o cuando las emociones son catastróficas, puede que necesiten un lugar para «colocar» los sentimientos de manera que se pueda compartir y aliviar la intensidad.

Los investigadores han observado la función contenedora de las madres con los bebés. El bebé comienza a sentir temor, se exaspera o siente incomodidad. El llanto del niño aumenta cuando las emociones se vuelven demasiado grandes para él. La madre lo abraza, le permita sentir sus sentimientos, le proporciona un ambiente seguro y estructurado (sus brazos) y absorbe en ella las emociones que le atormentan. Con el tiempo él se calma y se estabiliza. Eso es similar a cómo un grupo funciona en una crisis. He aquí algunos consejos:

Tenga una estrategia para lo que debe tratarse fuera. El grupo no puede manejar todas las crisis. Los líderes necesitan entrenamiento para reconocer cuando una crisis debe tratarse fuera del grupo. Por ejemplo, si una persona comienza a mostrar tendencias suicidas, no puede resolver la crisis en determinado tiempo, se vuelve menos capaz de funcionar en la vida o se convierte en un peligro para otras personas, usted tendrá que referirla a las fuentes indicadas. Si su iglesia u organización no proporciona este tipo de ayuda, busque un contexto terapéutico que lo haga. Usted aprenderá a reconocer señales de advertencia importantes.

Esté presente. Ayude a su grupo a estar presente emocionalmente con la persona que está en crisis, como la madre con el bebé. Es asombroso el bien que esto le hace a la persona que está en necesidad. A veces «estar con la persona» es suficiente para ayudar al miembro a interiorizar gracia y estabilidad de manera que pueda salir de los sentimientos tormentosos. Ayude al grupo a aprender a funcionar de esta manera: «Marcos, estamos junto a ti y estamos disponibles. Sigue hablando del asunto. No hay problemas». Con el tiempo usted notará que la persona comienza a salir de la crisis y se vuelve más calmada y aliviada.

Ayude con los pensamientos catastróficos. Muchas veces la persona en crisis teme que las cosas están peor de lo que están en realidad y esto hace que las emociones aumenten aun más. Después de que usted ha ayudado a la persona a relacionarse y confesar sus emociones profundas e intensas, use al grupo para ayudarla a discernir lo que es real y lo que no lo es. Diga: «Ahora que pareces más aliviada, hablemos de algunas realidades. Tu esposo te dijo que está decepcionado del matrimonio y tú lo interpretaste como el fin del mundo. Tal vez eso solo significa que él ve algunos problemas y quiere trabajar en ellos. Creo que usted necesitará más información antes de llegar a la conclusión que es tan temible como te están diciendo tus sentimientos».

Desarrolle un plan. Ayude a los miembros a elaborar un plan práctico para tratar con el asunto. Una persona en crisis se siente impotente para hacer cualquier cosa con relación a su situación. Cuando usted le ayuda a dar algunos pasos, esos pasos le proporcionan una estructura y la impotencia disminuye. Por ejemplo, un miembro con un hijo adolescente involucrado en las drogas pudiera tener un plan para llamar a un especialista en adolescencia o hasta la policía si fuera necesario.

Mantenga una estructura. Aunque le de buena atención y presencia a la persona, trate tanto como sea posible de mantener la estructura del grupo intacta. Esto podría significar decir: «Sandra, ahora pareces estar mejor, después de que el grupo te acompañó a pasar por tu miedo. ¿Ya estás lista para que prosigamos con otra persona?» Esto no es ser frío. Más bien les comunica a los miembros que los sentimientos no son siempre realidad y que las personas pueden tener emociones fuertes, confesarlas y resolverlas para así proseguir en la vida. Le quita el poder ficticio a las emociones intensas y les da a las personas poder sobre estas para tomar sus propias decisiones.

Muchas veces los grupos y las emociones van juntos. Asegúrese de que como líder usted esté consciente de sus propias emociones así como de cualquier temor de estar alrededor de personas que sienten las cosas con mucha profundidad. Asegúrese de que usted tiene un lugar en la vida donde también se puede contener cuando lo necesite.

PARTE 5

RESPONSABILIDADES DE LOS MIEMBROS DEL GRUPO

Capítulo 36

Espere lo inesperado

El crecimiento espiritual y las experiencias de grupo están llenos de sorpresas. Cuando tratamos con Dios realmente nunca sabemos qué será lo próximo que sucederá.

Tampoco se sabe qué esperar cuando estamos conociendo a las personas a nivel más profundo. Ambos procesos nos llevan a un conocimiento y experiencias mayores con nosotros mismos incluyendo nuestros temores y tenemos cambios inesperados. En resumen, la experiencia de crecimiento espiritual con Dios y con otros en un grupo es una aventura que sencillamente no podemos predecir.

Lance la visión

Esperamos que los miembros de su grupo capten este mismo espíritu de aventura. Creemos que es el papel y la responsabilidad de ellos pedir lo inesperado y desarrollar una actitud de apertura a cualquier cosa que Dios quiera hacer en sus vidas a través del grupo. Los miembros de un grupo bueno, que crece, aceptan la responsabilidad de abandonar los patrones rígidos de interacción y desechar los «odres» viejos de la interacción espiritual con los demás.

Los miembros muestran su disposición de aceptar lo que Dios quiere hacer al formular preguntas como estas:

- «¿Qué tiene Dios para mí esta noche?»
- «¿Qué tiene Dios para mí durante el próximo año en este grupo?»
- «¿Cómo quiere Dios usar a esta persona en mi vida?»
- «Nunca antes he visto ni experimentado algo así. ¿Qué puedo aprender?»

Los miembros renuncian al control y a tener expectativas establecidas de la experiencia del grupo. Le permiten a Dios y al proceso llevarlos a lugares en los que nunca habían estado para estirarse y crecer. Los miembros del grupo con una actitud abierta serán los que más crecerán. También encontrarán que este tipo de flexibilidad es bueno para la vida en sentido general.

Su función por ende es ayudar a que el grupo capte esta visión de apertura a la obra inesperada de Dios.

Haga públicas las expectativas

En la preparación hable con los miembros acerca de sus expectativas para el grupo. Reconozca las expectativas de esperanza, crecimiento y aprendizaje como pronósticos de una buena experiencia de grupo. Explique que otro pronóstico de una buena experiencia de grupo es la expectativa de la sorpresa, el abandono de la rigidez y poder estirarse. Pregunte al grupo cuán abiertos son a que Dios los sorprenda. Hable de esto directamente como un concepto relacionado con la humildad y el crecimiento. Intercambien ideas acerca del hecho de que ser humildes delante de Dios nos pone en una posición en la que podemos crecer en direcciones y áreas inesperadas. Ser humildes delante de él es no saber lo que él va a hacer, ni tan siquiera saber lo que necesitamos. Ser humildes es ser el barro y comprender que él es el alfarero. Significa ser flexibles y dóciles delante de él.

Alivie los temores

Pídales a los miembros que expresen sus temores con relación a ser sorprendidos por las experiencias que vendrán. ¿A qué le temen? ¿Hay algunas áreas que se van de los límites? ¿Cuáles son sus sentimientos con relación a estar abiertos a que sucedan cosas nuevas?

Usted pudiera aliviar sus temores al sugerir que su pacto con cada uno es animarse unos a otros para estar abiertos a cosas nuevas y tener experiencias que las extiendan.

Modele la apertura

Recuerde, la apertura no es algo que usted puede dictaminar con facilidad sino que es algo mas bien cultural dentro del grupo. Usted prepara el terreno al lanzar la visión continuamente, comience con su oración inaugural de cada semana: «Dios, por favor, ayúdanos a estar abiertos a cualquier cosa que quieras mostrarnos en esta noche».

Busque maneras para promover la idea de estar abiertos a nuevas perspectivas, nuevas formas de ser y nuevas formas de ver a Dios, a sí mismos y a la vida. El concepto se capta más de lo que se enseña pero ambos medios son importantes. Por último, los miembros no pueden estar abiertos si usted no lo está. Así que comience por usted mismo. Pudiera decir: «Bueno, señores, quiero aprender algo de mí que nunca haya visto y crecer en formas que nunca he esperado. Cuando ustedes vean cómo necesito crecer, ¡háganmelo saber! Quiero recibir de ustedes lo inesperado».

Vaya delante de Dios y de los demás y vea cuán abierto es usted a esperar lo inesperado. No sea el techo del grupo, sea un techo corredizo hacia el cielo.

Capítulo 37

Darse a conocer

Es un caso común en nuestras vidas como psicólogos. Alguien viene en busca de ayuda porque su matrimonio tiene dificultades, o está muy deprimido o es adicto a algo. El problema podría ser la infidelidad o problemas significativos con un niño. Las cosas han llegado al punto de «la última gota», así que la persona viene a ver a un profesional. Muchas veces las personas no vienen a nosotros hasta que han experimentando dolor significativo durante un tiempo. Es ahora que vienen en busca de ayuda. En otras palabras, han esperado mucho, más allá de lo que realmente necesitaban.

Al investigar más sobre sus vidas, siempre queremos saber el nivel y la magnitud de apoyo que tienen. Preguntamos: «¿Quién sabe de este problema? ¿Quién ha estado ayudando? ¿En quién se apoya usted y con quién habla? ¿Quién le hace comentarios y le brinda sabiduría?»

Algunas veces el cliente dice: «Bueno, yo voy a la iglesia» o «Tengo amigos cercanos». Entonces insistimos un poco y preguntamos: «Pero, ¿está usted procesando todo esto con ellos, les está contando cuán malo es y en verdad dejándoles entrar?» Y la respuesta es: «No. No les he contado lo que le he contado a usted».

Eso nos entristece. No obstante, es común que la gente vea la iglesia como un lugar al que uno va una vez a la semana a escuchar un sermón, saludar a los amigos y sonreírles a todo el mundo. Muchas veces entre sus amistades comparten fuertes lazos de cuidado y amor pero la medida en que se dan a conocer es muy superficial. Hay una especie de «cariño desinformado» entre ellos. A la luz de esta situación debemos educar a las personas en su necesidad de algo más que una «iglesia superficial» o una «amistad superficial». Les enseñamos acerca de profundizar más con algunas personas tanto en una comunidad de fe como en amistades individuales. Entonces, al aprender los principios de darse a conocer, las personas mejoran y la vida comienza a tomar el camino correcto.

Permanecer desconocido en un grupo

También vemos este caso que es más triste que el anterior. *La persona realmente no se da a conocer y no obstante está en un grupo pequeño.* Viene a la terapia cuando la vida se está desmoronando y le preguntamos: «¿Quién sabe de este dolor, de esta lucha o de esta tentación?» Y la respuesta es: «Nadie». En ese punto queremos gritar: «Y ¿qué de su grupo de apoyo? ¿Y qué de su grupo de rendir cuentas?»

Por supuesto, la gente da sus razones pero eso no es excusa. El grupo pequeño debió haber sido un lugar donde la persona al menos recibiera el apoyo de que se le conociera, se le sostuviera y comprendiera. Así, de acuerdo a nuestra manera de pensar, hay dos problemas que resolver. El primer problema es lo que sea que anda mal en la vida de la persona (ya sea depresión o un problema matrimonial); el segundo, lo que sea que está mal en el grupo de la persona.

A menudo el propio grupo no es un lugar seguro o no tiene buena facilitación. Pero en ocasiones la propia persona no está desempeñando su papel para darse a conocer. Su función como líder es ayudar a que los miembros logren esto.

Reconozca la resistencia

Desde el principio eduque bien a los miembros en que darse a conocer es algo muy importante. En el día de orientación, hágale saber a las personas que darse conocer es parte de su rol como miembro del grupo y es importante para que el grupo desarrolle sus valores, cultura y que cumpla con sus metas.

Usted también deberá educarlos con relación al problema de la resistencia. La Biblia enseña claramente que los humanos tenemos un problema: escondemos nuestro verdadero yo. Adán y Eva pecaron y «se les abrieron los ojos, y tomaron conciencia de su desnudez. Por eso, para cubrirse entretejieron hojas de higuera» (Génesis 3:7).

Desde entonces hemos seguido escondiendo nuestro ser más vulnerable. Sin embargo, aunque esperamos esta resistencia, la Biblia también nos dice que dejemos de escondernos. Hacer confesiones es necesario para una experiencia de grupo más profunda. «Por lo tanto, dejando la mentira, hable cada uno a su prójimo con la verdad, porque todos somos miembros de un mismo cuerpo» (Efesios 4:25).

Hágales saber a los miembros del grupo que en este hay una fuerza humana trabajando para esconder quiénes son y hay una fuerza espiritual de Dios para hacer que dejen de esconderse y sean honestos. Haga que esto sea una comprensión general para que se convierta en parte de la cultura.

Ayuden a sacarlos del escondite

Haga que el grupo comente alguno de sus temores de darse a conocer. Dígales que todos tememos hablar de nuestras interioridades porque podemos experimentar juicio, rechazo, vergüenza, deberes y hasta intimidad. Vea si los miembros pueden hablar de las cosas que se mantienen escondidas. En el mismo acto de hablar de aquello a lo que le temen, están comenzando a darse a conocer y por lo tanto están mejorando.

Pregúntele al grupo qué le ayuda a dejar de esconderse y cómo otros miembros pueden ayudar. Esta petición tendrá resultados prácticos ya que el grupo sabrá qué hacer por la persona. Las cosas irán mejor cuando ellos revelen su problema. Además, pedir ayuda específica expresa necesidad y vulnerabilidad lo cual es un paso de crecimiento. Hacerle una petición al grupo es sacar algo «de detrás de la hoja». Déles ejemplos de cómo pueden describir su temor y pedir ayuda:

- «Tengo miedo de ser juzgada. Así que cuando cuento algo me gustaría que alguien simplemente me dijera que no hay problemas».
- «Tengo miedo de ser juzgada. Así que cuando cuento algo me gustaría que ustedes simplemente me escucharan y no me dieran ninguna opinión a menos que yo la pida. Al principio solo necesito que me acepten».
- «Tengo miedo de que nadie me dirá la verdad, así que cuando cuento algo, no importa cuán malo o negativo sea, quiero saber exactamente qué creen ustedes al respecto. Sean honestos conmigo».
- «A veces necesito saber que Dios está conmigo, así que cuando cuente algo quizá pida que alguien ore».

Qué significa *darse a conocer*

Déles a los miembros algunos ejemplos de lo que significa darse a conocer puesto que ellos pudieran preguntarse qué partes de sí mismo deben dejar que otros conozcan. El nivel ideal de darse a conocer variará. Incluso en los grupos más superficiales, como los grupos de discusión, los miembros son responsables de al menos dejarles conocer a otros sus pensamientos, reflexiones u opiniones con relación al tema o pasaje. En grupos más profundos compartirán dolor, sentimientos, temores y luchas.

Su grupo y el propósito de este indicarán lo que sea apropiado pero cualquiera que sea la idoneidad, los miembros deben saber. He aquí algunas cosas «detrás de las hojas» por las que usted quiere que se hagan responsables de hablar:

Sentimientos	Deseos	Necesidades
Actitudes	Amores	Intereses
Conductas	Temores	Sexualidad
Elecciones	Pasiones	Ira
Valores	Pérdidas	Odio
Límites	Dolores	Pecado
Pensamientos	Sueños	Fracasos

Ternura	Enfrentamientos	Lo oscuro y feo
Entrega	Heridas	Secretos
Sacrificio	Opiniones	Talentos
Opiniones de otros		

Algunas de estas son más profundas y temerosas que otras pero todas son partes de ser humanos. Si está bien que un asunto se comparta en un grupo variará según el grupo, pero la regla general es que mientras más de uno mismo se lleve a la relación con los demás, más conocimiento habrá. Y mientras más conocimiento haya, más cambios ocurrirán. Cuando las cosas se sacan a la luz, la Biblia dice que se hacen visibles y Cristo puede resplandecer sobre ellas (Efesios 5:13-14).

En la medida en que sea adecuada, establezca un modelo de cómo usted quiere que sus miembros se den a conocer. Algunas personas nunca han visto a nadie ser real y franco con otros. Usted puede darles una panorámica de cómo es mediante ejemplos como: «Yo sé cómo es. Yo tengo mucho miedo en situaciones…» o «cuando pienso en el fracaso no es difícil que algo aparezca. Justo esta mañana, yo… ¿alguien más se identifica con este sentimiento?»

En una ocasión yo (Henry) tuve un intercambio desagradable justo antes de dirigir un grupo y no tenía tiempo para calmarme. Así que llegué al grupo y pregunté: «¿Qué hacen ustedes cuando se siente como yo me siento ahora mismo? Estoy tan enojado acerca de algo que quisiera…» Estaban un poco asombrados de que su líder tuviera semejantes sentimientos pero nunca me olvidaré de ese grupo. Durante la próxima hora y media las personas fueron más honestas de lo que yo nunca había visto en ellos y fue porque yo como líder les había mostrado cómo son la honestidad y el darse a conocer

Asumir la responsabilidad

Aliente a cada miembro a asumir responsabilidad para darse a conocer. Hágales saber a las personas que hay riesgo en un grupo, al igual que en la vida. Así como nadie puede vivir nuestras vidas por nosotros, nadie puede darse a conocer por nosotros. Nosotros mismos tenemos que hacerlo. De cierta manera la medida en la que los miembros crecerán está en sus manos. Está relacionado con cuánto van a permitir que el grupo entre a sus corazones «les hemos abierto de par en par nuestro corazón» (2 Corintios 6:11-13).

Explique el pago de asumir la responsabilidad de darse a conocer. La honestidad y el bienestar están vinculados. En la medida en que somos honestos y nos damos a conocer a otros, no solo tenemos una mejor experiencia de grupo sino que nos va mejor en la vida. Las personas más saludables son las más honestas. «Usted está tan enfermo como lo estén sus secretos», esa es una verdad importante. Comunicar a las personas este concepto bíblico les ayudará a dirigirse hacia la honestidad.

Haga énfasis en que las buenas experiencias de grupo no se producen si los miembros no son genuinos. Aunque hay mucho que usted puede hacer para facilitar eso, hay un límite en lo que usted puede hacer. *Dígales a los miembros cuál es su papel.* Discutan cómo darse a conocer es función de ellos y que usted tratará de ayudarlos a hacerlo. Pero usted no puede hacerlo en su lugar, así que ellos tienen que trabajar y ser sinceros.

Capítulo 38

Escúchense unos a otros de verdad

Las importantes necesidades de conocerse y darse a conocer son una gran parte de lo que significa amar y ser amado. La verdadera relación y la intimidad llegan cuando nos conocemos y nos amamos unos a otros profundamente. «Ahora que se han purificado obedeciendo a la verdad y tienen un amor sincero por sus hermanos, ámense de todo corazón los unos a los otros» (1 Pedro 1:22).

Para que esto suceda necesitamos tener una verdadera comprensión de cada uno así como una experiencia de ser entendidos. En otras palabras, no solo necesitamos que se nos conozca sino saber que se nos conoce. Eso solo proviene del arte de escucharnos unos a otros y de saber que se nos ha escuchado. Dicho de una manera simple, es el arte de la empatía entre los miembros del grupo. Es la tarea de realmente escucharnos unos a otros y saber que esto ha sucedido. Es el arte de «estar junto a los demás».

En muchos grupos esto no sucede. Las personas no se escuchan mutuamente. En cambio, predican, enseñan, dan consejos, se enseñorean e inmediatamente hablan de sí mismos. Puede que en algún momento todas esas cosas tengan su lugar pero por lo general están al final de la lista de prioridades, mucho después de la necesidad de solamente escuchar.

Como líder de grupo usted puede escuchar a las personas y expresar simpatía para demostrar que realmente está escuchando. (Véase el capítulo 26.) Pero también es importante que los miembros de su grupo se escuchen unos a otros. Déle a esto un alto grado de importancia en la prioridad de valores para el grupo y haga lo que pueda para facilitar que suceda.

Oriente a los miembros en cuanto al valor de escuchar

Modele el escuchar de manera verbal y no verbal que apoye y muestre simpatía. Señale estas opciones en la orientación del grupo. Hábleles a los miembros sobre la importancia de escucharse unos a otros. Haga que los miembros expongan sus dificultades con relación a escuchar. Pregúnteles sobre sus experiencias en cuanto a no ser escuchados. Enséñeles un poco acerca de las barreras para escuchar y «delitos de escuchar».

Dé reacciones

Sugiera darse reacciones unos a otros si alguien siente que no se le escucha. La persona que siente que no se le escucha puede dejar que el oyente sepa qué le habría hecho sentir mejor. Averigüe si los miembros quieren opiniones de otros miembros cuando no están escuchando bien. Haga declaraciones de procesos con relación a escuchar y verifíquelo con el grupo. «Parece que estamos hablando mucho sobre las experiencias y dando opiniones. ¿Cómo se siente cada uno esta noche en cuanto a ser realmente escuchado?»

Si su grupo ha decidido que está bien, dé usted mismo la opinión al que no escucha: «José, me percato de que cuando las personas comienzan a hablar de cosas que son difíciles, tú inmediatamente les das consejo. ¿Te has dado cuenta de eso? ¿Por qué crees que lo haces?» Una vez más, este tipo de declaraciones cae en la categoría de qué tipo de grupo usted ha decidido tener, pero pueden ser grandes para construir la intimidad y la relación.

Intervenga cuando sea necesario

Cuando a alguien no se le escuche, encárguese como líder. Usted puede interrumpir de maneras sencillas cuando alguien no está escuchando. Simplemente diga: «Espera, José. Vamos a dejar que Susana termine».

Usted también puede ir más lejos diciendo: «No creo que realmente hayamos terminado con Sandra». Luego muestre empatía: «Sandra, parece que estabas diciendo que te has sentido verdaderamente abrumada esta semana» o «Tomás, no estoy seguro de que eso fuera lo que ella estaba diciendo. Sandra, no dejes que nos perdamos esto. Cuéntanos más».

La clave es volver a entrar en la experiencia donde la persona estaba antes de que fallara la «audición». Al hacer esto usted habrá corregido al que no escucha, salvado el proceso y, además, modeló para él y para el grupo cómo funcionar mejor.

En cuanto a esto no hay reglas reales pero en un grupo hay una cultura, como sucede en cualquier otra relación. El sentimiento de ser escuchado es uno de los regalos más importantes que nos podemos dar unos a otros. Haga lo que pueda para asegurar que los miembros del grupo entiendan este regalo y traten de crecer en su habilidad de ofrecérsela unos a otros lo mejor que puedan.

Capítulo 39

Dé y reciba reacciones

Si usted hiciera un estudio sobre la importancia que la Biblia le otorga a ser ojos y oídos los unos de los otros, eso en sí mismo sería un libro completo. Como miembros de un grupo necesitamos recibir reacciones y conocer la percepción que los demás tienen de nosotros. El obtener corrección y una auto percepción adecuada son esenciales para el crecimiento y el cambio. La Biblia dice que somos responsables de dar y recibir reacciones tanto negativas como positivas. No podemos vernos con exactitud si no hacemos estos los unos con los otros.

La Biblia valora las reacciones

Uno de los mensajes más fuertes de la Biblia es que sí nos necesitamos unos a otros. Versículo tras versículo se explica que necesitamos reacciones positivas, crítica y corrección útil, alabanza y afirmación y todavía más. Esta retroalimentación nos ayuda a aclarar cómo entendemos nuestros dones, faltas y nuestra autoimagen. Tenemos que dar a otros este beneficio.

He aquí un ejemplo de lo que la Biblia dice sobre la importancia de darnos reacciones unos a otros. Observe cómo nos llama a combinar la gracia y la verdad cuando damos y recibimos esta importante información.

Por lo tanto, dejando la mentira, hable cada uno a su prójimo con la verdad, porque todos somos miembros de un mismo cuerpo (Efesios 4:25).

Cada uno ponga al servicio de los demás el don que haya recibido, administrando fielmente la gracia de Dios en sus diversas formas. El que habla, hágalo como quien expresa las palabras mismas de Dios (1 Pedro 4:10-11).

Hermanos, también les rogamos que amonesten a los holgazanes, estimulen a los desanimados, ayuden a los débiles y sean pacientes con todos. (1 Tesalonicenses 5:14).

El que desprecia a la disciplina sufre pobreza y deshonra; el que atiende a la corrección recibe grandes honores. (Proverbios 13:18).

No reprendas al insolente, no sea que acabe por odiarte; reprende al sabio, y te amará. Instruye al sabio, y se hará más sabio; enseña al justo, y aumentará su saber. (Proverbios 9:8-9).

Hermanos, si alguien es sorprendido en pecado, ustedes que son espirituales deben restaurarlo con una actitud humilde (Gálatas 6:1).

Rechazar la corrección es despreciarse a sí mismo; atender a la reprensión es ganar entendimiento. (Proverbios 15.32).

Así que, ¡cuídense! «Si tu hermano peca, repréndelo; y si se arrepiente, perdónalo». (Lucas 17:3).

Por eso, anímense y edifíquense unos a otros, tal como lo vienen haciendo. (1 Tesalonicenses 5:11).

Como puede ver la Biblia enseña que es *nuestra responsabilidad* dar y recibir opiniones. De hecho, Levíticos 19:17 dice que «No alimentes odios secretos contra tu hermano, sino reprende con franqueza a tu prójimo para que no sufras las consecuencias de su pecado». El silencio no es opción para una comunidad que funcione completamente y por lo tanto lo vemos como una responsabilidad real en un grupo que funciona cabalmente.

Los beneficios de vernos como nos ven los demás

En el grupo ideal los miembros dan y reciben mutuamente. Eso quiere decir que una tarea importante para usted como miembro del grupo es *saber lo que otros saben acerca de usted.* Es la tarea de escuchar y recibir cosas de parte de otros.

Los grupos observan mucho. La experiencia de otros miembros con nosotros es importante porque ellos nos escuchan, nos ven, aprenden cómo es estar a nuestro alrededor y nos observan de manera verbal y no verbal. Evalúan nuestras vidas y nuestra conducta. En un buen grupo nos prestamos a la observación en diferentes grados. Los miembros de su grupo deben ver como una tarea suya el entender lo que el resto del grupo ve en ellos con relación a:

- Sentimientos, actitudes, valores y espiritualidad
- Conducta, patrones, autodestrucción, debilidad, necesidades y dolor
- Limitaciones, arrogancia y pecado
- Talentos y habilidades
- Comunicación y estilos para relacionarse

Los grupos reconocen nuestros dones. Muchas personas crecen teniendo relaciones significativas en las que no se les evalúa adecuadamente. Se les llama «malos» cuando no lo son, o «egoístas» cuando de verdad son dadivosos y así sucesivamente. Un buen grupo puede dar opiniones que corrijan esas distorsiones. Algunas personas incluso pueden estar ajenas a los dones y habilidades que poseen y necesitan que otros les digan.

Los grupos nos ayudan a corregir nuestras faltas. Podemos estar ajenos a nuestros propios pecados, faltas y debilidades. Con facilidad una persona puede ser alguien que «cree que merece alabanzas y no halla aborrecible su pecado» (Salmo 36:2). El grupo nos hace saber dónde necesitamos cambiar cuando no lo vemos.

Los grupos ayudan a hacer corresponder la autoimagen con la realidad. El grupo nos puede dar reacciones con respecto a patrones de la vida que nunca hemos visto, nunca nos han dicho o de los que ni tan siquiera tenemos idea. Nuestra autoimagen tiene mucho que ver con cómo viajamos por la vida. Algunas veces la imagen que tenemos de nosotros mismos no es la imagen exacta que la Biblia nos ordena tener (Romanos 12:3). Cuando el grupo nos da una reacción fidedigna, podemos hacer que la imagen que tenemos de nosotros mismos esté a tono con la realidad.

Equilibrar nuestra autoimagen con la realidad es el resultado de las reacciones que nos dan en nuestras relaciones y un buen grupo tiene una gran ventaja para dar esa clase de reacción. Pero solamente puede ayudar si tenemos la sabiduría de escuchar. Así que la función de un miembro es escuchar y tomarlo en serio (Mateo 18:15; Proverbios 15:31). Eso es lo que hace una persona sabia.

Decidir si será un grupo que da reacciones

No hay dudas, dar y recibir reacciones afecta las limitaciones de un grupo, sus metas y propósitos. Las reacciones pueden no ser apropiadas para un grupo en particular. Incluso pudiera ser contraproducente pero si usted ha decidido tener el tipo de grupo que da reacciones entre sí, creemos que es importante que los miembros entiendan su responsabilidad y que lo hagan bien.

El por qué algunos grupos no permiten conversaciones incidentales

En ocasiones al asunto de emitir reacciones cuando una persona comparte algo se le llama *conversación incidental*. Algunas personas que dirigen grupos con mucho éxito no permiten la conversación incidental, opinan que esta le resta seguridad al grupo y creen que la mayor parte del crecimiento proviene de que los miembros sean capaces de exponer sin temor lo que otra persona pueda decir.

Estos líderes creen que sus grupos ayudan a las personas al evitar el peligro de las reacciones que estén equivocadas, sean dañinas, inadecuadas o cualquier otra cosa excepto útiles. El hecho de dar consejos, la espiritualización, el juicio, las críticas, los acuerdos inapropiados y la adulación pueden hacer que un grupo no sea seguro. Por lo tanto, algunos líderes creen que si usted se limita a darse a conocer de forma abierta, ocurrirán buenas cosas. Hay mucha verdad, experiencia y constancia para apoyar esto. No hay duda de que este modelo sea útil y de ninguna manera lo criticamos. Se ha demostrado que da mucho fruto, especialmente en los grupos de recuperación. Por ejemplo, nosotros trabajamos con una iglesia grande que usa nuestro programa *Foundations* [Fundamentos] con cientos de personas cada semana en unos grupos pequeños y sin conversación incidental. Son muy eficientes en lo que hacen con ese modelo.

Algunos miembros de grupo prefieren un grupo así porque solo quieren apoyo y se sienten demasiado frágiles como para escuchar las opiniones de otros. Los líderes sienten que esto les quita la presión de tener que estar al tanto de las reacciones. Muchas personas tienen temor de ser directas y honestas ya sea debido a malas experiencias o a debilidades personales. Aquellos que no pueden ver a otros con claridad tienen la tendencia a dar opiniones equivocadas o lo hacen de manera nociva, muchas veces sin gracia ni compasión. Estos problemas potenciales hacen que el modelo de no dar opiniones sea particularmente atractivo en círculos en los que los líderes tienen un entrenamiento mínimo ya que este no requiere tanto trabajo.

Aceptar las responsabilidades de la reacción

Sin embargo, creemos que los grupos que limitan las opiniones también limitan nuestras oportunidades de experimentar corrección, enfrentamiento, enseñanza, apoyo, cuidado, amor y simpatía, en comunidad. Sus miembros pueden experimentar los beneficios de la reacción si usted los prepara para aceptar la importancia de la misma y recibirla bien.

Prepare su grupo.   Reafirme el valor de la reacción al dar su contexto bíblico. Sea fuerte en la importancia de la bondad, la compasión, la humildad y la gentileza. Recuérdeles a los miembros que las opiniones no son solo por las cosas negativas que vean sino también para fortalecer, alentar y estimularse unos a otros al crecimiento. Como dijera Pablo: «Pues Dios no nos ha dado un espíritu de timidez, sino de poder, de amor y de dominio propio» (2 Timoteo 1:7). Anime a los miembros a desempeñar su papel en este útil proceso.

Pregúnteles sobre las experiencias positivas y negativas que hayan tenido en cuanto a «hablar la verdad en amor». Pídales que cuenten al grupo sus temores, incomodidad y resistencia a escuchar a otros. Aprenda si los miembros tienen dificultad ya sea dando o recibiendo opiniones. Hable sobre la importancia de que la gracia y la verdad vayan juntas.

Verifique si les gustaría adoptar el recibir opiniones como algo importante para el grupo. Hable sobre cómo cada uno quiere que se haga de manera que los miembros sepan como hacerlo con cada uno. Haga que estos discutan los aspectos en los que creen que más necesitan dicha retroalimentación. ¿Qué les ayuda a experimentar gracia cuando se les da opiniones? Pregúnteles si les gustaría establecer alguna regla.

Recibir las reacciones con responsabilidad. Ayúdeles a ver el dar reacciones como un regalo del grupo, una oportunidad para fomentar la sabiduría, algo clave en el éxito de cada área de la vida. Cuando los miembros experimentan dificultades para dar o recibir opiniones honestas dentro del grupo, vincule eso como las mismas dificultades que tienen en el mundo exterior. Pregúnteles si alguna vez han conocido a alguien que no pudiera recibir reacciones. ¿Cómo era estar con esa persona? Muéstreles que el grupo puede ser un lugar para aprender y practicar una nueva habilidad de ser más directos y honestos con los demás.

Modele cómo recibir las reacciones. No se ponga a la defensiva, ni se justifique a sí mismo ni devalúe dichas reacciones. Solo recíbalo como un regalo. Desarrolle una actitud que desee la verdad aunque no sea cómoda. Pida reacciones con relación a lo que usted está haciendo.

Combinar la gracia y la verdad también significa que usted o ellos pudieran estar evaluando las reacciones que se reciben. Lo que alguien recibe no es verdad necesariamente, así que usted o ellos deben evaluarlo desde una posición abierta. Ninguno debe reaccionar con relación a los otros miembros cuando se dé una opinión. No se debe castigar a nadie por decir algo que sea difícil de escuchar. La meta es permanecer relacionados en el momento, sin alejarse de la relación cuando se produzca el enfrentamiento.

Como líder, cuando usted vea que alguien observa a otra persona, invite al observador a que exprese lo que ve. «Susana, dinos qué crees de lo que Sandra ha dicho. ¿Tienes alguna observación que hacerle?» Invite al grupo a hacer lo mismo. «¿Alguien tiene alguna opinión para Tomás?» Este paso del crecimiento ayuda a los miembros a mejorar sus habilidades. «Tomás, ¿cómo te resultó decirle eso a Susana?» Permita que los miembros procesen el dar reacciones y luego use al grupo para darles reacciones con relación a cómo ellos lo hacen. «¿Qué le pareció al grupo lo que Tomás hizo?»

Obviamente, no todos los grupos profundizan tanto como implican algunas de estas sugerencias. Pero los grupos que más cambios traen en la vida sí profundizan hasta este punto. Así que si este es el tipo de grupo que usted está desarrollando, el papel de sus miembros incluye aceptar la responsabilidad sobre su postura en cuanto al recibir y dar reacciones para que las cosas marchen bien. Usted no puede recibir las reacciones por ellos pero sí puede tratar de facilitar que lo hagan. Dios nos ha dado a los demás para que nos ayuden a ver la vida, a él y a nosotros mismos con mayor precisión. Eso solo puede suceder si cada uno hace su trabajo. ¡Ayude a sus miembros a hacer el suyo!

Capítulo 40

Aprenda a amar

Si como líder de grupo pequeño usted tuviera la oportunidad de preguntarle a Jesús cara a cara cuál debiera ser el aspecto fundamental en el que su grupo debe concentrarse, ¿qué cree usted que él le diría? No estaríamos forzando las cosas si le dijéramos que eso realmente pasó una vez.

> «Los fariseos se reunieron al oír que Jesús había hecho callar a los saduceos. Uno de ellos, experto en la ley, le tendió una trampa con esta pregunta: —Maestro, ¿cuál es el mandamiento más importante de la ley? —Ama al Señor tu Dios con todo tu corazón, con toda tu alma y con toda tu mente' —le respondió Jesús—. Éste es el primero y el más importante de los mandamientos. El segundo se parece a éste: Ama a tu prójimo como a ti mismo.' De estos dos mandamientos dependen toda la ley y los profetas» (Mateo 22:34-40).

Si todas las cosas de la vida descansan en los dos mandamientos de amar a Dios y amar a otros, parece ser que hacer ambas cosas en un grupo pequeño sería una buena idea. De hecho, vemos tres razones importantes para hacer que esto suceda en los grupos pequeños. En primer lugar, es la mejor experiencia que las personas pueden obtener para ayudarlos con relación a las cosas por las que vinieron al grupo en busca de ayuda. No importa que nos aflija, el amor de Dios y el amor de otros pueden ayudar a curarnos. En segundo lugar, si los miembros están «haciendo» estas cosas así como recibiéndolas, entonces el grupo se ha convertido en un agente sanador. En tercer lugar, si están aprendiendo a amar a Dios y a los demás en su grupo, los miembros lo llevarán al mundo exterior y lo pasarán a otros. Por lo tanto, mejorarán su matrimonio, la crianza de los hijos, el noviazgo, la vida laboral y todo lo demás. Entonces, la pregunta se convierte en, ¿cómo logra usted que el grupo se involucre en el gran mandamiento?

Amar a Dios

Haga que sus miembros vean de cuántas maneras diferentes pueden cumplir con su responsabilidad de mostrar su amor hacia Dios.

- Relaciónese con él directamente en el grupo mediante la adoración y la oración.
- Exáltelo como la fuente de la vida y de las respuestas.
- Aprenda su camino y propósito para la vida.
- Trabaje en la obediencia a sus mandamientos y en estimularse unos a otros para hacerlo.
- Ámense unos a otros y así obedecen el gran mandamiento.
- Traiga a la experiencia del grupo todos los distintos aspectos de la vida, dándole así a él el reinado sobre su corazón, mente, alma y fuerza.
- Desarrolle la imagen de Dios en los miembros del grupo para así crecer en todos los aspectos de ser una persona.
- Corra el riesgo de poner los talentos al servicio y así llevar fruto para él.
- Haga del grupo un lugar de luz donde las personas pueden llevar todo a la luz de Dios.
- Haga del grupo un lugar de confesión y arrepentimiento.
- Sírvanse unos a otros.
- Sirvan juntos como grupo.
- Busquen la manera de llevar cualquier cosa que hagan bajo su señorío y que se vea como una celebración de la vida espiritual.

Amarse unos a otros

Usted puede ayudar a su grupo a volverse igualmente creativo en el cumplimiento de sus responsabilidades de amarse unos a otros.

- Muestren empatía.
- Ofrezcan ánimo.
- Díganse la verdad unos a otros.
- Reafírmense unos a otros.
- Apóyense unos a otros.
- Valide las fortalezas y talentos de cada uno.
- Anímense unos a otros hacia el crecimiento y a correr riesgos.
- Acepten los diferentes componentes de cada uno según se expresen y así ayúdense unos a otros a volverse más completos.
- Ámense y acepten los componentes difíciles de amar de cada uno.
- Acepten los fracasos de cada uno.
- Confiésense unos a otros.
- Ofrezcan y reciban perdón.
- Dense unos a otros las cosas que la familia no proporcionó.
- Oren los unos por los otros.
- Confróntense unos a otros.
- Sírvanse de modelos y enséñense unos a otros.
- Disciplínense unos a otros.
- Lloren unos con otros y ayúdense en la tristeza y en la pérdida.
- Toquen las heridas y dolores de cada uno.
- Contengan el pecado de cada uno.
- Pídanse cuentas unos a otros.
- Discipúlense unos a otros.
- Desarrollen la unidad de espíritu y la unidad unos con otros.
- Unan sus corazones en amor mediante la vulnerabilidad.
- Sírvanse unos a otros.
- Muestren paciencia los unos para con los otros.
- Lleven los unos las cargas de los otros.

Pasar de la lista a la acción

Todos estos aspectos provienen directamente del Nuevo Testamento. Como líder, usted debe edificar experiencias que hagan que todas estas cosas sucedan o busquen materiales que lo hagan. Además, puede traer todos estos aspectos al grupo mediante la pregunta: «¿Cuán bien creen ustedes que como grupos estamos mostrando amor de estas formas?»

Además, usted quiere que los miembros de grupo estén en ambas partes en la de amar y recibir amor los unos de los otros. Es poderoso cuando un líder de grupo nota que un miembro da, por ejemplo, y no recibe mucho. Piense qué sucedería si usted hiciera una declaración de proceso como esta: «Sandra, me he percatado de algo. Simpatizas mucho con las luchas de otros en el grupo pero cuando las personas se ofrecen para ayudarte, rápidamente le das la vuelta al asunto para ayudarlos otra vez. Tal vez esta noche llegó el momento de que el grupo te dé a ti. ¿Cómo te podemos ayudar?»

Recuerde, un líder vigila el proceso para ver qué está sucediendo en el grupo. ¿Hay alguien que está dando el amor de Dios pero que no lo está experimentando? Su función es mantener al grupo equilibrado.

Así que, y esta es la clave, para que todos los miembros den y reciban, deben ser vulnerables. Tienen que salir de su escondite. ¿Cómo pueden experimentar ánimo si nunca han compartido nada que requiera valentía? ¿Cómo pueden experimentar que alguien llore con ellos (Romanos 12:15) si nunca han experimentado tristeza en el grupo? Es verdad, no todos los grupos llegan a todas estas áreas, pero recuerde esto con relación al trabajo del grupo: para que los miembros del grupo hagan unos por otros lo que la Biblia dice, tiene que haber «otro». Esto significa que cada vez que una persona de, alguien está recibiendo de forma vulnerable. Su función es hacer que la humildad, la vulnerabilidad y el quebrantamiento se expresen y se experimenten o ninguno de estos irá más allá de la superficie.

Los líderes también pueden dar su visión para que estas cosas sucedan en la cultura del grupo. Puede comenzar compartiendo lo que usted quisiera que sucediera durante el transcurso del grupo. Hágales saber que usted desea un grupo en el que puedan experimentar el amor de Dios así como dar y recibir amor los unos de los otros en sus diversas formas. Entonces puede usar las listas que aparecen arriba para orientarlos con relación a cómo es el amor.

Además, usted es un modelo poderoso para lo que quiere que el grupo entienda. Cuando ellos lo vean viviendo estas cosas en sus intervenciones dentro del grupo, entonces lo entenderán. Cuando usted extienda empatía, ellos verán cómo es esta y que es adecuada para el grupo. Entonces lo más probable es que comiencen a hacerlo. Si no lo hacen, ya que usted les ha mostrado, tendrá más base para obtener una buena respuesta cuando diga «¿Alguien tiene una respuesta para lo que Tomás acaba de decir?» Si usted ha dado una opinión, confrontación o apoyo honestos, ellos sabrán adónde ir.

Recuerde que es responsabilidad de cada miembro mostrar amor. Usted no es la fuente de todas las cosas para ellos. Usted es el líder que los ayudará a cumplir con su papel como el cuerpo que hace todas estas cosas los unos por los otros (Efesios 4:16). Así que no se deje atrapar por el papel de proveedor. Asegúrese de estar facilitando que ellos experimenten estos mandamientos de la manera que mencionamos. Enseñe, aliente, modele, facilite, oriente, presente y comente pero al final ¡recuerde que es el grupo de ellos y su responsabilidad!

Capítulo 41

Practiquen la obediencia

Una regla importante que los miembros de grupos buenos adoptan es el antiguo y buen consejo de la *obediencia*. La Biblia la define como *rendirse*, obediencia significa que nos sometamos y nos adaptemos a las verdades de Dios, de cualquiera que sea la fuente en la que él se presente. Su Palabra, su Espíritu y su pueblo son las fuentes principales. Aunque esto requiere humildad y renunciar a la voluntad propia, Dios diseñó la obediencia por nuestro propio bien y bendición: «El Señor nuestro Dios nos mandó temerle y obedecer estos preceptos, para que siempre nos vaya bien y sigamos con vida. Y así ha sido hasta hoy» (Deuteronomio 6:24). En lugar de ver la obediencia como privación, control o castigo, la intención de Dios con ella es el camino a su Tierra Prometida de amor, libertad y vida.

La obediencia es por nuestro bien

Los beneficios de la obediencia se aprenden mejor a través del sufrimiento, que fue el camino de Jesús: «Aunque era Hijo, mediante el sufrimiento aprendió a obedecer» (Hebreos 5:8). De la misma manera, los miembros del grupo aprenden que correr riesgos, abrir sus corazones los unos a los otros y dar y recibir opiniones, aunque muchas veces sea incómodo o cause miedo, trae como resultado buen fruto en sus vidas y en sus relaciones.

La obediencia también ayuda a los miembros a integrarse con el resto del grupo. Un compromiso para seguir a Dios y sus caminos de crecimiento fomentan una sensación de alianza. Además, crea una seguridad cuando los miembros comparten una lealtad común a los principios bíblicos que desarrollan crecimiento y salud. Y la obediencia ayuda a que los miembros vean la importancia de la humildad y la sumisión, no fuimos diseñados para ser Dios, respondiendo solo ante nosotros mismos. Fuimos hechos para seguirle a él y nuestras vidas funcionan mejor cuando asumimos ese papel.

La obediencia involucra el todo de la persona

En los grupos buenos los miembros aprenden a experimentar la realidad de que *la obediencia es tanto interna como externa, involucra el todo de la persona*. En otras palabras, hay realidades, estatutos y principios a los que tenemos que ceder tanto en nuestra conducta como en los rincones más profundos de nuestro corazón. Cuando Jesús confrontó a los líderes incluyó ambos como aspectos que deben obedecerse, aunque también enseñó que uno era más importante que el otro:

> «¡Ay de ustedes, maestros de la ley y fariseos, hipócritas! Dan la décima parte de sus especias: la menta, el anís y el comino. Pero han descuidado los asuntos más importantes de la ley, tales como la justicia, la misericordia y la fidelidad. Debían haber practicado esto sin descuidar aquello» (Mateo 23:23).

> «—Resulta que ustedes los fariseos —les dijo el Señor—, limpian el vaso y el plato por fuera, pero por dentro están ustedes llenos de codicia y de maldad. ¡Necios! ¿Acaso el que hizo lo de afuera no hizo también lo de adentro?» (Lucas 11:39-40).

Muchas veces usted verá que se rechaza un aspecto de la obediencia en el contexto del grupo. Un tipo de grupo se concentrará solo en conductas objetivas y la representación de los comportamientos que los miembros hagan. El otro solo se interesará en las relaciones de sus miembros, su honestidad emocional y su presencia. Sin embargo, ambos aspectos son necesarios ya que desempeñan roles diferentes para los miembros del grupo. Las reglas relacionadas con la obediencia externa funcionan como una estructura protectora. Le dan una guía y una estructura al grupo de manera que los corazones y sentimientos de las personas no estén en peligro ni se les afecte. Por ejemplo, no cumplir con el compromiso de asistir, llegar a tiempos y seguir las reglas del grupo crearía un caos e impediría el proceso. Las reglas con respecto a asuntos del corazón mantienen las almas de los miembros afinadas para permanecer en el proceso. Ser justos, misericordiosos y fieles crea amor, confianza y crecimiento en los miembros.

Ayudar a los miembros a practicar la obediencia

Hay muchas formas en las que usted puede ayudar a los miembros a asumir su papel como siervos obedientes de Cristo.

Enséñeles que la obediencia es para su propio bien. Muchas personas vienen al grupo creyendo que la obediencia es algo que Dios requiere para su beneficio y no el de ellos. Ayude a los miembros a ver que la obediencia nos trae bendición. Usted podría decir: «Yo creo que nuestra reunión es una de las formas en que obedecemos a Dios y que hay una razón por la que esto es bueno para nosotros. ¿Qué tipo de metas y expectativas tienen ustedes al aventurarse en esta obediencia?»

Ayúdeles a ver que la obediencia implica nuestro interior. La obediencia involucra tanto la conducta como el corazón. Los miembros de su grupo pueden ayudarse unos a otros realmente en ambas cosas. Una persona podría decir: «Roberto, cuando hablaste de tu problema con la bebida, estabas realmente preocupado porque está mal y es pecado. Sin embargo, nunca mencionaste cómo te sientes al respecto o por qué no lo habías mencionado hasta ahora. Creo que también queremos conocer esa parte de ti».

Ayúdelos a ver que la obediencia involucra también la parte externa. En cambio, usted podría decir en otra situación: «Sandra ha mencionado que tiene una relación emocional y que como no es física, cree que no hay problemas. Yo no estoy de acuerdo con su opinión y me gustaría que otros miembros dieran la suya».

Regrese a la gracia

Por ultimo, los miembros del grupo aprenden una lección maravillosa cuando se comprometen a obedecer a Dios. Ven que todos necesitamos gracia, perdón y restauración. Muéstreles cómo depender de la gracia: «Rolando, me doy cuenta que te sientes bastante mal por enojarte demasiado con tu hijo. ¿Por qué no le preguntas al grupo cómo se sienten ellos con relación a ti ahora mismo y ves si hay gracia o condenación?»

Capítulo 42

Hagan cambios positivos

Yo (John) estuve involucrado en muchos grupos para mi entrenamiento como psicólogo, a diferencia de grupos para mi crecimiento personal. En un grupo de entrenamiento el líder creía que la perspectiva era el único elemento curativo que realmente importaba. Él pensaba que si las personas verdaderamente entendían por qué hacían lo que hacía, cambiarían y se sanarían y los problemas quedarían resueltos. Así que nosotros, estudiantes de psicología, debíamos proporcionar percepción y reacciones pero no decirles a las personas lo que pensábamos que debían hacer. Una experiencia en el grupo me enseñó que esta no era la mejor manera de alcanzar nuestras metas.

La perspectiva no es suficiente para producir cambios

Yo recuerdo cuando Laura habló de sus intenciones de tener un romance. Ella tenía un conflicto al respecto pero pensaba que era lo mejor. Obviamente era un asunto grave para Laura y para el grupo. Había mucha emoción y simpatía con su situación. La gente también pasaba tiempo tratando de ayudarla a entender sus propios asuntos, motivos e influencias con relación a esta decisión tan destructiva.

Por fin un hombre dijo: «Laura, realmente me interesas mucho pero quiero hablarte claro y decirte que no creo que debas hacer eso.

Está mal y va a dañar a mucho gente». Fue algo que le sorprendió y de cierta manera se sintió ofendida, como si él no tuviera derecho a decirle esto. Semanas después, Laura le dijo «He estado pensando en todo este asunto y quiero agradecerte lo que dijiste. Me ayudó a aclarar mi mente. Ahora voy por un rumbo diferente».

Recuerdo que de esa experiencia de grupo aprendí que la perspectiva y la verdad son muy valiosas. También recuerdo que aprendí que *la perspectiva por sí sola no es suficiente*; el resultado es una parálisis en el análisis y por lo tanto no se produce el cambio. Antes bien, la verdad que aprendemos y recibimos en las relaciones está diseñada para usarse, aplicarse y vivirse para que podamos ser transformados. Este principio no puede decirse de mejor manera que en las palabras de Santiago:

> «No se contenten sólo con escuchar la palabra, pues así se engañan ustedes mismos. Llévenla a la práctica. El que escucha la palabra pero no la pone en práctica es como el que se mira el rostro en un espejo y, después de mirarse, se va y se olvida enseguida de cómo es. Pero quien se fija atentamente en la ley perfecta que da libertad, y persevera en ella, no olvidando lo que ha oído sino haciéndolo, recibirá bendición al practicarla» (Santiago 1:22-25).

Todos los miembros del grupo son responsables de asumir una postura en la que *la verdad tanto se aprende como se usa*, y por ese motivo es que baja los famosos cuarenta centímetros entre la cabeza y el corazón.

Fuentes de verdad

No poseemos toda la verdad que necesitamos. Dios nos la proporciona de diversas fuentes que él provee en áreas diferentes. He aquí algunas de las formas para encontrar realidades valiosas que pueden ayudar en nuestras vidas.

Cuando otros han experimentado las acciones, las palabras y las actitudes de un miembro, ellos dan **retroalimentaciones** (reacciones) que son una fuente valiosa de información para cada uno. Cuando un miembro toma conciencia de una emoción, reacción o patrón en *su* propia experiencia, muchas veces tiene un momento de «¡verdad que sí!» que indica que se está observando a sí mismo dentro del grupo. Además, los miembros con frecuencia aprenden mucho sobre sí mismos al observar a otros para ver cómo interactúan con los miembros del grupo.

Los principios como las verdades proposicionales, los conceptos y las realidades bíblicas ayudan a las personas a ver cómo la verdad afecta sus vidas y relaciones. En algunos casos una persona solamente puede recibir la verdad sobre sí misma cuando experimenta las **consecuencias** del dolor y la pérdida mediante el proceso de disciplina.

Aplicar la verdad

Una vez que los miembros se involucran en la búsqueda de la verdad acerca de sí mismos también necesitan saber cómo usarla y aplicarla en formas que sanen, restauren y les hagan maduran. Aquí presentamos algunas formas de hacer que la verdad sea útil.

Ayude a los miembros a visualizar los problemas. Se ayuda en verdad a los miembros cuando estos pueden articular lo que están aprendiendo sobre sí mismo. Una experiencia puede ser poderosa y sanadora pero una experiencia que pueda traducirse en un concepto sobre los problemas de uno es todavía mejor. La persona puede entonces tomar la experiencia, generalizarla, observarla en su vida diaria y tomar responsabilidad por la misma.

Por ejemplo, mientras dirigía un grupo yo dije: «Gustavo, casi cada vez que alguien te da una opinión, parece que la consideras como un ataque y no ves la preocupación de las personas detrás de la misma». Cada semana él regresaba al grupo contando con cuánta frecuencia hacía eso en su matrimonio, en la crianza de sus hijos y en su trabajo. Esa observación fue una herramienta que usó para entenderse mejor a sí mismo y cambiar.

Muéstreles cómo notar los patrones. Cuando el grupo ayuda a identificar patrones y realidades en una persona, estos funcionan como un laboratorio seguro para que la persona vea dichos patrones operando. Como mencionamos, solo porque una persona tenga la perspectiva, esto no quiere decir que cambiará inmediatamente. Pero cuando todo el mundo maneja el asunto, entonces pueden señalar ejemplos. Los miembros y las personas hablan sobre sus respuestas cuando ven el patrón ponerse de manifiesto en el grupo. En el ejemplo anterior un miembro del grupo podría decirle a Gustavo: «Creo que está pasando otra vez. Estoy tratando de decirte algo y siento que me niegas la entrada. ¿Qué sucede?»

Asigne tareas para el crecimiento. Los miembros del grupo son responsables de usar la verdad para hacer los ajustes necesarios que traigan como resultado un cambio en la vida. Ellos aprenden sus asuntos y tareas específicas, individuales para resolverlos. La persona aislada podría tener la tarea de abrir su corazón y dejar que la gente entre. El rescatador podría tener la función de dejar que alguien se sienta incómodo y estar a su lado sin intentar arreglarlo. La persona impulsiva pudiera trabajar en poner las acciones en símbolos y palabras. Por ejemplo, un miembro o el líder del grupo podría preguntar: «Ahora que Fran está consciente de cómo ella tiende a comer o gastar dinero cuando está triste, ¿cuáles son algunas cosas que ella puede hacer cuando sienta la tensión?» (Nuestros libros *Changes That Heal* [Cambios que sanan] y *Hiding from Love* [Esconderse del amor] son un buen recurso para identificar y trabajar en estas tareas.)

Evalúe si la verdad está funcionando. Los miembros del grupo se ayudan unos a otros a ver si han progresado en áreas de preocupación. Las buenas condiciones para el progreso incluyen un corazón que anhele crecer, una comprensión de acuerdo a lo planeado y los recursos. Si estos elementos están presentes, los cambios deben ocurrir con el transcurso del tiempo. Los miembros ayudan a verificar, sin críticas y con humildad, si las personas parecen estar dando buen fruto o si surcan el mismo terreno una y otra vez sin resultados. Cuando el crecimiento es lento, alguien pudiera comentar: «Rosa, parece que no importa cuál sea la opinión que el grupo te dé, tus luchas con tu hija no cambian. ¿Alguien puede darle alguna reacción a Rosa de qué le parece que está sucediendo?»

Haga que la verdad sea un amigo del grupo y vea cómo esta cambia vidas y experiencias.

Capítulo 43

Adquieran nuevas habilidades

Los grupos tienen que ver con el crecimiento. Por definición, los miembros de un grupo eficiente se convertirán en «más» de algo. Esperamos que se vuelvan más amorosos, más honestos, más eficientes al vivir la vida, más conocedores de Dios y más íntimos con él y con los demás. En el libro *Safe People* [Personas seguras] dijimos que una «persona segura» es una persona que nos ayuda a hacer tres cosas:

- Acercarnos más a Dios
- Acercarnos más a otros
- Acercarnos más a ser la persona que Dios quiso que fuéramos cuando nos creó

En otras palabras, como resultado de estar con buenas personas, debemos crecer en una relación más profunda y significativa con Dios, una relación más significativa con otras personas y una mayor realización de nuestra propia identidad creada. El crecimiento tiene que ver con todo en la vida.

Una actitud adecuada lleva a la acción

Creemos que las mismas tres direcciones de crecimiento ocurren en un buen grupo. Convertirse más en la persona que está más cerca de Dios, de los demás y de su identidad creada significa que los miembros tienen que hacer cosas nuevas, tener nuevas experiencias y adquirir nuevas habilidades.

Llegó el momento de probar cosas nuevas

Por lo tanto los miembros deben aceptar el rol y la responsabilidad de probar cosas nuevas en el grupo. Cuando estas nuevas experiencias, habilidades y aprendizaje se conviertan en parte de su ser, los miembros llevan cosas nuevas al mundo exterior. En el capítulo 36, «Espere lo inesperado», hablamos sobre una actitud. Ahora estamos hablando de «bajarse del bote». Esto es el fruto de la actitud que mencionamos antes. Son las «obras que prueban la fe» como parte de la experiencia del grupo. Considere las palabras de Santiago:

> «¡Qué tonto eres! ¿Quieres convencerte de que la fe sin obras es estéril? ¿No fue declarado justo nuestro padre Abraham por lo que hizo cuando ofreció sobre el altar a su hijo Isaac? Ya lo ves: Su fe y sus obras actuaban conjuntamente, y su fe llegó a la perfección por las obras que hizo. Así se cumplió la Escritura que dice: "Creyó Abraham a Dios, y ello se le tomó en cuenta como justicia", y fue llamado amigo de Dios. Como pueden ver, a una persona se le declara justa por las obras, y no sólo por la fe» (Santiago 2:20-24).

En otras palabras, es bueno tener fe en que Dios me hará crecer en un grupo, pero realmente «obrar» o «actuar» en el grupo es otra cosa. Los miembros que se arriesgan en el grupo y hacen cosas nuevas allí, serán los que más crecerán. El papel y la responsabilidad de cada miembro es estar activo en el proceso de crecimiento.

Los grupos pueden ser un laboratorio muy poderoso en los que las personas obtienen su primera oportunidad para adquirir ciertas habilidades en la vida. Si se usa de manera correcta el grupo puede ser, por ejemplo, el ambiente familiar donde los miembros aprenden a relacionarse de formas en las que su familias originales nunca les enseñaron. Los patrones antiguos pueden cambiarse según las personas aprenden nuevas formas de ser en esta nueva familia de Dios. Pero esto implica que en realidad hagan cosas nuevas.

Cada miembro tiene la responsabilidad de crecer

Usted no puede hacer estas cosas por los miembros tal y como un padre no puede caminar en lugar de un hijo. Tampoco lo pueden hacer otros miembros del grupo ni Dios tampoco lo hará. Cada miembro es responsable de dar pasos activos en pro de su propio crecimiento. Como dice Pablo: «Así que, mis queridos hermanos, como han obedecido siempre —no sólo en mi presencia sino mucho más ahora en mi ausencia— lleven a cabo su salvación con temor y temblor, pues Dios es quien produce en ustedes tanto el querer como el hacer para que se cumpla su buena voluntad» (Filipenses 2:12-13). Dios y los demás pueden ayudar pero cada uno debe llevar su propia carga de crecimiento y comparar su trabajo de crecimiento solo consigo mismo (Gálatas 6:4-5).

Cree un ambiente propicio para el crecimiento

Aunque usted no puede estirar ni hacer crecer a sus miembros, usted, como orientador, crea un ambiente para el crecimiento. Para desarrollar y facilitar el crecimiento de cada miembro, usted querrá presentar una visión, ayudar a los miembros a desarrollar habilidades específicas y nutrir una atmósfera de seguridad y gracia.

Presentar una visión

Presente una visión para «el crecimiento activo» en el grupo. Esto puede hacerlo durante la orientación, como parte del tiempo de preparación de cada reunión o en un proceso continuo. Comparta con ellos que usted quiere que el grupo sea un lugar en el que puedan probar cosas nuevas y crecer en nuevas habilidades unos con otros.

Trabaje en el desarrollo de una cultura dentro del grupo donde seguir igual o no probar cosas nuevas está en contra de la norma. Recuerde, un grupo implementa sus propias normas. Si probar cosa nuevas y estirarse es algo muy valorado en la cultura, entonces cuando alguien no lo esté haciendo, el grupo se lo hará saber.

Presente la visión de que el grupo es la familia de Dios y por lo tanto una familia nueva en la que él nos hace crecer y donde aprendemos todas las cosas que no aprendimos en la primera vuelta (Efesios 4:15-16).

Comprométase a desarrollar habilidades específicas

Pídale al grupo que hablen sobre las nuevas habilidades que aprenderían y probarían. ¿Qué cosas necesitan practicar o crecer? Ofrezca algunos ejemplos de aspectos en los que pueden crecer para madurar o estar completos (Hebreos 6:1). He aquí algunos ejemplos de las nuevas habilidades y experiencias que las personas pueden usar en un grupo para aprender y crecer:

- Habar de los sentimientos abiertamente
- Hablar sobre las luchas
- Confesar debilidades, fracasos y pecados
- Hablar sobre los dolores y sufrimientos
- Recibir amor y consuelo
- Expresar temor
- Confrontar a otros
- Ser honestos con relación a lo que piensan
- Manejar la ira
- Ser firmes
- Expresar deseos, anhelos y necesidades
- Experimentar intimidad
- Orar y expresar sus lados espirituales
- Rendir cuentas
- Expresar bondad y ternura o afecto
- Descubrir, probar o mostrar talentos
- Soñar abiertamente con lo que pudiera ser
- Resolver conflictos con otros
- Expresar y recibir perdón
- Recibir cuidados de otros

- Cuidar a otros
- Escuchar
- Depender de otros
- Depender de Dios
- Renunciar al control
- Tomar control
- Establecer metas y expectativas y cumplir con ellas
- Recibir corrección y reacciones sin una actitud defensiva
- Someterse
- Dejar la hipocresía y ser auténtico
- Ser consecuentes con quiénes son en realidad

Haga que los miembros expliquen a los demás las nuevas habilidades por las que les gustaría ser responsables y rendir cuentas al grupo. Pregúnteles cómo quieren que se estructure dicha rendición de cuentas.

Haga énfasis en la seguridad y la gracia

Desarrolle su grupo como un ambiente seguro que ofrece gracia en el fracaso y el aprendizaje. Hable sobre el valor de dar pasos de bebé. Haga énfasis en la necesidad de aceptarse unos a otros incluso cuando no lo haga bien.

Déles permiso a los miembros para pedirse ayuda mutuamente al dar el próximo paso. Anímelos a que se impulsen unos a otros a dar dicho pasos (Hebreos 10:24). Haga declaraciones de procesos con relación a cómo les va en este aspecto. Usted podría decir:

- «Me di cuenta de que franquearte de esa manera es algo nuevo para ti. ¡Fue maravilloso! ¿Cómo te sentiste?»
- «¿Cuáles fueron algunas de las reacciones del grupo al paso que él dio?»
- «Me percato que no estás hacienda con nosotros lo que dijiste que querías aprender a hacer. ¿Qué está pasando?»
- «Esta parece una buena oportunidad para hacer lo que dijiste que querías aprender. ¿Por qué no le cuentas al grupo cómo te sientes con lo que está pasando en el trabajo?»

No hay declaración de proceso correcta o incorrecta. Esta simplemente tiene que encajar con lo que está sucediendo y facilitar el próximo paso.

Recuerde, el crecimiento es trabajo del miembro. El suyo es facilitar dicho crecimiento. Presente la visión y trate de hacer una cultura donde se dé el próximo paso. Entonces, ¡observe lo que Dios hace!

Capítulo 44

Descubra y desarrolle los dones

Yo (John) estuve dirigiendo un grupo en el que Carlos se enredaba en discusiones airadas con varios miembros. Carlos había sido muy directo con Nancy, más bien áspero, y los demás estaban disgustados con él por herir los sentimientos de ella. Él pensaba que había obrado bien y sentía que los demás estaban confabulándose en su contra y sobreprotegiendo a Nancy.

En ese momento yo no intervine porque ya el grupo llevaba algún tiempo reuniéndose y estaban madurando juntos. Yo quería ver cómo la «familia» manejaba esta disputa entre sí sin que «papá» interviniera como juez y jurado.

Primero, no estaba funcionando bien. La gente estaba atrincherada en su posición y opinión. Los miembros que confrontaban estaban frustrados con la actitud recalcitrante de Carlos. Su ira aumentaba. Sin embargo, durante una pausa de unos pocos segundos, mientras todos estaban tratando de ver qué hacer, Dora, que no se había involucrado, miró a Carlos y le dijo tranquilamente «Esto debe ser muy difícil para ti».

Casi instantáneamente los ojos de Carlos se llenaron de lágrimas y él se ablandó. Las cosas en la habitación se tranquilizaron. Carlos comenzó a hablar acerca de cómo cuando era un niño y no estaba de acuerdo con sus padres, toda la familia siempre se ponía en su contra, no importaba si él tenía la razón o no. Él arrastraba el sentimiento de que si expresaba su propia opinión todo el mundo le caería encima. Enseguida el grupo se relacionó más con él y pudimos mirar con seguridad a su incidente con Nancy sin ninguna otra reacción.

Dora manifestó su don de perspectiva al llegar hasta Carlos. Ella tenía la habilidad de mirar más allá de la superficie y entender, aunque no conocía la historia de Carlos, que detrás de esa ira él estaba herido y alienado. El talento de Dora le sirvió a los miembros muchas veces durante la vida del grupo.

Dar es parte del crecimiento

Cuando los miembros asumen la responsabilidad de descubrir, desarrollar y usar sus dones y talentos para ayudar a otros, experimentan sanidad. Suena irónico que ayudando a otros nos ayudamos a nosotros mismos y es verdad que aquellos con tendencias de rescate y apoyo tienen que tomar conciencia de cuándo su dar a otros, obra en contra de su necesidad de recibir. Pero al fin y al cabo el grupo funciona como un microcosmos del cuerpo de Cristo. Todo el mundo recibe, todo el mundo da y esperemos que todos crezcan y se beneficien: «Por su acción todo el cuerpo crece y se edifica en amor, sostenido y ajustado por todos los ligamentos, según la actividad propia de cada miembro» (Efesios 4:16).

El propósito de los dones

Dios nos diseñó con habilidades, talentos y dones únicos, todos con el objetivo de ayudar a los demás.

A cada uno se le da una manifestación especial del Espíritu para el bien de los demás. (1 Corintios 12:7).

Por eso ustedes, ya que tanto ambicionan dones espirituales, procuren que éstos abunden para la edificación de la iglesia. (1 Corintios 14:12).

Cada uno ponga al servicio de los demás el don que haya recibido,

administrando fielmente la gracia de Dios en sus diversas formas.
(1 Pedro 4:10).

Esta última referencia enseña que cuando los miembros del grupo aplican sus dones unos a otros, en realidad están mostrando la gracia de Dios a los corazones y las vidas de los demás lo cual trasforma y cambia a las personas de adentro hacia fuera. Como dijimos en el capítulo 1, este es el verdadero Plan A para el crecimiento, no un Plan B.

El crecimiento y los dones

Hay un refrán que dice que «el carácter es más importante que el talento». Eso es verdad sin lugar a dudas. Una persona madura y menos talentosa es mejor para sí misma y para los demás que otra persona muy talentosa pero carente de carácter. Al mismo tiempo, descubrir y utilizar las habilidades en el grupo afecta el proceso de crecimiento de formas muy significativas. Por ejemplo, una parte de la madurez emocional es *descubrir que usted cuenta, que puede contribuir y que es útil y valioso para los demás*. Cuando las personas sienten que no tienen nada que ofrecer, muchas veces se ven a sí mismas como basura, separados de la humanidad. Muchas personas encuentran vida nueva en los grupos, como le sucedió a Dora, cuando se dan cuenta de que tiene una habilidad especial que ayuda a los demás

Cuando las personas maduran y sanan en sus grupos, tienen la tendencia de volverse más conscientes de sus talentos y habilidades. Se sienten más seguros, más libres para correr riesgos y más capaces de mirar dentro de sí y escuchar las percepciones de los demás. El crecimiento y los dones van de la mano.

Estar consciente

Algunos grupos se involucran en un proceso formal para conocer cuáles son los dones de sus miembros y eso es provechoso. No obstante, un grupo de crecimiento general puede usar sencillamente el proceso de la reunión para comenzar a notar algunas habilidades especiales. Esto ocurre mucho en la actualidad. Los miembros de grupo tienen un papel dual al estar conscientes de sus propios dones descollantes y, además, notar los de los demás. Cuando las personas se involucran y se relacionan más, sus talentos comienzan a funcionar. Los miembros necesitan asegurarse de mencionar dichos dones cuando los descubran para que la persona dotada se dé cuenta.

He aquí algunos pocos dones y habilidades que pueden surgir cuando los grupos operan en verdad y en amor:

- *Presencia emocional:* ser capaces de «estar presentes» cuando alguien sufre o tiene dolor
- *Compasión y simpatía:* ser capaces de experimentar el estado emocional de una persona
- *Conocimiento:* tener información específica sobre un tema, como alguien que entiende las adicciones o los problemas familiares
- *Sabiduría y visión:* tener la habilidad de ver patrones debajo de la superficie y proporcionar verdad útil
- *Discernimiento:* tener la habilidad de sentir si alguien es evasivo o deshonesto y ayudarlo a corregirse

Consejos para ayudar a los miembros con los dones

Hasta ahora en este libro hemos hablado mucho sobre el crecimiento como algo que revela las partes heridas para que podamos recuperar la integridad que Dios tiene para nosotros. Los miembros pudieran sentirse animados a concentrarse también en los resultados positivos de reconocer los talentos escondidos.

Haga que vean los dones como parte del crecimiento del grupo. Ayúdelos a ver que el grupo no es solo para aprender, luchar y procesar sino también para descubrir y desarrollar dones. Diga algo así como: «Al llegar a conocernos unos a otros, no solo notaremos las luchas de cada quien, sino también los talentos. Cuando usted vea un talento, menciónelo al grupo ya que puede ser que la persona ni tan siquiera se haya dado cuenta de que tiene ese punto fuerte».

Ofrezca ejemplos. Usando la lista anterior, identifique algunos puntos fuertes que las personas manifiestan en el grupo para que puedan tener una estructura para ver los dones en sí mismo y en los demás.

Modele la apreciación de los dones. Deje que los miembros, observándolo a usted, aprenden cómo hacer esto. Usted podría decir: «Carmen, mostraste mucha empatía por José cuando él habló del divorcio de sus padres. Ese don es algo bueno, me alegra de que traigas al grupo esta parte de tu persona».

Ayúdelos a animarse unos a otros. Haga que se convierta en una norma el hecho de que los miembros se muestren mutuamente cómo les ayudan sus dones. Por ejemplo; «Margarita, percatarte de que Luisa se pone ansiosa cuando hablamos sobre los conflictos, fue muy útil para ella y para el grupo. ¿Cómo se han beneficiado los demás de este don de visión que tiene Margarita?»

Asegúrese de que al crecer juntos, todos los miembros busquen ver su propia contribución especial así como la de los demás.

Capítulo 45

Discierna los patrones dañinos

Una de las cosas que está llevando a muchas personas a involucrarse en los grupos es que muchas veces tienen patrones ineficaces para vivir y lidiar con la vida. Estos patrones no vienen de la nada. Lo más probable es que provengan de experiencias y luchas durante un largo período de sus vidas. Los grupos tienen una tarea importante de ayudar a sus miembros a abandonar lo viejo y crecer en lo nuevo.

Los grupos ayudan aprender y experimentar *un nuevo modo de vida* que está total oposición a lo que la Biblia llama el camino pasado:

> «Con respecto a la vida que antes llevaban, se les enseñó que debían quitarse el ropaje de la vieja naturaleza, la cual está corrompida por los deseos engañosos; ser renovados en la actitud de su mente; y ponerse el ropaje de la nueva naturaleza, creada a imagen de Dios, en verdadera justicia y santidad» (Efesios 4:22-24).

Es decir, los patrones antiguos de la vida no funcionaron, en algunos aspectos la vida se vino abajo, como debe suceder, cuando estamos fuera de control, lejos de los caminos de Dios o alienados. Los antiguos caminos corruptos, para los cuales nunca fuimos diseñados, deben ponerse a un lado para que podamos vestirnos de la nueva naturaleza que Dios creó y que es semejante a él.

Profundice en la vieja naturaleza

Es por eso que ahondar en la vieja naturaleza y en los patrones antiguos es útil para el grupo. Ellos necesitan identificar, arrepentirse, considerar y echar a un lado la vieja naturaleza. Si no renuncian a nada, no experimentarán ningún cambio, dominio o crecimiento. A la nueva naturaleza no se puede entrar.

Algunas personas se preocupan al considerar que entender el pasado lleva a la persona solo a culpar y a exteriorizar la responsabilidad. Estas personas preocupadas quieren comenzar «desde cero». Es verdad que los miembros del grupo deben estar conscientes de las tendencias de vivir en el pasado para evitar el dominio y las elecciones del presente. Hacer algo así sería evitar el arrepentimiento. De hecho, mirar al pasado y alejarse de él es la esencia del arrepentimiento en sí, pero si obviamos estos patrones del pasado, perdemos la información tan necesaria que Dios pone a nuestra disposición. El Nuevo Testamento enseña con respecto a las lecciones del pasado de Israel: «Todo eso les sucedió para servir de ejemplo, y quedó escrito para advertencia nuestra, pues a nosotros nos ha llegado el fin de los tiempos» (1 Corintios 10:11).

Estas son algunas de las formas antiguas en las que los miembros pueden haber manejado sus vidas:

- *Autosuficiencia:* intentar ser fuerte y satisfacer mis necesidades yo mismo
- *Falta de vida emocional:* obviar el dolor hasta que no pueda llegarse a él
- *Juzgarse uno mismo:* mensajes duros a mí mismo sobre el fracaso opera impedir que llegue a una relación
- *Rescate:* proyectar sobre otros lo que necesito y dárselo en lugar de recibirlo para mí
- *Personas equivocadas:* invertir en personas cuyo carácter ofrece muy poco beneficio para mi crecimiento y bienestar
- *Aislamiento:* evitar relacionarme con las personas a niveles más profundos
- *Actividades y sustancias dañinas:* sustituir conductas dañinas

por la comodidad, la libertad o el poder que puedo derivar de una relación

- *Auto-esfuerzo:* trabajar y desempeñarme con más ahínco cuando fracaso en lugar de buscar gracia, ayuda y perdón

Cuando los miembros del grupo reconocen estos aspectos de cómo ellos trataron de sobrevivir, entonces pueden apoyarse unos a otros al dar gracia por sus fracasos. Uno pudiera decirle a otro: «Ya veo por qué te quedaste aislado toda tu vida; tenías miedo de que te hirieran» o «Parece ser que pensabas que tu adicción era la única opción».

Descubra formas de obtener vida nueva

Muchos miembros del grupo no entran al proceso con una idea clara de cómo manejaron sus necesidades o conflictos. No han tenido oportunidad, motivación o seguridad para hacerlo. Además, para muchos de ellos la forma de hacerlo en el pasado es también la forma actual. Todavía están descubriendo cómo mantenerse alejados de una relación auténtica y de la vulnerabilidad. He aquí algunos consejos para ayudar a los miembros del grupo a descubrir esos patrones dañinos para obtener la nueva vida.

Ayúdelos a ver sus propios patrones del pasado. Aliente a los miembros a vincular su pasado con su presente para que puedan ver la relación. Por ejemplo, usted pudiera decir: «Clara, nos has dicho que es muy difícil para ti decepcionar o desilusionar a las personas. ¿Hubo alguna relación pasada en la que crees que hayas comenzado ese problema?»

Ayúdelos a ayudarse unos a otros. Cuando las personas comienzan a franquearse con relación a su pasado, los demás miembros son capaces de notar incidentes y patrones de los que la persona pudiera no estar consciente. Muchas veces las personas harán una retrospectiva de su niñez, de las relaciones con sus padres y otras personas significativas, de pérdidas personales, acontecimientos traumáticos y cosas por el estilo. También puede ser útil hablar de historias de la adultez como asuntos matrimoniales o de la crianza de los hijos, amistades, hábitos o asuntos de trabajo. Esto podría ayudar a un miembro a señalar: «Al describir cuán poco disponible estaba tu mamá desde el punto de vista emocional, me ayudaste a entender cuán retraído eres».

Vea el pasado en el presente. Es valioso cuando los miembros del grupo observan y comentan sobre patrones dentro del grupo mismo y encuentran temas que se presentan de cuando en cuando. Por ejemplo, una persona pudiera decir: «A veces tú tratas de tener a todo el mundo contento cuando es obvio que tú mismo no estás bien. El hecho de que hablaras sobre el padre deprimido a causa del alcoholismo que hizo que de niño tuvieras que animarte, me ayudó a entender». Luego de establecer ese vínculo con la vieja naturaleza, el miembro ahora puede traer cosas a una nueva vida en el presente: «En cuanto a mí, me sentiría mucho más cerca de ti si me dejaras saber cuán mal te sientes ahora en lugar de preocuparte por cuidar de mí. ¿Qué está pasando?»

Aprenda de otros. Los miembros pueden obtener mucho de sabiduría y visión cuando escuchan y se identifican con la historia de cada uno con relación a patrones relacionales malsanos. Este es un beneficio que solo el grupo puede proporcionar —la multiplicidad de vidas y temas que se comparte para ayudarse unos a otros.

Habla acerca de los resultados de la vida anterior. Cuando los miembros hablan sobre cómo sus patrones anteriores afectaron sus vidas, esto ayuda a cada uno a estar consciente del vacío y la destrucción de dichos patrones. Llegar a entender que esta forma no es efectiva para satisfacer necesidades o resolver problemas, ayuda a las personas a alejarse de los mismos y buscar patrones justos, saludables. Por ejemplo, un miembro podría decir: «Mientras más traté de ser perfecto y mantener las cosas en orden, más arruiné mis buenas relaciones y más atraje a personas que necesitaban que yo fuera ideal para ellos. Terminé estando más solo que antes».

Aliente a los miembros a no temer a los patrones antiguos sino a traerlos a la relación, enfrentarlos, entender por qué existieron y buscar nuevas formas de producir buen fruto en sus vidas. Con este ejercicio, Dios hace lugar para lo que él tiene para los miembros: "¡Voy a hacer algo nuevo! Ya está sucediendo, ¿no se dan cuenta? Estoy abriendo un camino en el desierto, y ríos en lugares desolados. (Isaías 43:19).

Capítulo 46

Confesar y arrepentirse

C uando comenzamos el libro hablamos de la necesidad de «anclas» para evitar que nos vayamos a la deriva mientras dirigimos un grupo pequeño. De esa manera usted sabe que no importa lo que suceda, el mar no lo va a arrastrar. No importa qué tipo de grupo usted está dirigiendo, si ciertas cosas están pasando, usted sabe que le va bien. Estas anclas incluyen ayudar a las personas para que vean y experimenten:

- A Dios como fuente
- Las relaciones como su primera necesidad en la vida
- Gracia y perdón
- A Dios como el jefe
- Sus caminos para vivir
- Que Dios tiene control del mundo, ellos tienen el control de sí mismos

Estas experiencias forman el cimiento del ministerio de la reconciliación en la vida real. Ayudan a los miembros a crecer.

Una vez dicho esto, queremos ofrecer «anclas básicas» o tareas de anclaje para el mundo maravilloso del liderazgo de un grupo pequeño. Si los miembros de su grupo están haciendo estas dos tareas, la confesión y el arrepentimiento, entonces usted está funcionando muy bien como líder de un grupo pequeño. Y es muy probable que su grupo esté experimentando las anclas que mencionamos arriba.

La confesión produce un crecimiento poderoso

Confesar cuando erramos el tiro es uno de los ejercicios de crecimiento más poderosos a disposición de los seres humanos. Lo triste es que la mayoría de las personas piensan solo en confesar sus pecados a Dios. Leen 1 Juan 1:9, le confiesan a Dios sus pecados, le piden perdón y siguen adelante. Y eso es muy importante, pero no es el todo de lo que la Biblia ordena.

La Biblia también nos habla de la tradición, el poder y lo imperioso de confesarnos los unos a los otros. En el Antiguo Testamento, los israelitas iban juntos a confesar sus pecados y los pecados de sus padres. Confesaban los patrones generacionales que venían antes y la forma en que ellos mismos se quedaban cortos.

El Nuevo Testamento dice que nos confesemos unos a otros y que oremos los unos por los otros para producir la sanidad. «Por eso, confiésense unos a otros sus pecados, y oren unos por otros, para que sean sanados. La oración del justo es poderosa y eficaz» (Santiago 5:16).

Cuando hacemos esto en un grupo suceden cosas poderosas:

- Vemos a Dios como la fuente del perdón.
- Vemos a Dios como el jefe.
- Nos relacionamos unos con otros con mucha más profundidad cuando se quitan las hojas de la higuera.
- Experimentamos e interiorizamos la gracia y la aceptación en el grupo.
- Sentimos más la gracia y el amor de Dios como resultado de la gracia del grupo.
- Estamos menos aislados y confiamos más.
- Nos avergonzamos menos y nos sentimos más semejantes a los demás.
- Asumimos la responsabilidad por nuestras acciones y damos un paso hacia el autocontrol.
- Nos humillamos en una buena forma.

El arrepentimiento lleva el crecimiento al próximo nivel

Es increíble lo que este único acto de confesión hace por nosotros. Cuando nos arrepentimos, entonces el proceso de crecimiento dentro de los grupos se vuelve más poderoso.

- Cambiamos nuestra forma de pensar con relación a lo serio que es nuestro pecado.
- Nos sometemos en un nivel más profundo a la «jefatura» y el señorío de Dios.
- Tomamos un Nuevo rumbo que es menos autodestructivo.
- Rendimos cuentas ante el grupo.
- Obtenemos una nueva comprensión de los caminos de Dios.
- Termina la destrucción.
- Desarrollamos autocontrol y control sobre nuestros impulsos.
- Comenzamos a vivir sus mandamientos y así entendemos la verdad que nos hace libres.
- Nos relacionamos más los unos con los otros en un papel de apoyo para mantener nuestro arrepentimiento y descansamos los unos en los otros.

En otras palabras, estos dos sencillas disciplinas nos mueven poderosamente hacia la reconciliación de la creación.

Poner la reconciliación y el arrepentimiento en su proceso

Sus miembros hacen bien en saber que la confesión y el arrepentimiento pueden traer grandes beneficios al proceso de su grupo. Aquí presentamos ocho consejos para ayudarlos en el trayecto:

1. Hable en la orientación, si es adecuado para su grupo, sobre el valor de la confesión y el arrepentimiento. Básicamente usted les pide que esté de acuerdo con la verdad (confesión) acerca de nosotros mismos y que cambien su manera de pensar y el rumbo con relación a algo (arrepentimiento.) Las conversaciones sobre la confesión y el arrepentimiento son casi sinónimos de un

buen grupo. En otras palabras, venimos juntos, nos analizamos, vemos en qué hemos errado y hacemos cambios.

2. Saque los conceptos fuera del lenguaje religioso y conviértalos en amistosos. «Hablemos acerca de los puntos donde *no damos en el blanco*, qué significa en realidad *el pecado*, y qué queremos mejorar. ¿Qué ha visto usted sobre lo que quieran hablar y cambiar?»

3. Hable sobre los tipos de seguridad y gracia necesarios para un grupo que incluye la confesión y el arrepentimiento en su proceso de crecimiento.

4. Pídales que hablen acerca de sus temores y resistencias para confesar y arrepentirse frente a un grupo. ¿Cuál ha sido la experiencia de ellos?

5. Pídales que hable sobre lo que necesitan en el grupo actual para sentirse cómodos al confesar y arrepentirse.

6. Hable sobre la estructura para confesar y arrepentirse. ¿Será una parte de la naturaleza corriente de nuestras conversaciones en grupo? En otras palabras, al estudiar el contenido, ¿dirá usted en la medida en que quiera: «aquí me doy cuenta que no doy en el blanco»? ¿O será algo más estructurado como programar un tiempo en el grupo para la confesión y el arrepentimiento?

7. ¿Y qué del perdón? ¿Cómo quiere el grupo transmitir el perdón de Dios los unos a los otros? ¿Cómo representarán su sacerdocio? (1 Pedro 2:9).

8. En su arrepentimiento, ¿cómo les gustaría que les ayudaran? ¿Cómo les gustaría que les pidieran cuenta? ¿Cómo les gustaría que los apoyaran en sus cambios?

Estos son conceptos sencillos, pero son poderosos. Aliente a los miembros de su grupo a que se vean a sí mismos como confesores y contritos y también como expresiones de la gracia de Dios de los unos para con los otros. Si eso sucede, todos encontrarán dos buenas tareas que los relacionan a las anclas de la reconciliación.

Capítulo 47

Corra riesgos

Los miembros de buenos grupos adoptan una postura en la que *los riesgos son normales y esperados*. El riesgo es una parte esencial del grupo y produce grandes efectos en las personas. Yo (John) he visto personas con problemas más pequeños que corrieron poco riesgo y recibieron poco beneficio. Y he visto personas con problemas enormes que corrieron grandes riesgos y terminaron mucho mejor que los del primer grupo.

Recuerdo que dirigí un grupo que incluía a una persona madura, profesional y muy respetada por los otros miembros. Sin embargo, estaba tan absorta en terminar su trabajo espiritual y emocional que a veces se desplomaba en sollozos desoladores, casi incontrolables al lidiar con su pasado. Como un bebé pequeño manchaba su camisa con las lágrimas. Su rostro se ruborizaba. El agua le corría por la nariz. Algunos miembros del grupo se sentían incómodos con la situación y no sabían qué hacer. Para ellos él era demasiado emotivo. El resto del grupo sentía una profunda compasión y lo respetaba aun más por lo que estaba haciendo. En cuanto al hombre en sí, recibió grandes frutos por los riesgos que corrió. Él fue capaz de resolver muchos asuntos y en la actualidad vive una vida significativa como esposo, padre, un exitoso hombre de negocios y un activo miembro de su iglesia.

Cuando los miembros del grupo se arriesgan, quedan expuestos a la posibilidad de salir heridos o avergonzados por dar un paso hacia el crecimiento. Como el hombre profesional, pasan por la incomodidad para obtener un beneficio mayor. Salen de su comodidad y prueban algo que temen hacer o experimentar. Como una persona en fisioterapia con un miembro rígido y dañado, comienzan a actuar para fomentar la sanidad.

El resultado puede ser extraordinario. Las personas comienzan a franquearse, se vuelven disponibles y presentes desde el punto de vista emocional, aman la verdad en lugar de evitarla y se vuelven más libres. Estos resultados también se traducen en muchos cambios en la vida en cuanto a circunstancias externas como el matrimonio, el noviazgo, las amistades, la crianza de los hijos y las profesiones.

Proporcione una seguridad adecuada para los riesgos adecuados

La función del grupo es proporcionar un ambiente que sea lo suficientemente seguro para que una persona corra riesgos que puedan ser incómodos pero no dañinos ni peligrosos. Si algo es fácil para un miembro, hay poco riesgo y poco crecimiento. Por ejemplo, el hombre co dependiente se dirige con pasión a alguien que está haciendo algo bueno aunque probablemente para él no haya riesgo alguno. En cambio, su riesgo podría ser darle a alguien alguna reacción honesta.

Existe también el riesgo excesivo. Por ejemplo, una mujer que se pone tan ansiosa que no puede pensar bien cuando entra en un conflicto intenso con otros pudiera necesitar dar pasos pequeños de forma gradual. Puede ser que primero ella necesite aprender a sentirse segura en presencia de personas que tienen conflictos sin involucrarse en estos ella misma. Eso en sí puede ser un gran paso de crecimiento para ella.

Sin embargo, y esto es importante, *la seguridad no existe para el bien suyo en el grupo. Existe para promover el crecimiento y el riesgo.* El grupo crea una estructura llena de gracia y amor para que la persona pueda salir del lugar donde se siente segura. Algunas personas solo valoran un grupo por su seguridad. Quieren un lugar donde no se les juzgue ni condene y eso es ciertamente algo bueno. Quieren que se les ame y afirme y todos necesitamos eso. Sin embargo, evitarán y se resistirán a correr riesgos, que se les confronte o hacer cosas que les hagan sentirse incómodos. Ven la seguridad como un fin y no como un medio para dicho fin. Es algo así como comprar un carro que tiene cinturones de seguridad, bolsas y alarmas y no obstante nunca sacarlo a la calle. *La seguridad debe servir para crecer, es parte del crecimiento no la suma del mismo.*

Al mismo tiempo, hay personas cuyos asuntos les han herido tanto y les han hecho tan frágiles que el mayor riesgo posible para ellas es sencillamente aparecerse en un grupo. Algunas veces no serán capaces de contener y manejar lo que sucede en un grupo y pudieran necesitar encontrar un contexto de crecimiento con pericia especial en el área que les concierne. Sin embargo, aquellos que no son tan frágiles, que simplemente se resisten a la incomodidad, pueden beneficiarse al entender que correr un riesgo produce cosas buenas y alejarse del mismo produce poco bien.

Dios es muy directo con relación a esto: «Pero mi justo vivirá por la fe. Y si se vuelve atrás, no será de mi agrado» (Hebreos 10:38). Esto es porque al fin y al cabo el riesgo es caminar por fe, es decir, dar un paso a lo que no podemos ver porque confiamos en el que creó el camino. Creo que es significativo que el pasaje sobre volverse atrás está seguido por el mejor capítulo de la Biblia sobre la vida de fe, difícil pero maravillosa a la vez: «Ahora bien, la fe es la garantía de lo que se espera, la certeza de lo que no se ve» (Hebreos 11:1).

Cuando los miembros comienzan a tomar la responsabilidad de correr riesgos, suceden dos cosas. En primer lugar, exponen partes débiles al amor y a la seguridad y se vuelven más fuertes. En segundo lugar, las personas corren más riesgos en más áreas. Confían más, aman más, dicen más verdad y crecen más. El riesgo se convierte en algo que hacen a diario en lugar de algo a lo que temen y que les asusta. Aumentan sus capacidades y deseos por las nuevas experiencias que provienen de Dios y comienzan a vivir verdaderamente la vida abundante que Jesús prometió (Juan 10:10).

Prepárese para correr riesgos

Ayude a sus miembros a aceptar su papel como «corredores de riesgos». Ofrezca ejemplos de riesgos que sean válidos y decidan juntos cómo hacer de su grupo un lugar seguro para probar y fracasar y volverse a arriesgar.

Reconozca los riesgos que valen la pena

Aquí presentamos algunos ejemplos de áreas de riesgo:

- Permitirse sentir emociones sin editarlas
- Franquearse con el grupo con relación a un problema que le asusta discutir
- Pedirle al grupo ayuda, apoyo o consuelo
- Recibir consuelo y amor sin huir de estos
- Comenzar la sesión del grupo usted mismo sin esperar que otra persona lo haga
- Confrontar a alguien con quien está enojado
- Pedir opiniones honestas con relación a su conducta o actitud
- Pedir que se le pidan cuentas por un asunto de carácter o un paso de crecimiento en la vida fuera del grupo

Haga que el riesgo sea normal y esperado

De la misma forma aquí presentamos algunas sugerencias sobre cómo hacer que el riesgo sea normal y esperado.

Hable con los miembros sobre los beneficios del riesgo. Hágales saber cuán útil puede ser. Por ejemplo, usted podría decir: «Nuestro grupo es un lugar donde usted puede probar nuevas formas de relacionarse con los demás sin condenación o vergüenza».

Ayúdelos a hacer que el riesgo sea seguro para cada uno. Muéstreles que mientras más seguros sean, mejor será el grupo: «Piensen en cuánta gracia y seguridad ustedes necesitarán para comenzar a correr riesgos y traten de proporcionar eso a cada uno de los miembros».

Trate con sus temores. Hable sobre las razones por las que antes no han podido ser capaces de correr riesgos: «Guillermo, parece que estás hablando mucho de los lados positivos de tu vida. Me pregunto si te preocupa lo que el grupo pensaría si hablaras de tus luchas».

Ayúdelos a apoyarse mutuamente en los riesgos. Muéstreles que al volverse más vulnerables con relación a experimentar diferentes partes de sí mismos, será un mejor grupo para todos. «Linda, ¿qué sentiste cuando Sandra habló? Pareciera que ese riesgo que ella corrió te impresionó mucho y es probable que ella quiera conocer tu reacción».

Sus miembros de veras se benefician de una vida que no se vive con tanta seguridad pero que se vive probando nuevas formas de experimentar a Dios, a los demás y a sí mismos.

Capítulo 48

El sufrimiento

En cierto sentido, es gracioso escuchar acerca de un grupo especializado al que se le llama «grupo de sufrimiento». Es verdad que todos sabemos lo que significa la palabra y por qué existen dichos grupos. Son para personas que están pasando por pérdidas específicas y necesitan un lugar para procesar dicha pérdida. Eso es bueno y adecuado.

Lo gracioso no es por qué hay grupos de sufrimiento sino *por qué* no vemos cada grupo de crecimiento como un grupo de sufrimiento. En realidad, ¡los grupos deben experimentar la pena y luego dejarla ir para producir vida y crecimiento! Y por lo general necesitamos ayuda para pasar por un proceso de sufrimiento y llegar al próximo nivel de crecimiento.

Escoger el sufrimiento

En el libro *How People Grow* [Cómo crecen las personas] decimos que el sufrimiento es diferente de todos los demás dolores por dos razones. En primer lugar, es un proceso al que entramos de cierta forma voluntariamente. Experimentamos las pérdidas y el dolor sin que sean nuestra elección. Pero para dejarlos ir y tratar con ellos tenemos que dirigirnos hacia el proceso de la pena y el dolor. Esa es probablemente una razón por la cual la Biblia nos anima a sufrir, como un acto de sabiduría. Salomón dijo:

«Mejor es ir a la casa del luto que a la casa del banquete» (Eclesiastés 7:2).

«Mejor es el pesar que la risa; porque con la tristeza del rostro se enmendará el corazón. El corazón de los sabios está en la casa del luto; mas el corazón de los insensatos, en la casa en que hay alegría» (Eclesiastés 7:3-4).

Los que siembran con lágrimas, segarán con gozo

La segunda razón es que *el sufrimiento es el dolor que puede sanar todos los demás dolores. Es el dolor más importante.* Cuando sufrimos, dejamos ir algo. Lo dejamos atrás. Lo despedimos. Seguimos adelante. Entonces, lo que sea que era, se acaba.

Cuando las personas vienen a un grupo, no importa cuál sea la razón, tendrán que dejar ciertas cosas para que se produzca el crecimiento. Pero a veces las personas se atascan y no pasan por el proceso del sufrimiento que los pudiera llevar al próximo nivel. Niegan que la pérdida sea real o protestan como si con eso pudieran cambiarla.

Digamos, por ejemplo, una persona que continuamente se siente miserable porque no puede ser «lo suficientemente buena». Siempre se queda corto con relación a las expectativas que tiene de sí mismo y siente la presión de ser «mejor» de lo que es. Así que sus presiones crónicas de desempeño lo atribulan. ¿Qué tiene eso que ver con el sufrimiento y quedarse atascado?

En primer lugar, algo se ha perdido y se niega. Él ha perdido la aprobación de alguien que es muy importante para él, a veces un padre, otras veces su propio ideal. La persona ha tratado y no ha sido capaz de ser lo suficientemente buena. Es una causa perdida. Nunca tendrá la aprobación ni llegará a ese ideal perfecto que anhela. Pero en lugar de enfrentar dicha pérdida, sufrirla y renunciar a obtener la aprobación de esa persona o a alcanzar la perfección, permanece en un estado de protesta como si el ideal pudiera o debiera ocurrir. Así que o sigue enojado con la persona por no darle la aprobación o enojado consigo mismo por no ser capaz de llegar allí. De cualquier manera, si lo tratara como una causa perdida, saldría de la ira, la culpa y la realización y se permitiría a sí mismo entristecerse.

Experimentar la tristeza le ayudaría a mejorarse porque los tristes pueden ser consolados (Mateo 5:4). El sufrimiento puede ser, como dice Salomón, «bueno para el corazón». Cuando alguien renuncia, se entristece, sufre algo y lo deja ir, el corazón vuelve a alegrarse.

Aceptar el proceso del sufrimiento

Cuando perdemos algo, necesitamos enfrentar la pérdida y seguir hacia delante. Entonces podemos tener una resurrección después de la muerte. Pero para experimentar esta resurrección tenemos que ir hacia el proceso y aceptarlo. Los pasos de este proceso son algo así:

- *Algo malo sucede.* Se producen la pérdida o el dolor.
- *Negamos la pérdida.* Estamos o demasiado adormecidos como para realmente procesarlo o simplemente no queremos creer que es verdad.
- *Protestamos.* Ya que no queremos que sea verdad, luchamos contra la realidad. Reyutcamos, actuamos, negociamos, nos enojamos o luchamos para revertir la triste verdad de lo que ha sucedido.
- *Entramos en la tristeza y la pérdida.* Nos rendimos y comenzamos a entrar en el dolor de la tristeza y el sufrimiento. Le decimos adiós a lo que sea que no será y aceptamos lo que es.
- *Buscamos soluciones.* Aceptamos la nueva realidad y recreamos la vida y a nosotros mismos alrededor de esta, incorporando sus nuevos significados y posibilidades.

Así que lo que sea que perdamos (una persona, un sueño, una relación, una profesión, el ideal de nosotros mismos, una fantasía, un deseo que nunca se hará realidad, la aprobación o validación de otra persona, la niñez o la vida que no tuvimos), el sufrimiento es parte de la respuesta.

El grupo proporciona recursos para sufrir

Necesitamos recursos para sufrir bien. Estos incluyen unas pocas cosas que el grupo puede proporcionar además de nuestra propia decisión de entrar en el proceso del sufrimiento. Los miembros y usted como líder, todos deben apropiarse de sus roles.

La responsabilidad de cada miembro

El grupo debe proporcionar tres cosas para que los miembros pasen por el sufrimiento. Nosotros también necesitamos experimentar estas cosas por nosotros mismos cuando nos llega la hora de entrar en la tristeza y la pérdida.

Apoyo. Necesitamos amor, apoyo y consuelo (Romanos 12:15). Necesitamos que otros lloren con nosotros.

Estructura. Necesitamos un tiempo, un lugar un espacio para sufrir. Necesitamos conocer los significados y las tareas para sufrir. Necesitamos saber «cómo». (Véase *How People Grow* para un tratamiento más profundo de cómo el sufrimiento obra en el proceso de crecimiento.)

Proceso. No podemos hacerlo en un día y debemos pasar por distintas etapas de crecimiento.

El papel del orientador

Como líder, usted tiene las mismas responsabilidades que cualquier otro miembro de ayudar a otros a pasar por la tristeza y, en dependencia del tipo de grupo, puede que hasta experimentarlo usted mismo. Usted tiene estas cuatro responsabilidades adicionales para con sus miembros.

Ayúdelos a entender la importancia de dejar ir. Ayúdelos a saber que dejar ir significa libertad y está relacionado con todo, desde el perdón hasta seguir adelante después de la pérdida de una relación o de un fracaso. Dejar ir es una clave en el crecimiento espiritual. Ayude a los miembros a ver el sufrimiento como un concepto bíblico que Dios valora y quiere que nosotros valoremos. Si es adecuado en su grupo, edúquelos en el proceso de negación, protesta, tristeza y resolución. La información puede ayudar a estructurarles el proceso.

El grupo es el lugar adecuado. Ayúdelos a entender que el grupo es un lugar donde el sufrimiento y el dolor son bienvenidos. Haga que hablen sobre qué hace que sea más fácil o más difícil para ellos sufrir y dejar ir. Haga que le digan al grupo lo que ellos necesitan de él.

Pídales a los miembros que hable en el grupo sobre las formas en que ellos evitan el sufrimiento, se medican y se distraen a sí mismos. Pídale al grupo que les pidan cuentas si tratan de seguir haciendo lo mismo, especialmente en el grupo. Concéntrense en hacer que su grupo sea una cultura segura.

Facilite su sufrimiento. Cuando vea a los miembros atascados, hágaselos saber. Usted pudiera comentar: «Percibo que con relación a eso estás cerca de la tristeza» o «parece difícil enfrentar el hecho de que tal vez no la recuperes». Tales declaraciones de proceso ayudan a los miembros a moverse hacia el próximo paso.

Muéstreles los temas de la vida que puede que no reconozcan como sufrimiento. Una los puntos. Cuando ellos pasan por la pérdida y no entienden por qué les está afectando tanto, hágaselos saber: «Parece que has tenido muchas pérdidas semejantes a estas. Es un tema que se repite y estoy seguro de que esta pérdida incide sobre las otras».

Haga que cumplan con sus tareas. Haga saber a los miembros que su papel es enfrentar su pérdida y usarse unos a otros para darles consuelo y apoyo. Impúlselos para que se franqueen y vean sus pérdidas por lo que son y las compartan. Hágales saber cuando no lo estén haciendo. Hágales saber cuando están impidiendo, como grupo, el proceso dejando las cosas muy a la ligera, alegres o si las están espiritualizando. Confróntelos cuando, por ejemplo, se acercan al sufrimiento y luego cambian el tema.

Sufrir de manera correcta es algo maravilloso. Puede resultar en una vida nueva. Hay muy pocos lugares en los que eso se pueda hacer mejor que en un buen grupo. Pero para hacer que suceda, los miembros tienen que unirse. Ayúdelos a ser el tipo de personas con quienes otros miembros pueden sufrir, el tipo que entra en el proceso. De seguro usted encontrará a Dios en un grupo que sufre.

PARTE 6

CÓMO LIDIAR CON LOS PROBLEMAS EN LOS GRUPOS

Capítulo 49

Necesidad

E s importante considerar muy bien el problema de la necesidad en los miembros del grupo. La Biblia enseña que necesidad, definida como *estar incompleto y carente*, es algo que Dios usa para hacernos crecer y sanarnos. Él viene a nosotros cuando experimentamos que no podemos arreglarnos o salvarnos en nuestra propia fuerza: «Él librará al *indigente* que pide auxilio, y al pobre que no tiene quien lo ayude. Se compadecerá del desvalido y del *necesitado,* y a los menesterosos les salvará la vida» (Salmo 72:12-13).

Problemas de la necesidad

Sin embargo, la necesidad se convierte en un problema cuando se manifiesta de manera malsana como por ejemplo:

- Consume demasiado tiempo del grupo
- Crisis constantes que nunca se resuelven
- Una dependencia emocional que el grupo no puede satisfacer
- Incapacidad de ser consolado
- No tomar el consejo del grupo
- Ver al grupo como «insuficiente»

Cómo lidiar con los asuntos fundamentales de la necesidad

Una vez que ha discernido la diferencia entre la necesidad que ayuda al crecimiento y la que lo impide, usted querrá entender los asuntos fundamentales y tratar con ellos.

Incapacidad de conectarse con el grupo. Algunas personas necesitadas traen sus asuntos al grupo pero cuando los miembros tratan de llegar hasta ellos, se produce una desconexión y las personas necesitadas no pueden recibir el apoyo que se les brinda. Son incapaces de aceptar el consuelo y el alivio. Puede que la persona necesitada no sepa cómo o tenga miedo de aceptar lo que se le ofrece. Haga de esto un asunto de equipo y discutan el rechazo de la persona o su incapacidad de valorar, experimentar y recibir el amor y el cuidado del grupo.

Problemas al usar el apoyo. Algunas veces una persona puede recibir amor pero por alguna razón es incapaz de usar el apoyo para dar pasos en pro del crecimiento. La gracia y el apoyo son el «combustible» que Dios diseñó para que nosotros podamos metabolizar (digerir) y usar para asumir la responsabilidad al resolver nuestros problemas. Un psicólogo investigador ha denominado a la persona que parece recibir apoyo pero que sigue atascada, culpándose o rechazando la ayuda como el «quejoso que rechaza la ayuda». Ayude a la persona a ver lo siguiente:

«**Roberto, parece que eres capaz de asimilar las relaciones que el grupo te está dando en este asunto.** Sin embargo, esto no se está traduciendo en una decisión, acción, valentía o elecciones tuyas, lo cual es parte de la razón por la que usamos amor. ¿Cómo podemos ayudarte con esto?»

Apoyo en pequeñas cantidades. Cuando una persona necesitada entra en su dolor o emoción puede que no sea capaz de salir e inadvertidamente regresa a un punto en el que se apodera del tiempo del grupo. Ayúdela a usar el tiempo que se le asigna y prepárela para recibir y dar al grupo mutuamente. Esto muchas veces fortalece a la persona y le ayuda a darse cuanta de que tiene algunas opciones en el proceso de crecimiento: «Ana, quiero que el grupo te ayude con tu dolor y confusión. Al mismo tiempo quiero que los demás miembros también obtengan algo para sí. Si esta noche llegas a tu dolor, ¿no hay problemas si en algún momento te digo que tenemos que continuar?» Por supuesto que si usted prueba esto varias veces y ella es incapaz de hacerlo, usted se dará cuenta de que la persona tiene necesidades válidas y auténticas que pueden requerir más de lo que el grupo puede dar.

Necesidad relacional versus necesidad de tareas. Algunas veces las personas no ven que lo que necesitan es relación. En cambio, van al grupo en busca de rescate emocional, buscando consejo, instrucciones, respuestas y simpatía. Necesitan entender que la mayoría de los suministros relacionales nos hacen más capaces de manejar las demandas de la vida. Aunque sin dudas el grupo debe ser una fuente de sabiduría y verdad, esté al tanto de cuanto los miembros traten de sustituirlo por una fuente de apego. «Natalia, con frecuencias vienes al grupo en busca de sugerencias pero yo creo que los miembros pudieran darse a sí mismos y ver qué haces con eso».

Un grupo frío

Esté al tanto y revise la calidez emocional del grupo y su accesibilidad. En un grupo de personas que viven en un mundo de ideas y que tienen dificultad para experimentar los sentimientos negativos, los miembros podrían, sin darse cuenta, percibir una necesidad adecuada como excesiva o mala. Si usted ve esto, confronte la retención del grupo y ayúdelos a ver que la necesidad es una norma en un grupo saludable. Por ejemplo, un miembro que esté luchando con un matrimonio difícil pudiera pedir apoyo y validación. En cambio, el grupo podría interpretar su petición como demasiado menesterosa y por lo tanto no ver lo que realmente está sucediendo.

Cuando una verdadera necesidad es demasiado para el grupo

Una persona puede sufrir a causa de un vacío genuino que requiere muchos recursos más allá de lo que el grupo puede proporcionar. A veces la causa es una gran privación o abandono emocional que data de la niñez; a veces una pérdida devastadora en la vida. Cualquiera que sea la razón, la persona sí necesita y puede hacer uso del consuelo, la seguridad, la compasión y la estructura. El problema es que el grupo no posee suficiente de lo anterior para la persona. En estas situaciones, haga contacto con quien esté a cargo de su organización y hábleles de buscar un contexto más adecuado para el miembro necesitado o de añadir una estructura de apoyo además de su grupo.

Recuerde que las necesidades son algo bueno. Dios las usa para unirnos de manera que podamos crecer y sanar. Al mismo tiempo, desarrolle el discernimiento para comprender la importante diferencia entre una verdadera necesidad y el temor a asumir responsabilidad de manera que usted pueda tratar con las verdaderas necesidades de la persona.

Capítulo 50

Incumplimiento

Imagine la última vez que estuvo en una cena familiar con niños pequeños, ya sean los suyos o los de un amigo. Si era una actividad informal en casa, es muy probable que durante la comida los padres dijeran cosas como: «No la interrumpas» o «Pide el pan, no trates de alcanzarlo» o «Mastica con la boca cerrada, no chasquees». Es algo normal usar la comida familiar para ayudar a los niños a aprender las reglas de la vida.

Reconocer el incumplimiento

Los grupos desempeñan la misma función como «segunda familia». Sin el lugar para observar, señalar y resolver incumplimientos y desacatos de las normas acordadas. Mucha de la valía del grupo está en cómo tanto el miembro incumplidor como el propio grupo se benefician del proceso correctivo.

Aquí presentamos algunos ejemplos de incumplimiento:

- Tardanza crónica
- Asistencia irregular
- Marcharse temprano
- No terminar de hablar cuando se acaba el tiempo del grupo

- Romper los pactos de confidencialidad al tener contacto con personas fuera del grupo
- No relacionarse con el grupo durante la reunión
- Interrupción constante dentro del grupo (interrumpir, no aceptar opiniones, exabruptos, los equivalentes a comer con la boca abierta)

Tratar con la raíz del asunto

Como líder usted debe tomar una postura activa con relación al incumplimiento. No los vea como interrupciones en el crecimiento del grupo. *Vea esto como un asunto del crecimiento, es muchas veces la razón por la que el miembro necesita al grupo en primer lugar.* De hecho, al tratar con el problema se obtienen dos beneficios. Uno es para el miembro incumplidor que necesita aprender a asumir responsabilidad y adaptarse a las normas del grupo. El otro beneficio es para el grupo, quien necesita aprender a confrontar y lidiar con el incumplimiento de los demás.

El incumplimiento ocurre por diversas causas. Identificar las causas puede ayudarlo a lidiar con el mismo.

Falta de consciencia. Puede que algunos miembros del grupo no se percaten de cuán destructivo es su incumplimiento o que es un problema en sí. Usted puede decir: «Raquel, estás interrumpiendo a Carlos. Déjalo terminar». Si no es un hecho aislado, sino un patrón, usted podría decir: «Raquel, parece que interrumpes a la gente con mucha frecuencia y todo parece indicar que eso afecta a las personas aquí. Vamos a hablar del asunto».

Falta de estructura. Algunos miembros podrían estar conscientes de su incumplimiento pero no tienen los recursos internos para modificar su conducta. Por ejemplo, una mujer codependiente pudiera llegar tarde constantemente porque no puede separarse de los problemas de su esposo o de sus hijos o de una crisis de trabajo. El grupo puede ayudarla a proporcionar la estructura que ella necesita para interiorizar el asunto y fortalecerse. El grupo puede:

- Ayudarla a lidiar con su temor de decir «no»

- Orar por fortaleza y apoyo para ella
- Ser un lugar donde ella puede practicar decir no a los miembros con seguridad
- Pedirle cuentas por llegar al grupo a tiempo y lidiar con la ansiedad
- Hacer que llame a los miembros durante la semana cuando se sienta tentada a ceder indebidamente
- No permitirle entrar luego de comenzar a tiempo y dejar que se siente afuera

Privilegios y egocentrismo

Algunas personas están convencidas de que no tienen que obedecer reglas de conducta. Esto podría significar que creen tener privilegios, que merecen un trato especial o que están por encima de las reglas. Otros sencillamente no ven que lo que hacen está afectando a otros ya que se resisten a entrar en el mundo de los demás; las cosas giran alrededor de ellos. En este contexto, el líder ayuda al grupo a confrontar la postura egocéntrica pero sin condenación: «Luis, el verdadero asunto no es que llegue tarde. Es más bien que no creo que tú pienses que esto tiene mucha importancia para nosotros ni ves que afecta a la gente. Sí tiene importancia y sí afecta a la gente. Quiero que los miembros te digan lo que representa para ellos».

Rebelión y provocación

Algunas personas traen al grupo una actitud anti-autoridad según la cual se rebelan contra toda norma. Lo provocarán a usted, el líder, y al grupo por ser autoritarios controladores. A veces provocarán a las personas para que los confronten de manera que puedan descartar las su gerencias del grupo y obviarlas. Una buena metodología en este caso es decir algo así: «Esteban, es difícil hablar sobre tus exabruptos porque cuando se intenta, tú nos acusas de ser malos contigo. Realmente no lo somos, ¿podríamos entonces tratar este asunto en lugar de una cosa mala del grupo? Tal vez puedas decirnos alguna forma en la que podamos darte reacciones que te ayuden sin sentirte distanciado por nosotros».

Conozca a su gente. Si una persona es destructiva por incapacidad o debilidad, déle tanto apoyo y ayuda como pueda. Haga todo lo que pueda para ayudarlo. Aun así, si las cosas continúan, usted tendría que decidir entre vivir con el problema, sabiendo que es la mejor solución o buscar un contexto con más estructura sin avergonzar a la persona ni juzgarla. No obstante, si el incumplimiento es debido a *la resistencia y voluntariedad,* siga sacando el asunto a relucir (1 Tesalonicenses 5:14). Hágalo un asunto del grupo y esté dispuesto a establecer consecuencias como explicamos en el capítulo 29, «Confronte». Por último, puede que usted tenga que pedir consejo al ministro de grupos de su iglesia u organización. En última instancia, no sacrifique el crecimiento del grupo por el pecado de un miembro.

Capítulo 51

Pasividad

En un grupo que yo (John) dirigí, Robin tenía un problema con ocuparse de su vida. Nos dijo que venía de una familia controladora, que se había criado en una iglesia legalista, que tenía un esposo dominante y que trabajaba para una compañía controladora. Una y otra vez el grupo la escuchaba hablar acerca de que nunca le habían permitido ser «ella misma».

Al principio el grupo mostró simpatía y apoyo. Después de un tiempo, sin embargo, se dieron cuenta de que muy pocas veces ella tomaba la iniciativa o corría riesgos, no hacía los cambios que la gente le sugería y seguía señalando a toda la gente controladora de su vida. Por fin, Lucy, otro miembro, le dijo: «Robin, ¿tú quieres que nosotros hagamos las cosas por ti?» Robin miró un poco asombrada y pensó por un instante. Entonces dijo: «Sí». Todos comenzamos a reírnos y el grupo dio un cambio positivo.

Pasividad no es igual a incapacidad

Muchas personas se sienten atraídas a un grupo debido a un problema o situación que no pueden resolver por sí mismas, como un hábito, una relación o porque están atascadas. Es verdad que todos necesitamos gracia y un grupo debe ofrecer gracia abundante para nuestras debilidades, nuestras heridas e incapacidades. Sin embargo, la pasividad no es incapacidad. Las personas incapaces constantemente fallan por alguna razón, pero *las personas pasivas ni siquiera hacen un intento para resolver su vida.* El asunto no es tanto de *no poder* como de *no querer.*

Algunas veces las personas pasivas creerán que son espirituales por no hacer nada. Ven la pasividad como confianza en Dios. Esta es una mala interpretación de lo que la Biblia enseña sobre la confianza en Dios. Confianza significa tener fe en que Dios hará su parte y nosotros asumiremos la responsabilidad por la nuestra:

«Así que, mis queridos hermanos, como han obedecido siempre —no sólo en mi presencia sino mucho más ahora en mi ausencia— lleven a cabo su salvación con temor y temblor, pues Dios es quien produce en ustedes tanto el querer como el hacer para que se cumpla su buena voluntad» (Filipenses 2:12-13).

En otras palabras, nosotros hacemos las cosas y Dios obra en nosotros. Es colaborar con Dios bajo su dirección. (Para ver un desarrollo más completo de este tema, véase nuestro libro *12 Christian Beliefs that Can Drive You Crazy* [12 creencias cristianas que pueden volverlo loco], capítulo 4.)

La pasividad es mala para la persona y para el grupo. El grupo debiera ser un lugar donde los miembros se franqueen, corran riesgos, aprendan de sus fracasos, interioricen gracia y sabiduría y lleven todo eso a sus vidas y relaciones. Sin embargo, con la pasividad nada de eso sucede como debiera. La persona no habla, no confiesa y el grupo no la conoce verdaderamente, sigue atascada e impotente en su situación, tiene pocas opciones y posibilidades.

Por qué las personas son pasivas

Para ayudar a las personas a vencer la pasividad, considere por qué tienen problemas con esta. Hay más de una causa.

Estar perdido. Algunas personas nunca han experimentado ningún proceso de intimidad y están pasmadas tratando de entender las reglas de este nuevo mundo. Es posible que necesiten tiempo y seguridad para aprender cómo funciona este mundo y luego les va bien.

Miedo de quedar expuestos y de los riesgos. Otros han aprendido en la vida que tomar la iniciativa es salir herido, controlado o abandonado. Han adoptado una postura pasiva para protegerse a sí mismos. Sin embargo, la protección los mantiene en una prisión. El grupo realmente puede ayudar a las personas en esta posición si las personas temerosas tienen corazones dispuestos.

Un deseo oculto de rescate. Como Robin admitió, algunas personas tienen una fantasía de que alguien vendrá y se ocupará de todas sus luchas. En sentido de desarrollo, esta es una condición muy joven ya que es ser como el deseo de un bebé indefenso de que su mamá se ocupe totalmente de él. Una persona así puede beneficiarse de un grupo que entienda su deseo profundo y gradualmente la ayude a salir de su fantasía.

Ayude a los miembros a vencer la pasividad

Un buen grupo puede hacer mucho para ayudar a un miembro pasivo a ir más allá del problema. He aquí algunas ideas:

Véalo como un problema. Ayude al grupo a ver que la pasividad no resuelve los problemas, los genera. Diga, por ejemplo: «Marcos, cuando no te franqueas con nosotros, esto nos aleja de ti y las personas se preguntan quién eres en realidad».

Ayúdeles con su vocabulario. Las personas pasivas muchas veces usan un vocabulario pasivo como: «Él me hizo… ella no me dejaba… ellos me lo impidieron…» Este vocabulario recrea el problema en sus mentes. Sáquelo a relucir y muéstreles cómo usar un lenguaje más activo (y más basado en la realidad): «Yo le permití… Yo la dejé… Yo cedí cuando ellos…» De hecho, este es un ejercicio útil para la mayoría de los miembros del grupo ya que es fácil caer en el vocabulario pasivo.

Recuerde e interiorice. Haga que el grupo ayude a la persona mediante recordatorios y luego vea si ellos pueden interiorizar el proceso. Usted pudiera decir: «Claudia, ¿por qué no te llamamos cuando te estés distanciando? Te vigilaremos para que puedas decirnos con seguridad cómo te va y después de un tiempo veremos si puedes hacerlo voluntariamente sin que te empujemos». Si estas experiencias son seguras y buenas y la persona entiende el asunto, esta metodología puede funcionar bien.

Las personas pasivas causan menos problemas en un grupo que los incumplidores, pero no los deje pasar inadvertidos. Muchos tienen terribles problemas en la vida gracias a su pasividad, así que asegúrese de estar tratando eso como un problema.

Capítulo 52

Cállese

No es nuestra intención parecer malos en este capítulo pero sí queremos decir lo que dijimos. Entendamos que el viejo y ya perdido arte de callarse, mejor descrito como *dejar espacio para conocerse y darse a conocer*, es muy útil en el contexto de un grupo. Esta es una habilidad que usted como líder debe aprender y pasarla al grupo como una norma. Este asunto es diferente a sentirse cómodo en medio de un silencio total en el grupo, se trata de entender cuándo hablar y cuándo escuchar.

Saber cuándo hablar

Usted recordará de nuestro debate sobre conocer y dejarse conocer que el proceso toma tiempo. Toma tiempo revelar, confiar y explorar para acceder a cualquier parte el alma que necesite sanidad. Cuando les concedemos a las personas tiempo y espacio, son más capaces de llegar a cualquier asunto importante que tengan. Aquí hay tres elementos necesarios. El primero es que haya personas comprensivas presentes para que la persona no esté sola con sus sentimientos. El segundo es que el grupo se limite a hablar cuando un miembro necesite su presencia sin palabras. El tercero es que los miembros a los que se les están dando reacciones también sepan estar callados para que pueden recibir lo que se les ofrece para ayudarlos.

Permanecer callados y escuchar tiene dos grandes beneficios. En primer lugar, un miembro pudiera estar trabajando en entender y captar un asunto. En lugar de sustituirlo y decirle lo que pudiera estar pensando, el grupo debe permitirle luchar si lo necesita. Permítale asumir control en descubrir lo que está tratando de entender. Si él está totalmente perdido, ellos pudieran intervenir pero si es posible, permítanle pensar. De la misma manera, un miembro pudiera necesitar experimentar y sentir algo dentro que hasta el momento ha sido inseguro para él. Cuando el grupo se vuelve «muy conversador» con él, este pudiera fácilmente perder una experiencia sin palabras que podría ser muy importante en su crecimiento. Una vez más, no lo deje «en el aire», por así decirlo, sino haga lugar para que sus sentimientos emerjan. Entonces él puede procesar y discutir con el grupo. *Recuerde: son los sentimientos de la persona, no los del grupo.*

Aunque tal vez los miembros crean que son comprensivos, muchas veces intervienen demasiado pronto. Esta acción no solo arriesga interrumpir la experiencia de crecimiento de la persona sino que también arriesga comprender realmente lo que está sucediendo: «Es necio y vergonzoso responder antes de escuchar» (Proverbios 18:13).

Lidiar con el conversador

Un problema similar es la persona que habla demasiado. Esto puede ser un problema grave que si se deja inadvertido, puede arruinar un grupo pequeño. En esta situación la conversación excesiva de un miembro puede dominar o interrumpir el proceso del grupo. El contenido puede variar de persona a persona. Puede involucrar su vida y problemas o dar consejos a otros miembros. Pero cualquier que sea el tema, el conversador termina controlando lo que sucede en el grupo.

Cuando alguien insiste en hablar demasiado en el grupo, nadie se beneficia, ni el miembro ni el grupo. El conversador se está alejando a sí mismo de los demás quienes a cambio se vuelven resentidos, se desconectan o abandonan el grupo: «El que mucho habla, mucho yerra; el que es sabio refrena su lengua» (Proverbios 10:19).

Hay varias razones por las que los miembros hablan mucho. Algunas personas no tienen suficiente estructura interna ni autocontrol. Somos como un niño pequeño que sencillamente dice cualquier cosa que le viene a la mente, como aquel que dice, «no tiene pensamiento inexpresados». Otros hablan mucho para permanecer lejos del silencio ya que el silencio les hace sentir sentimientos a los que les temen o quieren evitar. Algunos quieren controlar las percepciones que los demás tienen de ellos, así que hablar les da una sensación de que se les ve como una buena persona. Otros pueden estar necesitados por dentro y hablan con la esperanza de que los demás se cuiden de ellos. Algunos asumen un rol paternal y dan consejos indeseados a los demás en el grupo y otros tienen una forma de narcisismo (véase el capítulo 54) que se manifiesta en hablar sobre sí mismos con una abstracción que ignora los sentimientos y preocupaciones del resto.

Cualquier que sea la causa, los grupos buenos deben lidiar con los conversadores en exceso. Es muy probable, que cualquiera que sea la reacción negativa que el conversador esté generando en el grupo, también la está creando en su vida fuera del mismo. El grupo puede evitar esta situación a niveles muy significativos. He aquí algunas formas de tratar con el miembro que conversa en exceso:

Comience con el incidente, no con el problema. Al comienzo, refiérase al problema según este se relacione con una interacción del grupo «Beatriz, espera, quiero escuchar lo que Gustavo está diciendo» o «Alfredo, deja que alguien más hable ahora». A veces eso será suficiente para ayudar a reprimir al conversador a no pasarse, especialmente si le interesa cómo afecta a las personas.

Ayúdelo a darse cuenta. Puede que el conversador no sepa que domina al grupo. Puede que sea algo que sencillamente no le han dicho directamente. Hágale saber lo que sucede: «No sé si estás consciente del asunto, Julia, pero esta noche en varias oportunidades has interrumpido a Teresa y ella se alejó. ¿Podemos ver eso contigo?» o «Carlos, a veces es difícil para otras personas relacionarse cuando hablas tanto. Vamos a ver qué está pasando aquí».

Incorpore al grupo. Las reacciones del grupo pueden ayudar al conversador. La comunidad, no solo el líder, da la reacción y el apoyo que es más profundo y poderoso: «Roberto, parece como que te alejaste cuando Ester comenzó a hablar. ¿Qué pasó?» o «Linda, me pregunto si tienes algún sentimiento por lo que sucedió cuando Elena desvió el tema hacia su persona».

Deje que el grupo genere reacciones. Como hemos mostrado en otros casos, la intervención más eficaz es cuando el grupo genera reacciones mientras el líder de una forma u otra prepara el enfrentamiento: «¿Qué está sucediendo en este momento?» o»Parece que el tono del grupo acaba de cambiar. ¿Alguien tiene idea de por qué?»

Ponga límite para ayudar a la persona. Algunas veces el conversador se beneficiará de una consecuencia que le ayude a recordar a limitarse. El grupo puede decirle algo jocosamente si se pasa como «¡gong!» o «¡Tiempo!» No obstante, con el tiempo el miembro debe interiorizar esta función que el grupo descontinuará una vez que el miembro tenga autocontrol.

No tenga miedo de confrontar al conversador con gracia y verdad. Es fácil evitar esto, si se piensa que la persona necesita más tiempo. Puede que en alguna ocasión lo necesite, como le pasa a casi todo el mundo. Sin embargo, si es un patrón y usted ve que el grupo está reaccionando, no se beneficia a nadie con obviarlo. Al presentar el problema se pueden lograr muchos beneficios.

Capítulo 53

Agresión

Imagine por un instante que lo inviten a unirse a un grupo, y el líder le dice todos los beneficios que puede esperar: crecimiento, unidad, comunidad, aprendizaje, sabiduría, desarrollo espiritual y cosas por el estilo. Unirse al grupo le parece tan bueno que usted apenas puede esperar a que este comience. Todas esas cosas son las que ha estado buscando durante tanto tiempo. Así que usted dice: «Claro, por supuesto».

Prepárese para ser proactivo

Ahora imagine que el líder también diga: «Usted puede esperar obtener esos beneficios en dosis muy pequeñas porque habrá una persona que es realmente agresiva y mandona. Impone sus opiniones todo el tiempo y tiende a pasar por encima de las personas y a controlar el proceso del grupo. Y ya que yo soy un líder de grupo muy agradable, no quiero causar problemas. Así que no digo nada para impedir eso y usted tendrá que esforzarse para tratar con el asunto y poder encontrar algunas migajas de ese crecimiento del que hablamos. Será maravilloso. Esperamos verlos. Traiga rosquillas».

¿Cree usted que eso le haría sentir diferente al pensar en el grupo? Por supuesto que sí. Pero los miembros agresivos son la realidad de muchos grupos. Los líderes no se lo van a advertir, pero sucede. El líder de grupo bien intencionado deja que la persona mandona arruine mucho de la experiencia del grupo para todos los demás. Y los miembros se sienten desilusionados, reunión tras reunión, y poco a poco pierden el interés en el grupo en sí.

Nos gustaría que usted asumiera una postura proactiva con relación a este problema antes de que comience. Véase de la manera en que hemos hablado desde el principio: *el guardián del proceso*. Usted es el abogado defensor de los miembros del grupo y si ellos están sufriendo bajo el control de la persona mandona, entonces necesitan que usted proteja el propósito del grupo.

Escoja intervenciones apropiadas

Asegúrese de usar el nivel de intervención apropiado para el grupo. El menor nivel es dirigir el tráfico y el más profundo es el proceso completo del asunto en el grupo. Su intervención depende del propósito del grupo, sus acuerdos, expectativas y disposición.

Sea directo, no destructivo

Use su intuición para saber cómo se sienten los demás. Si a usted le molesta, que eso le sirva de señal de que otros pueden sentirse de la misma manera. No se quede sentado sufriendo demasiado tiempo porque es probable que esté perdiendo gente. Sin embargo, asegúrese de tener una perspectiva balanceada en este asunto. Si es un tema que le molesta en lo particular, usted necesita buscar equilibrio. Si fuera necesario, hable con alguien sobre lo que usted está haciendo.

La intervención menos perturbadora, menos intrusa, es asumir el control directamente sin hacer comentarios del proceso ni confrontar a nadie. Una vez más entran a jugar lo adecuado para el propósito del grupo y las reglas del mismo. Si ustedes no se están confrontando mutuamente como parte del grupo, entonces sencillamente facilite. Usted podría decir:

- «Espera un segundo, José. Quiero escuchar el resto de lo que Susana estaba diciendo».

- «Gracias, José, pero no hemos escuchado a los demás todavía. Quiero asegurarme de que oigamos a todos en el grupo».
- «Espera, José. Creo que ese tipo de consejo pudiera estar fuera de las reglas que establecimos. ¿Por qué no aguantas eso?»

En otras palabras, no haga un problema de lo que está sucediendo. Usted es algo así como un policía en la intersección de un embotellamiento de tráfico que trata de asegurar que las cosas sigan fluyendo.

Confronte fuera del grupo

El próximo nivel sería confrontar a la persona agresiva fuera del grupo. Déle a José opiniones de manera que eso no se convierta en parte del grupo en sí. Si el grupo no ha escogido el proceso y José se está volviendo dañino, llévelo aparte. Usted podría decir:

- «José, quisiera que te dieras cuenta de algo. Tú tienes muchas ideas y eres muy verbal y aprecio que quieras contribuir. Sin embargo, necesito que tengas cuidado con cuánto hablas. Algunas personas no tienen la oportunidad de hablar. ¿Podrías estas al tanto de eso?»
- «José, me preocupa que estás dando consejos cuando la gente no lo desea. Hablamos de que este es un lugar donde no haríamos eso y lo estás haciendo. Me temo que eso podría hacer que algunas personas se sientan incómodas al hablar. Por favor, evita eso. Te lo agradezco».
- «José, ¿estás consciente de la cantidad de intervenciones que haces en comparación con los demás miembros? No creo que lo estés, solo que eres una persona verbal. Trata de vigilar eso y mira a ver si puedes ayudarme a hacer que el tiempo de hablar se divida más equitativamente. Quiero que todos tengan la oportunidad de hablar».

Trate con el asunto dentro del grupo

Usted puede tratar el asunto dentro del grupo, si eso es parte del pacto. Será muy semejante a lo anterior pero en el contexto de la reunión. Usted podría preguntarles a los demás si notaron lo que José hizo y pedirles que le den su reacción. Además, usted puede hacer que hablen de cómo se sienten, cuál es su experiencia. Una vez más, esto tiene que ser algo que el grupo haya acordado.

Por ultimo, si usted está en un grupo muy orientado hacia el proceso, puede hacer del asunto un proceso del grupo y tratar con el mismo de esa forma. «¿Alguien se ha dado cuenta de lo que acaba de suceder?» Cuando José interrumpa usted puede hacer que ellos traten con el asunto y partir de ahí. Otra forma es decir: «He notado algo que sucede muchas veces. Alguien está hablando y José se adueña de la situación. Entonces la persona, en este caso Susana, se retira y nadie vuelve a hablar del tema. ¿Alguien se dio cuenta? ¿Qué está sucediendo? ¿Por qué nadie ha dicho nada?»

Recuerde que usted debe modelar gracia y verdad y seguir las reglas de la confrontación que se mencionaron con anterioridad, especialmente en el capítulo 15 y asegúrese de hacer que los demás también lo hagan.

A nadie le gusta tener un grupo dominado por alguien más. Recuerde que usted es el líder y su función es proteger al grupo de esa dinámica. No tiene que hacerlo profundamente, pero sí tiene que hacerlo si las cosas van a funcionar bien. Busque apoyo si fuera necesario pero mantenga el orden. De otra manera, perderá gente.

Capítulo 54

Narcisismo

Si usted está cursando el sexto grado, entonces conoce muy bien este problema. Aunque no utiliza la palabra *narcisismo*, sí conoce el problema. Dice cosas como: «Sandra se cree que es mejor que los demás», «María siempre está alardeando» y «Susana piensa que lo sabe todo». Existen mil formas para describir el problema de aquellas personas que de alguna manera creen ser idóneos, mejores que los demás, perfectos, sin errores o problemas, o que todo lo tienen resuelto.

En el patio de juegos usted puede evitar a la persona. En una amistad u otro tipo de relación, algunas veces se puede soportar e incluso disfrutar el narcisismo. Las personas narcisistas pueden tener otras facetas muy agradables, no estamos sugiriendo que sean personas totalmente malas. En realidad, todos nosotros tenemos cierto grado de narcisismo. Es parte de la condición humana querer ser mejores de lo que somos. Así que en la mayoría de las situaciones disfrutamos el narcisismo, trabajamos con él, lo toleramos, lo evitamos o buscamos la marea de vivir con él.

El narcisismo afecta el grupo

Sin embargo, en un grupo, el narcisismo puede ser un tanto problemático. Si alguien se cree superior, que no tiene dificultades ni problemas, o quiere acaparar toda la atención, su narcisismo afecta el proceso del grupo. Lo mismo ocurre cuando un miembro quiere ser el ideal o ser visto por el grupo como idóneo. Esto es obviamente un problema, puesto que es importante que las personas sean «ellas mismas» para que los grupos prosperen. El narcisismo está diseñado para ocultar nuestro verdadero yo producto de la vergüenza u otros problemas, así que este opera directamente contra el ser auténtico.

Otro tipo de narcisismo es provocado, no por la vergüenza, sino por el orgullo, la arrogancia y la omnipotencia. Este es otro problema, pues el crecimiento solo tiene lugar en el contexto de la humildad. Si las personas realmente no están tratando de sentirse superiores para cubrir la vergüenza y los sentimientos de inferioridad, sino que verdaderamente creen que *son* mejores, se hace muy difícil lograr el crecimiento. Esto es así para todo aquel que, como identidad primaria, asume una posición de «casi dios», y las cosas no van bien para los que se encuentran cerca a un narcisista arrogante porque estos no comprenden la vulnerabilidad.

Esta arrogancia crea otro problema dentro del grupo. Puede que la persona arrogante trate de tomar el control y convertirse en el «dios» del grupo, el que «cuida a Dios» en el grupo, o ser el vocero de Dios. ¡Esto sí es feo!

Proteja al grupo

Independientemente de la manera en que usted trate con él, es importante estar consciente del narcisismo. En sentido general, la solución es bastante similar a la de la agresión. Usted pasa de controlar el tráfico a intentar procesar el problema de manera individual o con el grupo. Todo depende de la idoneidad, agenda y propósito del grupo.

Marque la pauta

Hable acerca de la presión que tiene todo ser humano de aparentar que lo tiene todo resuelto e impresionar a los demás. Haga que uno de los temas de discusión sea «Buscando al yo ideal». Hable sobre cómo cubrimos nuestra vergüenza y sentimientos de inferioridad tratando de parecer mejores de lo que somos. Pregunte a cuántos les ha sucedido. ¿Qué vergüenza pueden estar cubriendo?

Vuelva a hablar del ambiente que usted quisiera que hubiera, uno en el que las personas sean reales y humildes tal y como discutimos anteriormente. Pregúntele al grupo cómo marcha eso y cómo pudiera haber más de ese ambiente. Conviértalo en una parte más de sus charlas y discusiones culturales.

Sea directo, pero no destructivo.

Nuevamente, use su instinto para saber cómo se sienten los demás. Al igual que con la agresión, si el narcisismo lo molesta a usted, probablemente está pasando lo mismo con los demás. Así que no permita que el narcisista domine el grupo siendo tan maravilloso durante mucho tiempo. Haga algo, a no ser que el problema sea tan benigno que no moleste a las demás personas y usted decida que ese no es el lugar para tratar con él. De cualquier manera, al menos permanezca alerta.

La intervención menos perturbadora, menos intrusa, es asumir el control directamente sin hacer comentarios del proceso ni confrontar. Una vez más entran a jugar lo adecuado para el propósito del grupo y las reglas del mismo. Si ustedes no se están confrontando mutuamente como parte del grupo, entonces sencillamente facilite:

- «Yo sé José que tú no sientes ese tipo de lucha. Pero algunos sí los sienten y quiero escuchar a Susana antes de continuar».
- «Gracias, José, pero no es tan maravilloso para todo el mundo. ¿Cómo se sienten algunos de ustedes?»
- «Espera, José. Creo que ese tipo de consejo pudiera estar fuera de las reglas que establecimos. ¿Por qué no aguantas eso?»

Así que el narcisismo no es algo de lo que debe hablarse sino que debe mantenerse bajo control

Trátelo fuera del grupo

El próximo nivel sería confrontarlo fuera del grupo. Esto implicaría darle a José alguna opinión de manera que no sea parte del grupo en sí. Si el grupo no es del tipo en el que se producen el proceso y las reacciones y José se está volviendo más dañino, llévelo aparte y déle alguna opinión.

- «José, me gustaría que estuvieras consciente de algo. Cada vez que hablas es sobre lo bien que te va y cuán maravillosas son las cosas para ti. Me temo que eso pudiera hacer que los demás se sientan menos deseosos de exponer sus luchas».

- «José, me preocupa que estás un poco inconsciente de las demás personas en el grupo y de cómo pudieras hacerles sentir. ¿Tú sabes que parece como que estás un poco "por encima" o "mejor" que todos los demás? ¿Algo así como que no luchas con las mismas cosas que los demás? ¿Es así como te sientes en realidad?»

- «José, ¿te das cuenta de lo mucho que hablas en comparación a los demás miembros? Me parece que no te estabas dando cuenta tan solo porque eres una persona verbal. Trata de vigilar eso y ver si puedes ayudarme a hacer que el tiempo de hablar esté dividido más equitativamente».

Trate el narcisismo dentro del grupo

Si tratar los problemas es parte del pacto, entonces trate este problema dentro del grupo. Siga el mismo procedimiento que tomaría con la agresión o algún otro problema. Usted pudiera preguntar a otros si notan la dinámica del narcisismo y si tienen alguna opinión para José. Además, usted pudiera hablar sobre cómo es para ellos, cuál es su experiencia al estar con él y escucharlo. Una vez más, esto tiene que ser algo que el grupo haya acordado.

Por último, con un grupo muy orientado hacia el proceso que realmente quiere tratar las cosas, puede hacer de esto un asunto del grupo. «¿Alguien se ha dado cuenta de lo que acaba de suceder?» Cuando José hable, usted puede hacer que el grupo trate el problema y partir de ahí. Otra forma es decir: «He notado algo que sucede muchas veces aquí. A veces cuando José habla, el resto como que se retira. Las cosas cambian en el grupo pero en realidad nadie habla del asunto. ¿Qué está sucediendo? ¿Alguien se ha dado cuenta? ¿Cómo se sienten cuando eso sucede?»

Asegúrese de modelar gracia y verdad y seguir las reglas de la lucha que mencionamos anteriormente y asegúrese de hacer que los demás también lo hagan.

Recuerde la regla una vez más: *cuidar el proceso*. Si usted está luchando con la persona, los demás lo están haciendo también. Verifique con una intervención adecuada y sea el defensor del grupo. Si no es adecuado confrontar o convertirlo en un tema o proceso en el grupo, entonces manténgalo bajo control. Descubra el nivel apropiado y haga algo. El proceso depende de eso.

Capítulo 55

Espiritualización

Luego de años de hacer grupos, escuchamos a los miembros del grupo usar dichos «espirituales» que tenían muy poco que ver con la Biblia y mucho con impedir su crecimiento y proceso. De hecho, al analizar lo dicho, vimos que muchas veces las personas decían cosas *para impedir que otros sintieran lo que ellos sentían y que procesaran lo que ellos estaban procesando.* Los dichos eran en su mayoría para evitar el dolor y los temas con los que el «oyente» no sabía qué hacer.

Debido a eso escribimos un libro titulado *12 «Christian» Beliefs That Can Drive You Crazy* [12 creencias «cristianas» que pueden volverlo loco].

Defina el problema

La mayoría de las personas están familiarizadas con el término *espiritualizar.* Aunque tiene significados diferentes para diferentes personas, en gran parte significa *dar una explicación espiritual elevada o un criterio que no es más que una respuesta inútil y preconcebida.* Esta evita el verdadero problema. Los amigos de Job eran espiritualizadores. Trataron de decirle lo que había de malo en él y cómo mejorar en lugar de sencillamente amarlo en su proceso del dolor, la pérdida y los traumas. Quizás usted haya experimentado sus propias versiones de esa dinámica.

El todo de la espiritualización es que hace dos cosas inútiles. Primero, impide a la persona pasar por la experiencia. Por ejemplo, es como que una persona que esté pasando por un dolor busque consejo espiritual. Una persona bien intencionada citará Romanos 8:28 y dirá: «No te sientas mal. Dios hace que todas las cosas obren para bien». Sin dudas que eso es verdad pero para la persona que sufre, también es verdad que cualquier cosa que haya pasado no sea buena en lo absoluto y es extremadamente dolorosa. Otro ejemplo común es cuando ocurre una muerte y el doliente escucha: «No te pongas triste. Tu (ser querido) ahora está en el cielo». Dar esperanza en ese momento podría interrumpir el proceso de sufrimiento.

Así que el proceso se detiene y la persona que tiene dolor y lucha se aleja de la otra persona (o del grupo) y está ahora, desde la perspectiva del corazón, completamente sola. Puede que sonría por afuera, hasta canta himnos pero por dentro está sola con su dolor.

En segundo lugar, la espiritualización con frecuencia no da con la verdad bíblica real que se aplicaría a la persona y su dolor en ese momento. La «respuesta espiritualizada» no es en lo absoluto la respuesta de dios para ese momento. Por ejemplo, el versículo apropiado podría ser «lloren con los que lloran» (Romanos 12:15). Puede que la persona que sufre no necesite que se le anime en ese momento, sino que se relacionen con su dolor.

No hay manera de poder nombrar todas las formas posibles de espiritualizar. El libro que mencionamos anteriormente es un comienzo bastante bueno pero aunque no podemos enumerar aquí todas las formas de espiritualización, tengan cuidado con la dinámica principal y sepa que es el uso del «lenguaje espiritual» para evitar lidiar con el dolor o la vida. Es una manera de salirse del proceso y cuando lo hacemos, también interrumpimos a la persona para que experimente a Dios en la profundidad de su problema. Cerramos la puerta.

Vigile el equilibrio

Aunque los aportes espirituales son importantes y aunque deseamos un uso adecuado de las Escrituras, sea cuidadoso con esto. Vigílelo en su grupo. Descubrir los caminos de Dios es un elemento importante de nuestro ministerio de reconciliación. Queremos que las personas sepan lo que la Biblia dice con relación a la vida y que aprendan a implementar los caminos de Dios. Pero no use las Escrituras ni las verdades espirituales para impedir que las personas experimenten la verdad bíblica. Eso era lo que hacían los fariseos.

Evalúe el lenguaje

Evalúe la forma «espiritualizada» o «bíblica» en que alguien habla para descubrir su efecto. Aunque no siempre podemos entender la intención de la persona que lo usa, sí podemos ver el efecto que tiene para el oyente o para el proceso. ¿Hace que la persona se encierre? ¿La ayuda a sentirse amada? ¿Le ofrece una verdad o corrección oportuna o castiga? Busque el fruto de lo que se dice en el momento. Comprenda que algunas cosas sobre Dios y la Biblia pueden *no ser útiles en el momento en que se dan pero puede ser muy útiles después, incluso momentos después.* Mucho de lo que se dice es bueno pero no se dice en el momento indicado. Intervenga y diga: «José, es útil escuchar eso. Vamos a esperar un poco y luego lo compartiremos. Quiero escuchar más de lo que Susana está experimentando y de lo que piensa».

Obtenga la perspectiva del grupo

Pregúnteles a los miembros cómo se sienten en cuanto a si el grupo es lo suficientemente real o si en ocasiones se vuelve más «religioso» que «espiritual». Pregúnteles si le están dando más cosas triviales que una perspectiva de la vida real.

Intervenga adecuadamente

Si una persona tiene la tendencia a espiritualizar, decida qué tipo de intervención es adecuada. Use las pautas de los capítulos sobre la agresión (53) y el narcisismo (54) para cómo ir de una intervención más

ligera a una de más proceso. Y usted puede tratar el problema dentro
y fuera del grupo, según lo que sea adecuado.

Si usted ve que la espiritualización se ha convertido en una dinámica de todo el grupo, y no solo de una persona, entonces hable con
el grupo. Trate de que la dejen atrás. Pregunten si pueden establecer la
diferencia entre el contenido espiritual y la espiritualización. Vigile
cuán involucradas están las personas. Observe el proceso y cómo se desarrolla. Algunas veces las personas asienten y están de acuerdo con la
conversación espiritual y luego se encierran. Si usted nota que esto ha
sucedido, trátelo de manera adecuada.

Es delicado mantener el equilibrio en un grupo cristiano entre un
buen uso de las Escrituras o el lenguaje «espiritual» y el proceso, pero
la Biblia es un libro sobre la vida real y cuándo se usa para evitarla, ya
no estamos haciendo lo que ella dice. Como líder, haga que el grupo se
mantenga en la realidad y que su conversación sobre Dios y la Biblia
sean reales también.

Vaya y crezca

Esperamos que este material le resulte útil para su situación específica. Este libro ha sido especialmente significativo para nosotros a causa de todas las personas como usted con quienes nos hemos relacionado a lo largo de los años. Hemos trabajado con líderes de grupo, tanto novatos como experimentados, que aman a Dios, desean ver a las personas crecer y encontrar sanidad en sus caminos, y saben valorar la experiencia del grupo pequeño como instrumento para que esto suceda.

Gracias por su entrega, pasión y participación en el proceso del grupo, y que Dios bendiga sus esfuerzos.

«De quien todo el cuerpo, bien concertado y unido entre sí por todas las coyunturas que se ayudan mutuamente, según la actividad propia de cada miembro, recibe su crecimiento para ir edificándose en amor» (Efesios 4:16).

Nos agradaría recibir noticias suyas.
Por favor, envíe sus comentarios sobre este libro
a la dirección que aparece a continuación.
Muchas gracias.

Editorial Vida
Vida@zondervan.com
www.editorialvida.com